LETTRES ADRESSÉES

AU BARON

FRANÇOIS GÉRARD

PEINTRE D'HISTOIRE

PAR

LES ARTISTES ET LES PERSONNAGES CÉLÈBRES

DE SON TEMPS

DEUXIÈME ÉDITION

Publiée par

LE BARON GÉRARD

SON NEVEU,

et précédée d'une

NOTICE SUR LA VIE ET LES ŒUVRES DE FRANÇOIS GÉRARD
ET D'UN RÉCIT D'ALEXANDRE GÉRARD, SON FRÈRE

DEUXIÈME VOLUME

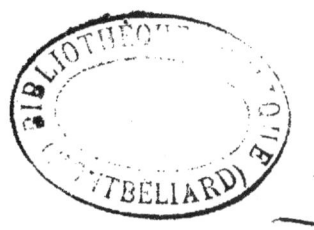

PARIS

IMPRIMERIE DE A. QUANTIN

7, RUE SAINT-BENOIT

1886

LETTRES ADRESSÉES

AU BARON

FRANÇOIS GÉRARD

PEINTRE D'HISTOIRE

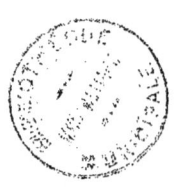

ERRATUM

La note de la page 169 du deuxième volume indique l'Empereur d'Allemagne comme auteur de la lettre signée Guillaume, Prince de Prusse; mais l'emploi du mot *frère* dans le texte porte à croire que cette lettre doit plutôt être attribuée à l'oncle de l'Empereur actuel, qui portait aussi le nom de Guillaume et le titre de Prince de Prusse.

Gérard, du reste, avait fait le portrait des deux princes.

7

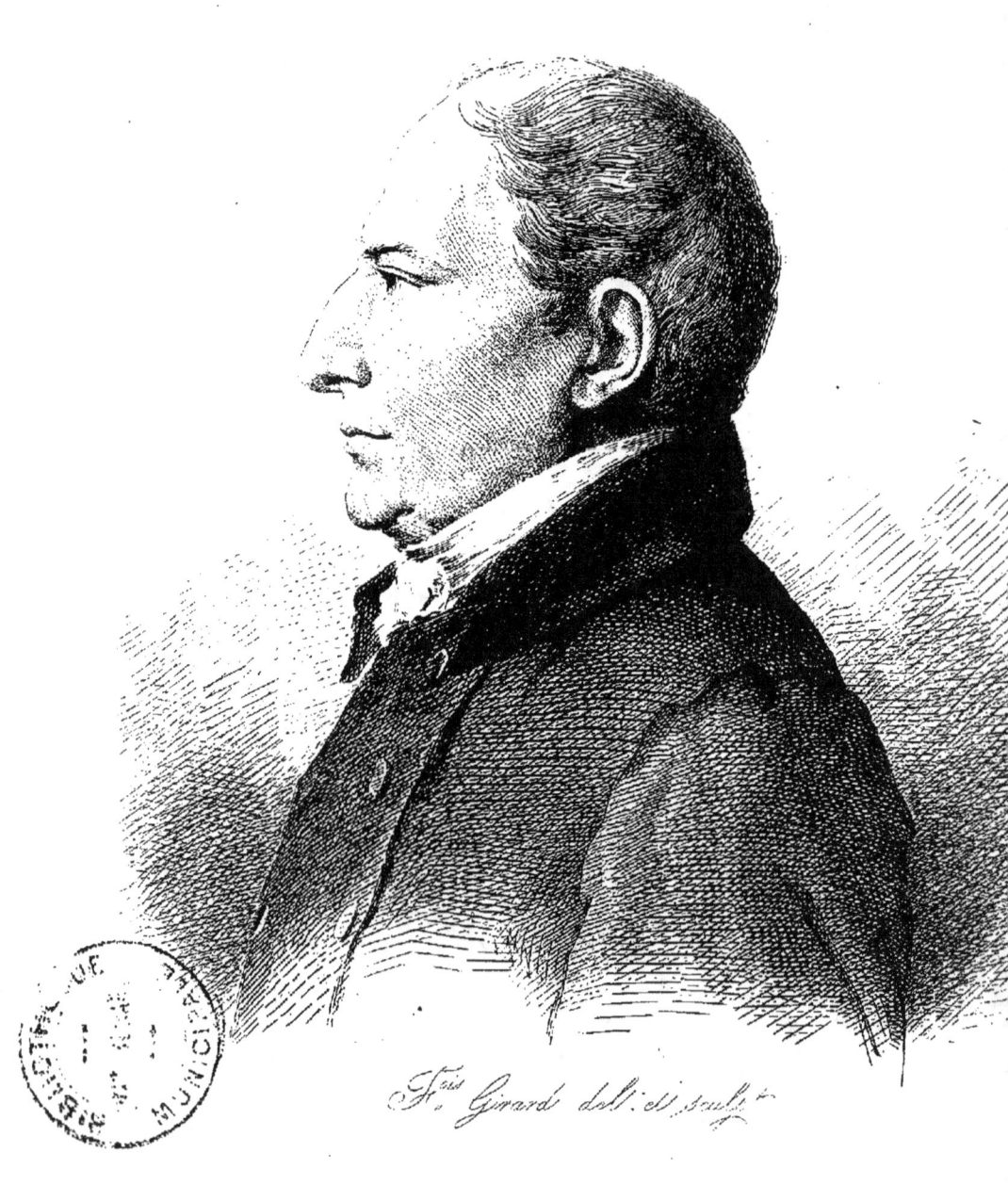

F^{ois} Girard dell. et sculp^t.

LETTRES ADRESSÉES

A

FRANÇOIS GÉRARD

GARAT[1]

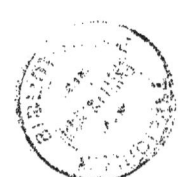

Le Ministre de l'Intérieur, par intérim,
au citoyen Gérard, peintre.

Paris, le 10 mars 1793, l'an II de la République.

Je vous préviens que, conformément aux vues
de la Convention nationale pour l'encouragement
des arts, je vous accorde, en qualité de peintre,
la partie de l'entre-sol du premier étage du Louvre[2], ci-devant occupé par Fitz-James, que le
poète Lebrun, avec qui je vous invite à vous con-
certer à cet égard, ne se sera pas réservée dans
la totalité de cet entre-sol, à l'effet par vous d'en

---

1. Garat avait succédé à Roland au ministère de l'intérieur.
2. La partie du Louvre convertie, avant la révolution, en
logements et en ateliers, était celle de la colonnade, en face Saint-
Germain-l'Auxerrois. Au rez-de-chaussée étaient les sculpteurs.
Ces salles du rez-de-chaussée avaient été divisées en deux parties, ce qui explique l'entre-sol accordé à Gérard.

jouir pendant la durée de votre vie ; et, dans le cas où cette partie d'entre-sol deviendrait nécessaire à l'administration, il vous serait réservé expressément l'expectative d'occuper de droit le premier logement qui viendrait à vaquer, soit au Louvre, soit aux galeries.

GARAT.

GINGUENÉ[1]

I

ÉGALITÉ, LIBERTÉ.

*La Commission exécutive de l'Instruction publique
au citoyen Gérard, peintre.*

Paris, le 12 germinal an III de la République une
et indivisible (1er avril 1795).

La Commission, Citoyen, par son arrêté du
21 pluviôse, t'a compris au nombre des artistes
dont elle a cru devoir encourager ou récompenser
les talents[2]. Elle a disposé en ta faveur d'un atelier, composé de la dernière pièce de l'appartement occupé ci-devant par le citoyen Mallet,
garde des archives.

C'est une marque de l'estime et des espérances
que tes ouvrages nous font concevoir.

Salut et fraternité.

GINGUENÉ.

1. Ginguené, littérateur, né à Rennes, chargé pendant la révolution de plusieurs fonctions administratives. En 1795, il était
directeur général de l'instruction publique. Son principal ouvrage
est l'*Histoire littéraire de l'Italie,* qu'il ne put achever, et que
Salfi continua.

2. Gérard était alors connu par ses deux concours, de bons
portraits, son tableau de *Bélisaire* et l'*esquisse du 10 août.*

II

Le Ministre de l'Intérieur à Pascal-Simon Gérard,
peintre.

Paris, le 27 nivôse an IV de la République une
et indivisible (17 janvier 1796).

Les talents distingués que vous avez fait valoir jusqu'à présent à la gloire de l'École française, la préférence qui vous a été donnée par les artistes, vos pairs, pour peindre, comme monument national, la journée mémorable du 10 août, m'ont engagé à solliciter pour vous une exception aux lois relatives à la première réquisition. J'ai donc approuvé votre demande, et je l'ai mise sous les yeux du Directoire exécutif pour recevoir sa sanction définitive que je vous ferai passer aussitôt qu'elle me sera parvenue. Cette lettre attestera, en attendant, que c'est dans l'exercice de votre art que vous devez servir la République, et elle fera votre sûreté.

Le directeur général de l'instruction publique.

GINGUENÉ.

III

LIBERTÉ, EGALITÉ.

Le Ministre de l'Intérieur au citoyen Gérard,
peintre.

Paris, le 22 prairial an IV de la République une
et indivisible (10 juin 1796).

Je vous préviens, citoyen, que j'autorise le citoyen Belot, marchand de couleurs, à imprimer
les toiles des tableau et esquisse [1] que vous devez
exécuter ainsi que le citoyen Vincent, comme monuments nationaux. Je vous invite à surveiller
cette opération afin qu'elle soit faite selon vos
désirs, et à vous occuper le plus tôt possible d'ajouter par un grand travail à la gloire et à l'estime que
vous avez acquises.

Salut et fraternité.

BENEZECH.

Le directeur général de l'instruction publique.

GINGUENÉ.

1. Il est sans doute ici question de l'esquisse et du tableau
du 10 *août* qui ne fut pas exécuté.

IV

Saint-Prix, 29 septembre 1809.

Je suis, très aimable Apelle, un vrai loup de
bois et de montagne, qui ne parais à la ville qu'en
courant comme ceux de mes pareils que l'on
chasse, et qui reviens en hâte à mon gîte, sans
avoir eu le temps de voir presque aucun être civi-
lisé. C'est le vendredi et le samedi que cela se
passe, à peu près deux fois par mois. Dans tout
cela, pas un de vos mercredis, pas une heure dans
la matinée pour aller causer avec vous, dont
j'aime la conversation comme le talent. Je n'ai pu
donc vous aller dire à Paris ce que je vous écris
de Saint-Prix : trois dames de notre connaissance
y sont pour quelques jours; nous voudrions bien,
ma femme et moi, leur procurer une surprise
agréable et profiter d'autant pour nous-mêmes de
ce moyen de leur faire plaisir. Par exemple, si dimanche matin vous montiez avec Mme Gérard en
voiture, si vous disiez à votre cocher : *A Saint-
Prix par Saint-Denis*, si vous arriviez ici tous deux
de bonne heure, et si vous vouliez bien passer
la journée avec ces dames et avec nous, je sens
que ce serait pour nous et pour elles une véritable
fête. Vous demanderiez à Mme Gérard pour ma
femme la permission de la recevoir sans cérémo-

nie. Vous me pardonneriez bien de vous traiter de
même. Le temps, que nous avons eu détestable,
deviendrait beau et serein dès que vous auriez dit
en duo quelques bonnes paroles, et que vous auriez
pris une résolution généreuse; nous ferions dans
ce pays que vous aimez quelques belles promenades, et ce jour serait marqué en blanc pour les
ermites de Saint-Prix qui, comme tant d'autres,
n'en marquent que trop souvent en noir.

Voilà, mon aimable Apelle, ce que je propose
à votre complaisance et à votre amitié, ce que je
vous prie, si cela ne vous disconvient pas, de négocier auprès de Mme Gérard; je vous en prie au
nom de ma compagne comme au mien, et nous
vous aurons tous deux égale obligation du succès.

Je vous attends, je vous espère avec tous les
sentiments que vous me connaissez pour vous.

GINGUENÉ.

Paris, 31 décembre 1815.

Mon très célèbre et très aimable confrère, je
ne me donne point les airs de vous offrir des
étrennes. Je ne veux que me délivrer moi-même
du chagrin que j'ai toujours eu de ne pas savoir
dans votre bibliothèque ce que j'ai publié jusqu'à
présent de l'*Histoire littéraire d'Italie*. Si l'amour

que vous avez pris pour *il gran padre Alighieri* est un peu dû aux premiers traits qui m'échappèrent à son sujet, il y a dix ou douze ans, j'ose espérer qu'il ne sera pas éteint par ce que vous trouverez sur lui dans le premier et le deuxième de ces six volumes. D'autres endroits pourront vous rappeler des souvenirs de votre *cara patria* et ne pas déplaire à votre imagination poétique et philosophique, qui n'est si bien celle d'un grand peintre que parce qu'elle est celle d'un poète philosophe. Enfin, vous feuilletterez plus à l'aise les annales de notre riche littérature, et j'aurai un encouragement de plus dans la suite que je vais donner.

Sur ce, mon cher et aimable confrère, je vous souhaite *buona fine et miglior capo d'anno*[1].

GINGUENÉ.

1. Bonne fin et meilleur commencement d'année.

CHAPTAL

Le Ministre de l'Intérieur au citoyen Gérard,
peintre.

Paris, le 3ᵉ jour complémentaire, an X de la République
(20 septembre 1802).

Le Premier Consul vient de m'écrire, citoyen, pour vous faire connaître qu'il désire que vos ouvrages soient exposés au Salon où il doit se rendre après-demain. Il m'annonce qu'il ne veut voir que là les tableaux des artistes distingués de son siècle.

Je vous salue.

CHAPTAL.

DUCIS[1]

I

A la Rousselière, en Sologne, ce 12 messidor an XIII
(1er juillet 1805).

Je ne puis trop vous remercier, très cher ami, très illustre peintre, de mon portrait que vous avez voulu faire et que vous avez si bien traité[2]. C'est notre ami commun, mon excellent hôte de

1. Ducis est une des plus pures et des plus nobles figures de ce temps de révolution. Il vécut et mourut pauvre, mais entouré d'amis fidèles parmi lesquels on compte des hommes de grand mérite. Il succéda à Voltaire à l'Académie, en 1778. La première phrase de son discours de réception (4 mars 1779) est restée célèbre. « Il est des grands hommes, dit-il, à qui l'on succède, et que personne ne remplace. »

S'il ne remplaça pas Voltaire, il sut au moins être plus juste que lui envers le plus grand poète de l'Angleterre, car il fut le premier qui transporta les œuvres de Shakespeare sur le théâtre français. Ces essais, qui paraissent insuffisants aujourd'hui, après les excellents travaux qui ont été faits sur Shakespeare, furent goûtés par le public du temps, et interprétés par le grand tragédien Talma.

Ses épîtres, ses poésies fugitives, sont empreintes de qualités douces et de sentiments élevés.

Ducis est mort en 1816.

2. Le portrait de Ducis est un des meilleurs que Gérard ait faits.

Roussellière[1], qui m'a lu, un matin, à notre première entrevue, l'article de Mme Récamier et le mien. J'ai trouvé que le premier rendait parfaitement son charmant sujet, et qu'il était le portrait fidèle du tableau, l'image de la grâce et de la beauté. Quant au second, c'est le portrait sans doute de ce que vous avez mis dans votre ouvrage, et c'est là où j'admire les erreurs si douces et si pardonnables de l'amitié.

Aussi n'ai-je pu, mon jeune et aimable ami, m'empêcher de hâter, au milieu des bois et des bruyères de la Sologne, le remerciement qui était au fond de mon cœur, et que j'ai tâché de faire passer dans une épître[2] qui a déjà deux cents vers. Psyché, c'est la pudeur, la première des grâces. Bélisaire, c'est le malheur avec le courage pour le supporter. Ce qui vient ensuite, c'est le moral de la peinture, tiré des tableaux de Raphaël et de Poussin. Après, vient le tableau des quatre personnages : le vieillard, la fille, le mari et le petit enfant[3]. C'est la nature qui n'est qu'une succession et un héritage de tendresses mutuelles et de bienfaits. Je n'ai plus qu'à me mettre aux pieds d'Ossian pour entendre les accents de sa lyre antique et jouir du concert qu'il donne, aux ombres des héros et des héroïnes, dans le paradis des

1. La Revellière-Lépeaux.
2. L'épître à Gérard a été imprimée dans l'édition Nepveu, p. 179, IIIe vol.
3. *Les Trois Ages.*

nuages et des souvenirs. Il est donc nécessaire, mon cher ami, que vous me dirigiez dans l'expression de cette esquisse singulière, romantique et aérienne. Il faut aussi que vous jugiez de la manière dont j'ai rendu vos beaux tableaux dans les deux cent six vers que j'apporte avec moi du pays de la pauvreté, de la mélancolie et du silence. Mais, dans notre conseil, voyez si nous n'aurions pas besoin d'un tiers pour mettre en commun nos idées. Et ce tiers, si c'est là votre avis, ç'est Louis Lemercier[1], notre ami, dont vous connaissez le génie, l'espoir et la noble droiture. Je souhaite que ce soit là votre avis. Je vous remettrai une lettre de mon cher hôte, qui est une *Vie* de Plutarque. Nous nous quittons tous avec bien du regret, le père, la mère, Clémentine et Ossian. Mes respects, je vous prie, à Mme Gérard. Je vous embrasse en Apollon et en amitié fraternelle.

J.-F. DUCIS.

II

Versailles, le 12 février 1806.

J'ai reçu, mon aimable et illustre ami, une lettre de M. Sauvo. Je vois par elle que M. Po-

1. Népomucène Lemercier. Voir ses lettres, p. 151.

trelle emploie actuellement tous ses talents à la
gravure de notre vénérable pape, d'après le tableau
de David, et c'est un ouvrage qui lui demandera
du temps. Mon désir est que mon portrait, que
vous avez fait avec tant d'amitié et de succès, soit
gravé pour faire une belle estampe de cabinet
dans la grandeur la plus favorable pour rendre le
mérite de votre heureux pinceau. C'est vous qui
déterminerez la dimension. Ainsi, quand M. Potrelle aura fini l'importante gravure qui l'occupe,
s'il ne s'offre pour lui rien de mieux ni de plus
pressé à faire que la mienne, alors vous aurez la
bonté de lui demander au juste quelle somme j'aurai à lui remettre pour m'acquitter envers lui. Je
m'arrangerai pour la tenir prête à l'échéance, et
il restera maître de la planche pour en vendre
les gravures à son profit.

Je suis trop instruit de la situation vraiment déplorable du commerce, et de l'imprimerie et de
la librairie en particulier, pour songer à traiter
de mon théâtre et de la collection de mes œuvres
dans les circonstances présentes. J'ai donc pris la
résolution d'attendre.

J'ai encore pu juger par la lettre de M. Sauvo
que ma tragédie d'*Hamlet*, avec son nouveau cinquième acte, n'était pas prête à reparaître sur le
théâtre, quoique l'on m'ait affirmé que Talma
l'avait fait mettre à l'étude, ou du moins avait fait
copier les rôles. Il y a partout le chapitre des ac-
cidents et des incidents; mais comme je ne me

permets plus guère de désirer les choses vivement, je n'en voudrai pas à Talma, qui n'est pas
le maître des événements, et j'attendrai avec patience que le public prononce sur mon nouveau
cinquième acte. Dans le cas où la pièce eût été
donnée promptement et qu'elle eût réussi, j'aurais sur-le-champ donné cette pièce à l'impression avec quelque avantage, ce qui m'aurait fait
grand plaisir. Mais c'est une espérance que je
n'ai presque plus. Cependant, quand vous verrez
Talma, demandez-lui, je vous prie, de vouloir bien
me marquer par un petit mot où en est cette
affaire de ma représentation.

J'attends Mercier dans ma solitude. Il a été
grippé au moment de venir passer quelques jours
avec moi dans sa chambre d'ermite, mais cette indisposition, sans doute passagère, ne me privera
pas longtemps du plaisir infini que j'ai à jouir et
de son entretien et de son amitié particulière
pour moi.

Me voilà plus que jamais forcé par ma santé et
ma crainte trop fondée de mes maux de gorge,
de ne plus quitter la chambre. Il m'est défendu de
dîner en ville. Je vis comme un homme à peu près
séparé du monde. Heureusement que mon caractère s'accommode très bien de la plus profonde retraite.

Mon désir est toujours que, quand il en sera
temps, ma classe veuille bien me faire l'honneur
d'accepter et placer mon portrait par vous dans la

salle où elle conserve les figures de nos prédé-
cesseurs; mais ce ne sera que quand il aura été
gravé par un très habile artiste. En attendant ce
moment, si vous n'avez pas quelque raison pour
souhaiter que mon portrait reste auprès de vous,
je vous prie instamment, mon cher ami, de vouloir
bien me le faire parvenir à Versailles, bien en-
caissé, bien défendu, afin qu'il m'arrive sain et
sauf, et que je puisse en jouir et en faire jouir mes
amis qui ont une envie démesurée de l'admirer.
Vous me marquerez ce que vous aurez dépensé
pour cet envoi, et je chargerai mon neveu de vous
le rendre.

C'est de tout mon cœur et avec une tendre
reconnaissance que je vous embrasse et je vous
admire.

JEAN-FRANÇOIS DUCIS.

III

A Versailles, le 27 novembre an XIV (1806)

Mon cher ami, j'ai eu le plaisir, cet été, de
vous lire mon épître de remerciements, chez vous,
dans votre atelier, devant votre chère compagne,
sur votre boîte à couleurs, et en présence de
Psyché et de l'Amour, de Bélisaire et d'Ossian.
Vous m'avez peint avec le talent d'un grand ar-

tiste et avec l'âme d'un tendre ami; et moi, j'ai
voulu vous rendre grâces dans toute l'effusion de
mon cœur et avec la part de talent que la nature
peut m'avoir donnée. C'est vraiment entre nous
deux le baiser fraternel de la peinture et de la
poésie. Cette épître est à vous, mon cher ami,
elle vous appartient exclusivement, à *vous seul;*
elle ne sera ni lue publiquement ni imprimée
sans votre permission expresse. Je ne suis point
du tout curieux, pour mon compte, de montrer,
en nature, ma vieille tête en public. Je n'ai plus
rien à faire ici qu'à soigner ma santé et qu'à m'occuper de poésie, car c'est une ancienne maîtresse
que je ne puis encore quitter. Mon sang enflammé
me fait toujours la guerre. Je le combats par un
régime rafraîchissant. L'âge me force à beaucoup
de précautions. Vous n'êtes pas dans cette triste
nécessité, mon cher ami,

> Vous à qui l'âge encor garde un si long destin.

Vale et redama.

JEAN-FRANÇOIS DUCIS.

IV

A Versailles, le 29 avril 1807.

Mon cher ami, j'espère toujours que vous me
ferez l'amitié de venir me voir dans ma retraite,

et que mon neveu, le peintre[1] que vous honorez de votre amitié, sera votre compagnon de voyage. Peut-être auriez-vous apporté avec vous le portrait de votre vieil ami, que vous avez fait avec tant de grâce pour moi, avec tant de génie et de succès pour votre gloire; mais je vous prie (et j'ai mes raisons pour cela) de garder chez vous et dans votre cabinet mon portrait. Il ne peut être mieux que dans la maison paternelle. Je comptais que notre bon ami Talma jouerait au premier jour ma tragédie d'*Hamlet*, remise au théâtre avec mon nouveau cinquième acte; mais sa santé s'y oppose et il va bientôt aller aux eaux de Spa. Lemercier, notre ami, soupirait après la première représentation de cette reprise. Je ne sais comment il se porte. Voudrez-vous bien, mon cher ami, me donner quelque connaissance sur ces deux points : comment se porte Lemercier? Talma, avant son départ pour les eaux, me jouera-t-il, ne me jouera-t-il pas?

Quand vous verrez Lemercier, Talma, Ginguené, rappelez-moi, je vous prie, à leur souvenir. Je ne vous souhaite ni gloire ni fortune. Vous avez la première, vous pouvez aisément vous assurer la seconde; mais je vous souhaite du bonheur, du bonheur! Je vais au fait. Si vous venez avec mon neveu me demander un chapon et une

---

1. Georges Ducis, élève de David, s'est distingué par quelques tableaux de genre.

salade, du bon vin et du bon café, je suis *capable
pour*. Bonjour, grand peintre, homme d'esprit par-
dessus le marché.

JEAN-FRANÇOIS DUCIS.

V

A Versailles, le 8 octobre 1808.

Mon cher ami, je vous écris, dans mon cabinet, sur les bois de Satory, au milieu de vos jeunes
amis et élèves, Guérin, Franque[1] et mon neveu,
le peintre, qui me firent l'amitié de manger le so-
bre dîner du poète. Je suis bien aise que le Salon
jouisse et s'honore de vos tableaux. Moi, j'aurai
aussi mon Salon. Mon recueil de poésies paraîtra à
la fin du mois prochain. Ce ne sera pas assurément
sans avoir consulté Andrieux[2], qui ne badine pas,
s'il vous plaît, quand il s'agit du public, du goût
et de la vérité. Tout cela, mon ami, pourra vous
être lu d'avance, en petit comité, avec nos bons
amis et dans un joli dîner chez vous, au palais
des Arts. Vous saurez qu'actuellement, à cause
de l'habitude, je suis un sauvage rébarbatif hérissé

---

1. Franque était un des *primitifs* de l'école de David. Il exposa
en 1806 un tableau d'*Hercule arrachant Alceste aux enfers.*
2. Voy. Lettres d'Andrieux, p. 338.

de tous ses poils. Mais nos deux sauvageries s'entendront, s'estimeront et s'aimeront toujours. Vos
regards, je l'espère, continueront de tomber avec
quelque plaisir sur la figure d'un hibou tranquille
qui reviendra bien vite reprendre et garder sa
place constamment auprès de vous et sous les
yeux de vos amis.

DUCIS.

Il y a quinze jours que Talma et Lemercier
sont venus me voir. Ils ont couché une nuit chez
l'ermite.

VI

A Versailles, le 9 juin 1811.

Mon cher ami, je ne pourrai jamais oublier les
marques particulières et constantes d'amitié que
vous m'avez données avec tant de grâce. Vous,
Andrieux et Lemercier, voilà trois hommes qui
me manquent dans ma retraite que mille circonstances me rendent si chère.

Andrieux est venu me voir mardi dernier avec
Mme Hauguet, notre charmante et commune amie.
C'est elle qui l'a mené et ramené dans sa voiture.
Nous avons dîné tous trois fort agréablement
chez Bréville, dans le parc, vis-à-vis de beaux ar-
bres parés de toute leur verdure.

Je mets dans cette lettre, mon cher ami, un

billet de la banque de France de 500 livres. Vous en recevrez un autre de pareille somme, dans les huit premiers jours du mois prochain, car c'est à cette époque que je reçois un quartier de mon petit revenu.

Mon épître à Andrieux est bien finie et finie à notre contentement réciproque. Elle paraîtra dans le second volume de mes poésies, que je vais me hâter de faire imprimer.

Actuellement, je songe aux vers par lesquels je dois témoigner toute ma reconnaissance à M. Taunay, qui a mis son talent et ses soins à mon buste[1] que je vous devrai comme je vous dois mon portrait.

Quand vous verrai-je, mon cher Gérard? Je vous embrasse de tout mon cœur.

DUCIS.

VII

Versailles, le 25 août 1811.

Mon cher ami, je vous assure que ces mots de votre lettre, *le succès passe mon espérance,* m'ont fait

---

1. Ce buste, légué par Ducis à Gérard, fut donné par celui-ci à la Comédie-Française; il est placé dans le grand escalier du théâtre.

le plus grand plaisir. Que de reconnaissance je dois à M. Pradier [1] pour son courage, sa bienveillance pour moi et son beau talent! Voulez-vous bien, mon ami, lui en faire mes très vifs remerciements? Quand je songe que M. Pradier a recommencé trois fois ma gravure, je crois qu'il a dû cet étonnant courage au chef-d'œuvre de peinture qu'il avait sous les yeux. Vous savez, mon cher ami, que portrait, gravure et buste en marbre, tout enfin vous appartient. Je ne suis bien aise d'en être propriétaire que pour vous en faire passer et assurer l'incontestable propriété. Nous nous sommes expliqués ensemble, et c'est sur cet article mon véritable testament et ma dernière intention.

Bonjour, mon cher et aimable Gérard, c'est du fond de mon cœur et avec toute son affection que je vous embrasse.

DUCIS.

1. On doit à Pradier, graveur, frère du célèbre statuaire, outre le portrait de Ducis, la belle planche du *Virgile lisant devant Octavie l'éloge de Marcellus*, d'après Ingres, *l'Amour et Psyché* et *Flore caressée par Zéphire*, d'après Gérard.

VIII

A Versailles, le 23 novembre 1812.

J'ai reçu, mon cher ami, la médaille de M. Michaud, votre lettre et celle de Taunay[1]. J'ai voulu vous répondre à mon aise. C'est un très brave homme, l'homme de confiance de ma femme et le mien, mon fondé de procuration et notre maître d'hôtel à Paris, y demeurant chez nous rue de la Monnaye, nᵒ 20, vis-à-vis de la rue Baillet, qui vous remettra cette réponse à votre touchante et amicale lettre du 12.

Que dites-vous donc, mon cher ami, que je vous conserve votre rang dans l'ordre de l'amitié? Eh! ne sommes-nous pas, depuis longtemps et pour toujours, les plus chers et les plus intimes amis? N'est-ce pas votre tendre et généreuse amitié qui a enfanté mon admirable portrait, reconnu pour un chef-d'œuvre? le portrait qui a enfanté : le superbe buste par Taunay, la gravure

---

1. Taunay (Nicolas-Antoine), peintre d'histoire, de paysage et de scènes militaires, membre de l'Institut et de la Légion d'honneur. Élève de Brenet et de Canova. Fut envoyé avec Debret à Rio-de-Janeiro pour y fonder une académie. On a de lui plusieurs bons tableaux : *Intérieur d'un hôpital militaire en Italie, Pierre l'Ermite prêchant la croisade, Une fête de village, Une distribution d'aumônes.*

déjà antique par Pradier, et, de suite, la belle médaille de Michaud? Dites-moi donc, mon cher
François Gérard, existe-t-il beaucoup de traits et
de marques très particulières de confiance comme
il en existe entre nous? Serait-il en notre pouvoir
d'oublier nos conversations sous votre grenier du
Palais des Arts, lorsque vous étiez convalescent
de votre rhumatisme et en présence d'un bel et
bon chat, couché sur votre lit? Sans parler des
communications de la poésie, peinte ou écrite,
n'est-il pas des souvenirs de l'effusion des cœurs
et des jouissances de l'amitié? — Hélas! vous avez
souffert bien jeune de votre rhumatisme et moi
fort tard de ma goutte. La vieillesse est venue
aussi pour moi avec son cortège. Mon médecin
m'a assuré que c'était un brevet de longue vie,
mais il faut le payer par la douleur. Notre bon
ami Andrieux aurait désiré que j'eusse fait un
petit voyage à Paris pour y causer ensemble sur
un léger ouvrage en vers, pour lequel je lui ai demandé toute la sévérité de son crayon rouge.
Mon défaut de forces et mon besoin continuel de
secours ne me l'ont pas permis. Mais il me fera
l'amitié de venir bientôt, avec Campenon, l'auteur
du *Mariage des fleurs* et de l'*Enfant prodigue*, me
demander à dîner dans ma retraite et, là, nous
en dirons plus dans une heure que nous ne pour-
rions-nous en écrire en vingt-quatre. Je ne re-
garderai cet ouvrage fini, que quand j'aurai satisfait aux observations et aux critiques de mon difficile

Andrieux, exact, sévère, mais ami sage des hardiesses, et que j'aurais souhaité pour censeur à tel de mes amis à qui un pareil Aristarque a manqué.

Cet ouvrage, mon cher ami, je me propose de vous le lire avec son envoi et sa note historique. J'ai encore dans l'imagination deux autres sujets, ce qui ajoutera à peu près six cents vers aux quatre cents et tant qui viennent de sortir de ma plume, et que je vous communiquerai quand ils auront reçu leur dernier coup de lime. Il me semble que, séparé plus que jamais du monde par mon caractère, mon grand âge et mes infirmités douloureuses, le monde intérieur et poétique s'étende pour moi. Je laisserai aller bonnement ma muse tant qu'elle aura quelque chose à m'inspirer. Mais je ne peindrai jamais que ce que je vois, je ne dirai que ce que je pense, et je n'exprimerai que ce que je sens.

C'est pour moi, mon cher ami, une privation que de ne pas vous voir; j'assisterais aux premières pensées d'un grand peintre, aux affections d'un sincère ami et, par-dessus le marché, aux réflexions d'un homme d'esprit.

Obligé de ne plus rien perdre et résolu de ne rien risquer, je m'enfonce dans ma solitude, je vis en avare, et je ne veux pas perdre un seul de ses profits. Plaise à Dieu que je ne fasse pas là un ménage de bouts de chandelle!

Mes très humbles respects, mon cher ami, à Mme Gérard. Ma femme vous dit mille choses à l'un et à l'autre. S'il vous tombait dans l'esprit et par quelque bonne fortune quelque sujet heureux d'épîtres, de contes, de poèmes en quatre chants et plus, envoyez-les-moi par mon brave homme de Léonard. Bonjour, mon rare peintre, mon véritable et aimable ami. C'est dans toute ma réflexion que je vous estime, et de tout mon cœur que je vous embrasse.

JEAN-FRANÇOIS DUCIS.

IX

A Paris, le 23 janvier 1813.

Mon cher ami, il y a plus de quatre ou cinq mois que j'ai de vives alarmes sur ma vue. Je ne peux plus lire, même dans les livres dont le caractère est assez gros. Mes livres sont fermés pour moi, privation cruelle, surtout pour un homme qui est dans sa quatre-vingtième année et qui ne peut communiquer avec les muses que par les yeux. Mon ami, je viens de m'assurer, et malheureusement d'une manière certaine, que je ne puis déchiffrer mes vers sur mon manuscrit, dont l'encre est d'une blancheur qui achève mon infirmité et, ce qu'il y a de pis, c'est que je ne sais pas ma *Côte des deux amants* par cœur. Le manuscrit, d'ailleurs, est couvert de ratures, de pièces et de morceaux rapetassés. Je vous prie donc, mon cher ami, de vouloir bien m'excuser, si demain je ne me rends pas chez vous pour la lecture en question. J'irai demain ou après, avec ma femme, chez M. le baron de Venzel, célèbre oculiste. Mon ami, quand vous le pourrez, venez visiter votre pauvre ami.

Je vous embrasse de toute l'affection de mon cœur.

DUCIS.

X

Versailles, le 31 juillet 1815.

C'est sans étonnement, mon cher ami, que j'ai appris de mon neveu, le peintre, l'offre généreuse que vous me faites de mille francs, dans nos moments difficiles où les secours de l'amitié deviennent quelquefois si nécessaires. Je suis justement dans ce cas. J'accepte donc avec le plus grand plaisir et une vive reconnaissance une somme que vous pouvez me prêter et dont cette présente lettre contient l'obligation. Je prévois que je ne serai pas longtemps sans être en état de vous la rendre; mais je ne me gênerai pas avec un ami tel que vous.

Ducis et Georges, son frère, ont dîné en famille hier avec moi. Jugez, cher ami, combien ce petit

dîner tout simple, mais pas mauvais, aurait aug-
menté notre joie, partagé avec vous !

Je sens que mon cœur a bien des choses intimes à vous dire, ainsi qu'à Andrieux; c'est un
bonheur que je goûte d'avance. Acceptez-en
l'assurance avec celle de notre très douce et très
antique amitié.

JEAN-FRANÇOIS DUCIS.

LA REVELLIÈRE-LÉPEAUX [1]

I

A la Rousselière (Loiret), 12 messidor an XIII
(2 juillet 1805).

Monsieur,

Je profite du retour de notre respectable ami
Ducis vers ses foyers, pour vous témoigner toute
ma reconnaissance des nouvelles offres de service
que vous avez bien voulu me faire présenter par
lui. Nous y avons été également sensibles, ma famille et moi. Je vous prie de croire que vous
n'êtes point oublié dans notre profonde solitude.
Le grand poète pourra vous dire avec quel plaisir
on s'y entretient du grand peintre. Nous sommes,
au surplus, tout glorieux de ce que l'un y a choisi

1. Né en 1753, député à la Constituante, défendit les Giron-
dins, fut l'un des membres du Directoire exécutif. Il avait été
professeur de botanique et fit partie de l'Institut dans la classe
des sciences morales et politiques. Mort en 1824. Voir dans
l'*OEuvre de Gérard* le portrait de La Revellière-Lépeaux, que possède le musée d'Angers.

sa retraite pour y chanter, en vers dignes de lui et de son sujet, les chefs-d'œuvre de l'autre.

Ce qui nous afflige sensiblement, c'est qu'il n'ait pas prolongé davantage les délicieux moments que nous a procurés son séjour. Que n'avons-nous ici des objets dignes de sa plume et de votre pinceau! Nous ferons tous nos efforts pour appeler et retenir, à la fois, parmi nous, deux hommes aussi distingués et pour lesquels nous avons un attachement bien sincère.

L.-M. REVELLIÈRE-LÉPEAUX.

II

A la Rousseliére, le 21 janvier 1807.

Monsieur,

C'est avec les produits de votre génie que vous prouvez à ceux que vous aimez, qu'à quelque distance qu'ils soient de vous, ils sont toujours présents à votre souvenir. Je ne puis vous dire combien ma femme a été sensible à la nouvelle preuve que vous lui en avez donnée, en lui adressant la gravure de votre tableau du *Bélisaire*. Ce morceau, parfaitement exécuté, nous console, en quelque sorte, de n'être plus à même de voir, en original, cette belle production dont l'impression est, pour jamais, restée dans notre mémoire. Il nous est précieux encore sous un autre rapport, c'est qu'il est, ainsi que votre *Ossian,* à côté duquel il figure, le témoignage d'une estime à laquelle nous attachons bien du prix. Vous êtes du nombre de ceux desquels il est doux, pour nous, de n'être pas oubliés dans nos déserts (de la Sologne) ; vous êtes aussi, par conséquent, du nombre de ceux qu'on n'y oublie pas.

Nous ne pouvons pas, monsieur, vous en donner la preuve en aussi belle et aussi précieuse monnaie que vous le faites vous-même ; mais, à défaut du fruit du génie, nous vous prions d'accepter ce fruit du cru. Il provient de l'étang de la Rousselière, que nous pêchâmes hier. Puissiez-vous, ainsi que madame, le manger avec un plaisir égal à celui que nous avons à vous l'offrir, et certes, vous l'aurez trouvé bon !

Ma femme avait toujours compté vous remercier elle-même de votre belle gravure ; mais, accablée de fatigue à raison des travaux champêtres et domestiques, elle m'a constitué son secrétaire pour vous exprimer toute sa gratitude, ainsi que l'assurance d'un attachement qui est également partagé par toute la famille et en particulier par votre dévoué concitoyen.

L.-M. Revellière-Lépeaux.

DENON[1]

Voilà, mon cher Gérard, le portrait du général Rapp avec un petit trait relatif à sa taille. Je joins à cela un court procès-verbal de ce qui le regarde pour le moment où vous avez à le peindre. J'ajouterai seulement que ses yeux sont à fleur de tête et son teint fort coloré, et, qu'animé par le combat, il est en tout un fort beau militaire. Son costume est un habit de général de la garde, c'est-à-dire avec les aiguillettes; il a de plus la plaque d'un ordre de Wurtemberg. En tout, mettez beaucoup de magnificence dans le costume des officiers qui entourent l'Empereur, attendu que cela fait

1. C'est à propos du tableau de *la Bataille d'Austerlitz* que cette lettre fut adressée à Gérard. Vivant Denon avait été page et gentilhomme de la chambre, à la cour de Louis XVI. Il avait fait d'heureux essais en gravure à l'eau-forte. Son talent le sauva du danger d'être décrété d'accusation comme émigré par la Convention, et David lui fit confier la commission de graver les *Costumes républicains*. Sous le Directoire, Denon fit partie de l'expédition d'Égypte. Il a publié le *Voyage dans la haute Égypte pendant la campagne du général Bonaparte*. Il fut directeur général des musées depuis l'avènement de Napoléon jusqu'en 1815 et membre de l'Institut. Il mourut en 1825.

contraste avec la simplicité qu'il affecte, ce qui le fait tout à coup distinguer parmi eux.

Mille amitiés bien sincères.

DENON.

———

HUMBOLDT[1]

I

Berlin, 12 février 1807.

J'ai su, mon digne et respectable ami, que
vous désiriez exécuter quelque tableau relatif au
séjour de l'Empereur au palais de Sans-Souci. Je

1. Frédéric-Henri-Alexandre, baron de Humboldt, est né à
Berlin en 1769. Ses goûts, ses aptitudes l'entraînaient dans le
grand mouvement intellectuel qui fit faire tant de progrès à la
science. Après avoir débuté par de remarquables travaux de géologie, de botanique, d'anatomie et de chimie, il entreprit son
grand voyage d'Amérique, où il fit, après avoir enduré des fatigues inouïes, les plus intéressantes expériences sur la minéralo-
gie, la géologie, l'astronomie et la physique générale. Ce voyage
dura cinq années et donna comme résultat le magnifique ouvrage
du *Voyage aux régions équinoxiales du nouveau continent,* par
A. de Humboldt et A. Bonpland. De 1807, époque à laquelle
parurent les premières livraisons de cet immense travail, jusqu'en
1827, Humboldt vécut presque constamment à Paris, surveil-
lant la publication de son ouvrage et se livrant, avec ses amis,
Cuvier, Arago, Gay-Lussac, à de grands travaux scientifiques.
En 1829, il entreprit un nouveau voyage, en compagnie de
MM. Ehrenberg et Rose. Le résultat de ce voyage fut un
ouvrage sur l'Asie centrale : *Recherches sur les chaînes de montagnes et climatologie comparée.* En 1830, Humboldt revint de
nouveau habiter Paris, et il fut chargé par le roi Frédéric-Guillaume III de délicates missions politiques qu'il sut remplir avec

suis bien coupable d'avoir tardé si longtemps à
remplir vos désirs et à vous envoyer l'esquisse du
petit édifice qui vous était nécessaire. Je puis vous
assurer cependant que j'y ai mis plus de zèle que
vous ne devez le penser. J'avais chargé un jeune
artiste de mes amis de se rendre à Potsdam pour
y faire le dessin. Il m'a porté à la fin une esquisse
que nous croyons très imparfaite et que je n'oserais
vous offrir. Elle forme un paysage, mais elle ne
contient pas ce qui vous est le plus nécessaire, la
représentation linéaire de l'architecture. Au milieu
du chagrin que j'en ai éprouvé, j'ai appris qu'il
existe une vieille planche de M. Krüger qui est
mal gravée, mais de la plus grande exactitude. Les
plus petits détails y sont fidèlement représentés.
Je me suis procuré une épreuve de cette planche
que possède la famille de M. Krüger, et je m'empresse de vous la faire parvenir. Je me flatte

le plus grand tact. C'est lui qui, après la révolution de Juillet,
reconnut, au nom de la Prusse, le nouveau roi Louis-Philippe.

Humboldt connaissait tout Paris et tout Paris le connaissait.
Son profond savoir s'alliait à un esprit fin et observateur. Il
aimait beaucoup Gérard, et celui-ci n'a pas cessé de l'entourer
des marques du plus profond attachement. En 1848, Humboldt
quitta la France et se fixa définitivement à Berlin où il vécut
jusqu'à sa mort dans l'intimité du roi, sans avoir jamais été un
courtisan. Les dernières années de sa longue et belle vie ont été
consacrées à la publication du *Cosmos, essai d'une description
physique du monde,* qui embrasse toute l'étendue des connaissances humaines. Humboldt est mort à Berlin, le 6 mai 1859,
laissant la mémoire d'un des plus grands esprits qui aient honoré
le siècle.

qu'elle remplira votre but, mon respectable ami.
Toutefois, si vous désiriez autre chose, par
exemple une partie de la terrasse de Sans-Souci
ou une vue sur laquelle se trouve en même temps
le fameux moulin à vent, je vous supplie de me le
marquer franchement. Vous savez que peu de
personnes en ce monde vous sont plus vivement
attachées que moi. Vous savez que la reconnaissance que vous m'avez inspirée est proportionnée
à cet enthousiasme avec lequel on doit embrasser
tout ce qui est beau, grand et simple à la fois.

Depuis mon retour d'Italie, surtout depuis que
mon ami intime M. Gay-Lussac m'a quitté ici, j'ai
vécu dans un désert moral. Les événements qui
viennent d'écraser notre indépendance politique,
comme ceux qui ont préparé cette chute désas-
treuse et qui la faisaient prévoir [1], tout m'a fait
regretter mes bois de l'Orénoque et la solitude
d'une nature aussi majestueuse que bienfaisante.
Après avoir joui d'un bonheur constant depuis dix
à douze ans, après avoir erré dans des régions
lointaines, je suis rentré pour partager les malheurs
de ma patrie! L'espoir de me rapprocher de vous
me console un peu. J'exécuterai ce projet sitôt que
la délicatesse et mes devoirs me le permettront. Je
sens tous les jours que l'on ne travaille bien que
là où d'autres travaillent mieux autour de vous.

---

1. On sait qu'après Iéna et Tilsitt, la Prusse avait été occupée
par l'armée française (1806).

Aussi la publication de mes ouvrages ne pourra se terminer que lorsque je serai moi-même à Paris, où j'implorerai de nouveau vos conseils.

Tous les gens de goût se sont occupés ici, de loin, de l'idée de votre tableau allégorique de *la Vie humaine* [1]. N'en pouvant pas admirer de près la belle exécution, nous nous sommes plu à en admirer la composition. Que ne peignez-vous la vie d'une nation comme celle de l'individu ! L'ombre de Frédéric le Grand représenterait, caractériserait les Prussiens, et cette ombre, errant parmi des ruines, offrirait un tableau digne de votre génie ! Ayez la grâce de présenter mes respects à Mme Gérard, à la famille de M. Redouté [2], et surtout à notre ami M. Thibault [3], dont je fais graver le superbe dessin. Je n'écris pas aujourd'hui à ce dernier, parce qu'on n'a pas achevé à la Manufacture de porcelaine un objet que je veux lui présenter et qui est relatif à mon voyage. Daignez agréer les assurances de mon attachement respectueux.

ALEXANDRE HUMBOLDT.

La petite gravure de M. *Desnoyers* [4] m'a fait un plaisir bien sensible, parce qu'elle rappelle au

1. *Les Trois Ages.*
2. Le peintre de fleurs.
3. Thibault, dessinateur et professeur de perspective, fut architecte du roi de Hollande.
4. Eau-forte du portrait de Humboldt, dessiné par Gérard en 1799.

public les bontés dont vous m'honorez. — J'ajoute aussi une gravure assez rare du nouveau palais de Potsdam, qui ne parle pas pour le goût de Frédéric le Grand.

II

Paris, à l'École polytechnique, ce vendredi, août (vers 1807).

Je suis chargé, mon digne ami, de la part d'une princesse qui n'est pas belle, mais horriblement *sentimentale*, d'engager vous, M. Talma et moi-même à dîner chez elle la semaine prochaine. J'espère que l'abattement et la prostration des forces, qui sont les effets de la chaleur excessive, donneront un air sentimental à ceux, parmi nous, qui ne connaissent pas ce genre de *prose poétique* de l'âme. La princesse de Ponte-Corvo demeure à Bellevue. Elle veut que vous et M. Talma fixiez le jour où nous pourrons aller la voir dans ses *Alpes de Sèvres*. Auriez-vous la bonté d'ouvrir des négociations avec M. Talma? Tout jour est le mien, pourvu que ce soit vers la fin de la semaine prochaine : mercredi, jeudi, samedi, pour laisser au globe le temps de se rafraîchir ou de s'enflammer tout simplement. Aussi dois-je protester contre vendredi prochain, qui est jour d'Arcueil[1]. Je vous conjure de ne pas refuser. La princesse

1. Chaptal avait une propriété à Arcueil.

est aimable et bonne. Elle a un grand mérite pour moi, celui de me parler toujours de vous, comme si vous lui aviez dit que vous me vouliez un peu de bien. En ce cas, ce peu est beaucoup. Ayez la grâce de m'écrire deux mots lorsque M. Talma, à qui vous voudrez bien présenter les expressions de mon tendre attachement, vous aura répondu. Je me fais une fête de passer une journée avec vous.

HUMBOLDT.

III

J'ai été terrifié de votre petit billet, mon excellent ami. Comment vous parler de votre tristesse et de votre accablement? Vous êtes dans cet état et ni Mme Gérard, ni ma bienfaitrice, Mlle Godefroid, ne m'écrivent un mot pour que malade je me traîne chez vous, non vous rassurer, que peut-on contre les douleurs de la vie humaine? mais vous parler de mon affection, ce qui soulage pour quelques instants! Mon indisposition n'a pas été simulée. Je ne puis sortir que pour aller au bain : j'y vais en ce moment et, en sortant, je serai à votre porte ; car je suis beaucoup mieux.

Mille tendres hommages.

H.

IV

Je n'oublie jamais rien de ce qui vous intéresse, mon excellent ami; mais je n'ai pu avoir de conversation utile avec M. Hustado, le ministre actuel de Colombie qui repart pour Londres, que depuis deux jours. Je lui ai expliqué ce qu'il faut demander au Congrès pour que le tout ne soit pas vague sous le rapport du *costume,* du *paysage,* de la *grandeur* et du prix. On va nous envoyer aussi un portrait du héros. Je tiens à cet ouvrage monumental pour que des pays qui me sont chers participent aussi à votre gloire.

Je causerai de tout cela avec vous *demain* à la *Villa* si vous me permettez d'y aller. Mille tendres hommages. Votre Roi est à présent bien mieux placé au Musée. Il excite un vif et douloureux intérêt.

H.

Sir James Mackintosh et lord Dudley, que vous connaissez sous le nom de petit Ward (chez Mme de Staël), me prient de les mener chez vous mercredi.

V

J'écris ces lignes pour vous remercier, mon cher et excellent ami, de votre tendre sollicitude. Je suis mieux de 80 pour 100. Les remèdes de Gall ont agi sur-le-champ et le temps fera le reste. Pour vous égayer, je vous envoie ma gravure. J'ai l'air d'un épicier qui va en bonne fortune.

Demain, hélas! je ne puis me flatter de passer une bonne journée à la *Villa!* (Auteuil.)

Veuillez bien faire agréer à la bonne Mme Gérard et à Mlle Godefroid mes affectueux hommages.

Et les 500 moustaches de Versailles mises entre les mains, non de missionnaires, mais de séminaristes de dix-sept ans!

H.

VI

Je vous ai parlé hier, mon excellent ami, de nos *Plantes équinoxiales :* c'est de nos ouvrages celui qui offre le plus d'ensemble d'exécution. Je vous demande la faveur d'en agréer l'hommage ; j'y tiens d'autant plus que la plupart des détails anatomiques, comme aussi plusieurs planches

(p. 118), ont été dessinés par moi au milieu des forêts, dans des canots étroits, au milieu de circonstances assez pénibles. J'espère pouvoir vous offrir sous peu la grande édition de mon *Itinéraire* que l'on imprime en ce moment. En m'honorant de votre amitié, vous l'avez placée en celui qui sent le plus profondément cette admirable réunion du génie et de l'élévation du caractère, des dons de l'esprit et des qualités du cœur dont la nature a embelli votre existence.

H.

J'ai un rhume énorme, de la toux et beaucoup de chaleur à la tête. Mon style et mon écriture se ressentent de cet état. Je viendrai pourtant dans la journée demander de vos nouvelles.

VII

Paris, vers 1812.

J'ai les *pains* en mains. J'ai commencé un nouveau portrait de mon jeune botaniste. Je suis dans les souffrances de l'*âcre* et du *dur*. Vous, mademoiselle [1], qui me traitez toujours avec tant de

---

1. Ce billet est adressé, ainsi que plusieurs autres, à Mlle Godefroid, qu'Humboldt appelait, on le verra plus loin, sa *protectrice* et à laquelle il demandait conseil pour l'exécution de ses dessins et aquarelles. (Voy. notice biographique du Ier volume.)

bonté, me permettez-vous de vous demander un petit bâton de votre sublime *pierre d'Italie?* Ma reconnaissance en sera éternelle. De grâce, ne m'en veuillez pas de vous déranger et agréez l'hommage de mon respectueux attachement.

Votre élève de quarante-trois ans.

H.

VIII

Paris, 1814.

J'espère, mon excellent ami, que vous rirez longtemps de la comédie que je vous ai donnée. Le pèlerin de Jérusalem [1] est furieux. Ce ministère manqué dont on lui a parlé en public, cette persécution des protestants, ces plaintes contre le roi Louis XVIII, ce prince de Rohan qui, pour faire sa cour à la Prusse, dit qu'on a *forcé* sa famille de se faire catholique, ce ministre du roi de France qui demande une garnison dans la capitale de son roi; — convenez que tout cela est délicieux. Les Grands-Ducs m'ont chargé de vous faire *mille amitiés*, c'est le mot. Ils espèrent aller vous voir ce soir à cinq heures.

A. H.

1. Chateaubriand.

IX

Paris, 1814.

Mon cher ami et mon maître, le roi de Prusse vous demande la permission de poser chez vous *à midi,* aujourd'hui samedi. J'espère que cela ne vous dérangera pas. Mille amitiés.

H.

X

Paris, 1814.

Nous avons passé quatre heures cruelles dans l'empoisonnement. Le Roi a de nouveau un cruel mal de dents. Ainsi, cher ami, nous n'irons pas vous troubler aujourd'hui. Le Roi vous en fait mille excuses. Je vous embrasserai ce soir.

H.

XI

Paris, 1814.

Le Roi est encore alité. Il est très souffrant; personne n'a encore pu le voir. D'après cela, mon excellent ami, vous serez sans doute libre aujour-d'hui. J'écris ces lignes parce qu'il serait cruel de vous dérober un moment. J'ai dit à Steuben ce

que vous lui permettez pour son tableau. Ce que
vous faites pour lui est fait pour moi, et cela
augmentera la reconnaissance que je vous dois.
Mes deux moustaches d'hier soir, *à bonnet de toile
cirée*, sont ivres de votre soirée. Ils en parlent
comme arrivant de quelque île enchantée de
l'océan Pacifique. Que Dieu nous délivre de toute
la race exotique, malgré leur bonté et leur sensibilité!

H.

XII

Paris, 1815.

Dans un excès de zèle, je me présente de trop
bonne heure chez vous, mon respectable ami. Je
laisse à votre porte cet admirable monument de
votre amitié pour moi : ce sera aussi un monument
de ma reconnaissance et de celle de toute ma famille. Dire que vous ordonnerez ce que vous dé-
sirerez de plus de *vos* épreuves de *votre* planche,
c'est vous engager à disposer de votre propriété.
Je m'arrête à vingt-trois : la vingt-quatrième vous
sera présentée encadrée. Je n'ai pas d'expression
pour les sentiments divers qu'inspire ce frontispice[1]. J'y crois lire les événements extraordinaires

---

1. Ce frontispice, dessiné par Gérard, gravé par Roger, pour
le grand ouvrage de Humboldt et Bonpland, a pour titre *Huma-
nitas, Litteræ, Fruges*. (Plin. jun., 1. VIII.)

au milieu desquels vous avez eu le noble courage
de travailler pour un ami.

H.

XIII

Voici, mon cher et illustre ami, une réponse à
M. *Passalaqua*[1], dont la lettre est bien vague. On
ne peut dire « qu'on veut acheter si l'on ne fait le
prix des choses ». Qui dédommagerait M. Passalaqua du voyage et du transport de tant d'objets
précieux? Mille tendres amitiés et mes hommages
à l'excellente Mme Gérard. Vous savez que le Roi a
voulu acheter aux Gobelins votre buste de
Louis XVIII? Il a dit que c'était autant pour avoir
un souvenir d'un monarque qui lui était cher qu'à
cause du beau pinceau de M. Gérard. Le roi de
France a prévenu ce vœu et lui en a fait cadeau.
Je travaille toujours inutilement pour Mme *Jaquotot*[2], et je n'ai aucune espérance pour notre *Ben-
venuto Cellini* de Strasbourg.

H.

1. Propriétaire d'une collection d'antiquités achetée plus tard
par le roi de Prusse.

2. Mme Jaquotot, peintre sur porcelaine, a fait d'excellentes
copies d'après les maîtres anciens et d'après la *Psyché* et l'*Entrée
de Henri IV*.

XIV

Paris, 1816.

Vous avez raison de rire de ma pédanterie
toute tudesque, cher et excellent ami; mais je ne
savais pas que ma microscopique écriture pourrait avoir donné lieu à quelque malentendu sur le
jour. Me voilà bien rassuré, non par l'aimable et
spirituel secrétaire, mais par vous-même. J'aurai
le bonheur de vous embrasser demain chez vous,
et puis jeudi encore chez vous, et puis vendredi
chez le Corse[1]! *Cauchy*[2] a proposé hier, dans un
comité secret, de purger la bibliothèque de l'Institut de tous les livres qui insultaient les majestés
divines et royales; il a nommé Voltaire, Rous-
seau, et il s'est déchaîné surtout contre la *Guerre
des Dieux...* Amitiés.

H.

XV

Paris, 1817.

J'oserai vous présenter ce soir, mon respectable ami, un général prussien, M. de Rühl,

---

1. Pozzo di Borgo, ambassadeur de l'empereur Alexandre
auprès de Louis XVIII.

2. Cauchy, mathématicien. Nommé académicien sous la Restauration.

homme aimable et très occupé des arts. Il a publié
des cartes topographiques, et mon frère m'ordonne
tout exprès de vous le présenter pour être auprès
de vous l'organe des sentiments d'admiration de
Mme de Humboldt.

H.

Vous savez que la duchesse de Berry et *Castel-Cicala*[1] ont dénoncé *Forbin* auprès du Roi pour
l'impiété et l'hérésie politique de son livre ; on lui
a d'abord voulu ordonner la suppression de ce qui
reste de l'édition ; Forbin a eu hier là-dessus une
conférence avec M. de Blacas[2] ; il paraît que, pour
le moment, la faveur d'être *victimé* et illustré par
la persécution ne l'amuse pas. Plus tard, cela sera
utile au livre

XVI

Paris, 1817. Dans un café.

Écoutez les *Ultra*, le journal de l'empire d'aujourd'hui. Jamais succès n'a été plus complet et
plus mérité. M. le duc d'Angoulême a entendu
avec une vive satisfaction les éloges qu'on donnait
de toutes parts au chef-d'œuvre de l'école moderne.

1. Castel-Cicala, ministre de Naples à Paris.
2. Ancien ministre de la maison du roi, pair de France.

La Quotidienne d’aujourd’hui (c’est sans doute
Malte-Brun que j’avais vu hier) : « Cette belle
composition couronne tous les grands travaux
de M. Gérard qui est l’honneur de l’École française[1]. »

Je sens que je suis né pour l’amitié, car le
bonheur que je sens a effacé *entièrement* en moi
l’impression des articles de M. H..., qui a fait de
moi (encore aujourd’hui) l’article le plus bienveillant, à peu près comme il le ferait de l’ouvrage de
M. B..., si ses amis, pour se défaire de lui, le faisaient voyager.

H.

XVII

Paris, 181..

Lisez, mon respectable ami, jusqu’à demain
soir, les niaiseries de lady Morgan, ce mélange
d’amour pour la liberté et de goût pour les généa-
logies : cet *Endymion de Prud’hon ;* ce Guérin que
sa *jeunesse* empêche d’avoir de la réputation ; ces
chefs-d’œuvre de peinture de Denon, Gérard et
Robert-Lefèvre, qui vont ensemble à l’immortalité ; cette anatomie de la famille de Beauvau ;
cette aimable délicatesse qui apprend au public
que M. de Chat... a repris sa femme par senti-

---

1. *L’Entrée de Henri IV.*

ment de décence; cet hôtel Pastoret; cet hôtel Denon[1]!

Vous avez eu la bonté de lui montrer cet Achille, qui est resté invisible à vos plus zélés admirateurs; — elle l'attribue au *jeune Guérin ;* c'est lui aussi qui a fait le superbe et *humide* portrait de Mme Récamier... Elle vous fera rire quelquefois. Mille tendres amitiés.

Elle est cependant quelquefois très plaisante en parlant des *ultra,* et de M. de Chateaubriand, et de l'Institut.

H.

XVIII

Ce samedi.

Voici, mon excellent ami, le second cahier de mon ouvrage sur l'ancienne civilisation de l'Amérique, et sur les rapports que présente la mythologie mexicaine avec celle des Grandes-Indes. Daignez l'agréer comme une faible marque de mon admiration et de mon attachement inviolables. J'ai aussi une grâce à vous demander, celle de conduire chez vous aujourd'hui *samedi, entre 4 et 5 heures,* quelques compatriotes allemands, le comte Than, M. Hammer, qui vient de Constantinople et d'autres amis dignes de jouir de vos

1. Humboldt se moque des erreurs du livre dans lequel lady Morgan attribue à Prud'hon l'*Endymion* de Girodet et à Guérin le portrait de Mme Récamier par Gérard.

ouvrages. Malgré l'intérêt qu'auront ces personnes de voir le génie qui produit et non l'ouvrage seul, je vous prie tout simplement de nous permettre l'entrée du sanctuaire. Je sais que ces visites d'un quart d'heure ne sont pas très agréables, et je vous traite avec la franchise d'un ami dévoué et sincère.

HUMBOLDT.

XIX

Paris, 182..

Hier, chez la belle Gabrielle, à Saint-Ouen ; aujourd'hui encore chez Mlle Sontag, chez la duchesse de Dino ; je suis incertain du bonheur de vous voir ce soir, mademoiselle, et de m'informer chez la bonne Mme Gérard de notre illustre voyageur[1]. Dans cette incertitude, je veux commencer par payer une dette. Nous devons pour cette quatrième planche, qui est très belle, 300 à 350 francs. Je crois qu'il faut les donner en entier. Mille tendres hommages.

H.

Je meurs de chaleur ; hier, à l'Observatoire même, 29° Réaumur.

1. Gérard était en Angleterre.

XX

Votre lettre pour Londres est partie. Je l'ai
envoyée avec une note très pressante à l'ambassadeur. Disposez toujours de moi, mon respectable
ami. Je regrette d'avoir manqué hier soir de vous
voir et d'offrir mes hommages à l'aimable Mme Gérard, ayant été retenu très tard chez M. de Duras,
qui est malade et qui *fait partir* M. de Rauzan
pour Vienne. Voici l'arrangement : M. de Montmorency part demain avec M. de Rauzan (qui lui
sera d'un fier appui!) pour le congrès de Vienne.
Le ministre ne compte y rester que dix à douze
jours ; puis M. de Chateaubriand, toujours fortifié
par M. de Rauzan, assistera au congrès de Vérone ; on croyait cela décidé hier soir, malgré une
note contre M. de Chateaubriand dans l'*Étoile*...
Quel tripotage!

H.

XXI

J'étais environné des plus beaux rochers de la
vallée de Tienne, dans une petite auberge de Ca-
vallese, vis-à-vis des granits et de la cascade du

Canzacoli, lorsque je vous écrivis pour la première
fois : cela était assez pittoresque, mais peu commode. Aujourd'hui je me trouve dans un salon de
marbre, dans une de ces maisons que l'on veut
bien appeler un palais, sans doute parce qu'on s'y
ennuie depuis des siècles, et, au milieu de cette
magnificence apparente, je suis forcé d'écrire sur
mes genoux. Voilà, mon cher et illustre ami, ce
qui doit excuser auprès de vous cet horrible grif-
fonnage. Je me résigne à ce que vous ne puissiez
pas déchiffrer ma lettre entière, pourvu que vous
trouviez les mots d'admiration, de dévouement et
de *reconnaissance* qui sont éternellement l'expression de mes sentiments envers vous. Revenu du
Tyrol (*Trento, Bolzano, valle di Fozza*) et des
montagnes volcaniques de Padoue (*monti Uganei
d'Abano*), j'ai appris que le Roi, au lieu de venir
par Insprück, avait pris la route du Simplon. Je
suis retourné à Milan pour aller au-devant de lui;
nous sommes revenus par Bergamo et Brescia, et
dans deux jours nous partons pour Venise. La vie
est bien agitée, et je pourrais presque me plaindre qu'il y ait tant de princes, tant d'églises et
tant de ballets dans le pays. Cela commence à
huit heures du matin et cela finit à minuit, sans
compter les intercalations d'un dîner à deux heures, d'un thé à six heures et d'un souper à neuf
heures. Mes rapports avec le Roi sont les mêmes
qu'autrefois, et je ne saurais assez me louer de
toutes les marques de bienveillance et de prédi-

lection qu'il me donne. Il s'est informé avec la
plus tendre sollicitude de l'état de votre santé, de
vos travaux, de vos projets d'un voyage en Italie.
Il revient souvent sur ce sujet, qu'il sait me rappeler des souvenirs si heureux. Vérone n'est guère
très amusant. La beauté de l'amphithéâtre est peu
sévère, et ce qu'il y a de plus gai sont les poissons
pétrifiés du comte Gazola, le long cyprès du jardin Giusti, et les ossements de l'âne sur lequel
était monté Notre-Seigneur dans son entrée à
Jérusalem. Tous les congrès se ressemblent : on
dit celui-ci fini avant qu'il ait commencé. On est
tellement d'un même avis qu'il n'y a pas lieu à dis-
cussions, et il paraît qu'on ne fera rien ni à l'Est
ni à l'Ouest. Voilà les nouvelles du jour ; j'en parle
à mon aise, ne voyant de toute la diplomatie que
Mme de Liéven[1]. C'est là qu'on s'assemble le soir,
qu'on dit que l'on s'ennuie, et qu'on le redit le
lendemain. Je n'ai malheureusement pas eu le
plaisir de trouver M. Serangeli[2], qui était absent
de Milan ; mais le Roi a été accompagné de
M. Longhi, le graveur, qui a tout à fait la tournure
d'un homme d'esprit. Il rend beaucoup de justice
à Toschi et a marqué au roi la plus grande admiration pour vos ouvrages. Le temps est superbe,
quoique plus froid qu'à votre villa. Les *fonds* sont

1. Mme de Liéven, l'un des oracles politiques du siècle. Élevée
à Saint-Pétersbourg, elle résida successivement à Londres, en
Russie et en France ; elle mourut à Paris en 1857.
2. Peintre, élève de David. Voir sa lettre, p. 353.

assez gris, et je soupire après le ciel de Naples.
Nous reviendrons de Venise ici, et nous partirons
pour Rome et pour Naples le 3 novembre, pour
être déjà de retour ici le 15 décembre. Le congrès
ne sera pas très long, à ce que tout le monde croit,
et j'espère toujours vous embrasser au commencement de janvier. Je n'ai pu lâcher encore que
quelques mots sur notre bon Steuben à M. de
Nesselrode. On ne fait qu'arriver, et tout le monde
est distrait dans ces premiers jours. Pozzo et M. de
Montmorency me chargent de mille choses pour
vous, mon cher et excellent ami. Vous ne doutez
pas, j'espère, des sentiments du plus tendre et du
plus respectueux dévouement que je vous porte à
vous, notre maître, à l'excellente Mme Gérard, et à
Mlle Godefroid, ma *bienfaitrice*. Il y a peu de jours
que j'ai encore mangé de vos biscuits et bu de
votre vin. Ma santé est excellente, et je m'arme
de patience. Mille amitiés à ce bon Steuben.

A. H.

Avez-vous les derniers vers de Monti sur ce
sujet tout à fait mythologique, l'innocence, la générosité et la vertu de Mme de S.., qui a fait faire
de petits tableaux à M. Agricola[1]? Quand je suis
tout seul dans la campagne, je suis ravi de votre
Italie : quel délicieux pays !

1. Peintre d'histoire, résidait habituellement à Rome.

XXII

20 octobre 1823.

Vous le savez peut-être déjà, mon cher et illustre ami, le ministre de la guerre est changé. M. de Damas, cousin germain de Mme de Montcalm, qui a été en Russie jusqu'à la Restauration (homme honnête, mais excessivement ultra), a la place. M. le duc d'A. a influé sur la démission, mais aucunement sur le remplacement. On dit que Lauriston revient; d'ailleurs la Place serait au duc de Doudeauville et la Poste à M. Sosthène.

On dit que Peyronnet et Clément sauteront aussi.

H.

XXIII

Dimanche.

Vous ne m'avez rien fait dire hier pour Pozzo, cher ami, j'avais cru que ce serait un autre jour; mais je l'ai rencontré le soir et il m'a dit *qu'à présent c'était admirable*[1], une des plus belles choses que vous ayez faites. Le procès est donc gagné.

On n'a cessé de parler de vous hier soir chez Mme de Duras[2]. Elle désire vous tenir déjà à trois.

1. Le portrait en pied de Pozzo di Borgo.
2. Voir page 159 les lettres de Mme de Duras.

heures, de sorte que Mme de Rauzan ira vous chercher à deux heures et demie, je crois. Je profiterai de votre permission de m'y présenter aussi
pour admirer le Pozzo.

Mme de Rauzan nous servira à le raffermir dans
son contentement.

Mille amitiés.

HUMBOLDT.

XXIV

Vendredi.

Vous savez, mon cher et excellent ami, qu'en
tout temps et tout lieu je fais ce que vous ordon-
nez. Daignez donc m'écrire si je puis avertir
Mme de Duras qu'elle aurait le bonheur de vous
voir aujourd'hui à deux heures et demie et qu'elle
ne fasse entrer que vous. J'irai donc à deux heures
et demie chez vous voir ce que vous ordonnerez :
mais vous connaissez les femmes. Mme de D. m'a
dit souvent « que ce cadeau était un des grands
événements de sa vie, qu'elle, créole ignorante il
y a quinze ans, comment aurait-elle pu imaginer
que son talent serait célébré par le premier
peintre du siècle[1] »? Les femmes aiment la solitude et le mystère dans l'expression de leur reconnaissance et de leur affectueuse admiration.
Vous seul déciderez. Daignez m'écrire si deux

1. Le tableau pour le roman d'*Ourika*.

heures et demie vous conviennent, si vous préférez
trois heures et si je dois vous accompagner malgré
la note qui subsiste. Mais surtout, cher ami, soyez
sûr de pouvoir y aller, car, malgré mon obéis-
sance, je n'irais pas seul.

H.

XXV

Avez-vous jamais à vous excuser devant moi,
mon respectable ami !

J'ai presque soupçonné la cause de votre absence, et Mme de Duras vous admire trop pour
exiger de vous des assiduités de salon. Elle est
heureuse de vous voir, elle me charge de vous le
répéter. J'irai vous embrasser aujourd'hui. J'ai eu
une toux affreuse, j'ai même été alité ; mais ce
dont je me plains toujours, c'est que vous ne voulez pas concevoir combien on vous aime, c'est
qu'au lieu de vous mettre à écrire des lettres si
aimables, vous n'envoyez pas simplement chez
moi avec ces mots : « Venez si vous pouvez ! »

H.

XXVI

Vendredi.

Mme de Duras est si digne de vous entendre,
elle se plaint toujours de votre absence. Chez les
femmes cela devient une idée fixe. Elle me parle

de vous engager pour ce *soir*. Elle sera seule avec
ses enfants et je ne manquerai pas d'y aller de
mon côté si je puis espérer de vous y voir. Je
ne vous propose pas de me conduire; je dîne très
tard avec le prince de Danemark, chez M. Hut-
chinson. Venez entre neuf et dix heures.

M. Nerciat a fait une belle traduction de l'article de Schlegel que je corrige et que nous vous
porterons. Je voudrais l'imprimer dans le journal
de Julien (*Magasin encyclopédique*) qui est très lu.

C'est trop long pour nos journaux politiques.

HUMBOLDT.

XXVII

« Je suis si touchée de ce que M. Gérard a fait
pour moi, si reconnaissante, si agitée de la crainte
de lui déplaire que je vous conjure de pénétrer le
secret d'hier. C'était une simple fête de famille,
il n'y avait que ce qui m'est le plus cher. Pourquoi ne s'est-il rendu à ma prière? Y avait-il dans
mon billet quelque chose qui ait pu le blesser? J'en
suis, je vous le répète, agitée pour la journée.
Venez, je vous conjure, me rassurer ce soir. M. de
Duras partage mon inquiétude! » J'ai répondu à
l'instant à Mme de Duras que je vous avais trouvé
couché (vous étiez sorti!) hier soir avant minuit,
mon cher ami, et que sans doute vous étiez in-
commodé. De grâce, répondez aujourd'hui ou

allez-y ce soir. Votre absence a été la conversation de toute la soirée.

Mille amitiés.

H᷂UMBOLDT.

XXVIII

Ce dimanche.

Les affections sont souvent moins commodes que les haines.

Mme de Duras gémit de ne pas vous voir et vous menace de son courroux. Elle sera en ville encore ce soir et demain lundi.

HUMBOLDT.

XXIX

Paris, 182..

Toujours des importunités! Je vous demande la grâce, mon cher et respectable ami, de vous amener demain soir un homme aimable, qui m'a été beaucoup recommandé par l'ambassadeur, et qui a été, après M. Canning, chargé d'affaires à Lisbonne. C'est le chevalier-baronnet sir John Croft, qui parle mieux le français que mon gothique compatriote.

H.

XXX

Paris, 182..

Ce n'est certainement pas à moi à trouver
l'heure trop *matutine*. Je serai à quatre heures chez
M. Gérard, en le remerciant de son généreux pardon qui vous est dû en entier. Depuis Clovis, les
femmes ont été nos anges tutélaires. Près du trône,
ces anges ont un peu changé dans ces derniers
temps. Je supplie Mlle Godefroid d'agréer mes
tendres et respectueux hommages.

                                              H.

XXXI

Paris, 182..

Je suis encore tout plein de la charmante fête
de dimanche [1]. Tout le monde parle de l'élégance,
de l'ordre et de la franche gaieté qui animaient
tout. Je suis retourné (à pied) avec le ministre,
son fils, le *chevalier* architecte et le général *victo-
rieux*. C'était un superbe clair de lune, et le che-
min ne nous a pas paru long : il n'était que *quatre*
heures lorsque nous sommes rentrés. En vous parlant de nos aventures j'ai voulu témoigner de ma

---

1. A Auteuil.

reconnaissance. Je vais de suite vous importuner de nouveau. Aurez-vous la grâce de m'envoyer pour deux jours seulement les planches de mon *Atlas pittoresque?* Mille tendres respects au maître.

H.

XXXII

Paris, 182..

Cher et respectable ami, ce que j'avais craint est arrivé! Si M. Dupin travaillait à *l'Étoile*, il n'aurait pas autrement décrit la charmante fête que vous avez donnée[1]. Quel style de *Trissotin :* et *celui qui*... et encore *celle qui*... Pas un mot pour Mme Le Picard et Mme Valentin[2]! pas même pour *celui qui* guérit la rage de ceux *qui* ne sont pas mordus. J'entendais bien qu'on se moquait beaucoup de cet article hier soir; mais ce n'est que ce matin que je vois par moi-même combien il est ridicule et pédant. Qui peut être notre ennemi? Ceux que je devine y sont loués : on s'est peut-être loué pour se cacher! Et ce représentant *naturel* de Florence!! Il n'y a qu'une consolation, c'est que cela sera utile à cet excellent M. Sgricci[3], dont le

1. Celle dont il est question dans la lettre précédente.
2. Tante de M. Henri Lehmann, peintre d'histoire et membre de l'Institut.
3. Improvisateur italien. Il eut un grand succès à Paris à cette époque. Voy. la Notice biographique, Ier vol., p. 23, et sa lettre, IIe vol., p. 287.

talent et la délicatesse méritent la plus haute
admiration. Mais comment se refuse-t-il à mettre
un prix à une soirée, quand Mme Pasta, Paer... l'ont
fait? Qui peut le faire pour lui? Qui se fierait à la
discrétion et à l'*enthousiasme* des Parisiens? Daignez remercier cette bonne Mlle Godefroid de
toute la peine que je lui ai causée. Il faut laisser
la chose là, car les personnes qui m'avaient prié
de prendre des informations diraient que je leur
rapporte leur question. Le Forbin de *l'Orient* est
revenu. Tendres amitiés et hommages.

H.

XXXIII

Paris, 15 septembre 1824.

Je suis assis à votre table, mon cher et illustre
ami. Je suis de votre maison : j'étais inquiet de
votre santé; vous êtes dans les champs. Je viens de
voir Chateaubriand, voici les nouvelles sûres : le
Roi vient d'être administré de l'extrême-onction,
il y a une demi-heure, devant toute la cour; il n'a
pu se lever, mais il a sa tête, tandis qu'il sommeil-
lait sans cesse hier et toute la nuit. Les médecins
parlent qu'il va s'éteindre dans la journée ou cette
nuit. J'ai pensé que ces nouvelles devraient vous
intéresser. Mille tendres amitiés.

H.

XXXIV

Paris, 182..

Je ne puis me montrer. Je devrais vous amener les *Léopards* d'Albion qui me rendent fou, qui
m'empêchent de voir les personnes qui me sont
les plus chères, que j'admire le plus dans ce monde.
C'est à l'excellente mademoiselle Godefroid que
j'ose m'adresser. Je me mets à ses pieds, et je la
prie en grâce de demander à notre maître si je
puis, demain dimanche, faire *le grand voyage*[1]
avec lui. Mille tendres respects.

H.

Une *léoparde* de plus d'arrivée : lady Davy ! !

XXXV

Paris, 182..

Je ne saurais mieux devenir l'interprète des
sentiments de reconnaissance de Mme la duchesse
de Duras, qu'en communiquant à notre *maître* le
billet que je viens de recevoir. Le format est excellent; comme je vais mardi à Andilly avec M. Arago,

1. D'Auteuil.

je rapporterai un feuillet. Le mot de *vignette*[1] est un malentendu; j'expliquerai qu'il s'agit de quelque chose de plus parfait et qui permet plus de développement. Ne vous donnez pas la peine de répondre et agréez mes tendres et *vieilles admirations*.

H.

XXXVI

Paris, 182..

Il n'y aura pas le moindre inconvénient à remettre la visite à tel jour que notre excellent maître choisira. La Princesse, qui a joué la comédie avec Mlle Mars, chante aujourd'hui dans un opéra qui se donne chez elle, avec Mme Regnault. Elle finira par avaler des sabres avec les Indiens : c'est un cours de civilisation complet. Je supplie l'aimable secrétaire d'agréer l'expression de mon attachement respectueux.

H.

XXXVII

Paris, 1825.

Je m'adresse à ma protectrice pour la supplier d'offrir en mon nom les dix exemplaires du char-

---

1. Il s'agit encore ici de la composition de Gérard pour le roman d'*Ourika*, de Mme de Duras.

mant frontispice à son auteur. Je suis honteux de
voir que la douzaine ne soit pas complète, mais il
a fallu prendre des exemplaires anciennement ti-
rés (la planche appartenant à M. Spooner, un de
mes *tyrans libraires*, qui se trouve actuellement à
Londres). J'ose aussi prier l'aimable Mlle Godefroid
de consulter notre cher maître pour me dire quel
buste de Charles X, en plâtre, je dois acheter
pour mon roi, qui me le demande, plutôt comme
le plus ressemblant que comme le plus historique.
Les dames de la duchesse de Berry sont furieuses
de M. Lawrence[1] qui n'a pas fait grâce *du mauvais
œil*. On trouve *unanimement* la tête de notre maître
bien autrement agréable. Les fureurs contre le
Pandémonium dans lequel pleure et grelotte M. le
dauphin augmentent aussi. Vous savez que je me
nourris de tout cela. Mille tendres respects.

H.

XXXVIII

Paris, 1825.

Hélas! le *chevalier* ignore donc que, nous autres libéraux, nous faisons un métier d'enterrement
mutuel. Je ne puis manquer à celui de cet excel-

---

1 Sir Thomas Lawrence, célèbre peintre anglais, avait fait
un portrait de Charles X.

lent général Foy. Je ne reçois l'aimable billet de Mlle Godefroid que dans ce moment, et je suis au désespoir de ne pas pouvoir profiter de cette offre obligeante.

H.

XXXIX

Paris, 1825.

Mme de Bérenger est arrivée il y a deux jours. Douloureusement affectée de la perte de son ami le général Foy, blessée au vif de la publicité des souscriptions [1], elle ne rêve que votre générosité courageuse, votre amabilité pour Mme Foy [2], la délicatesse de vos procédés. Grouchy, le général Gérard, M. de Lavalette, ne cessent de lui en parler. Elle n'ose encore vous prier de lui montrer cette admirable tête ; mais elle voudrait vous remercier de ce que vous faites pour illustrer un nom qui lui est si cher : elle vous supplie de choisir un jour, mercredi ou samedi de l'autre semaine, où vous viendriez dîner chez elle. Elle promet de vous laisser votre liberté vers les huit heures et demie. Ne me répondez pas, j'irai chercher vos ordres.

H.

1, Pour le monument du Père-Lachaise.
2. Voir les lettres de la comtesse Foy, p. 304.

XL

Paris, 182..

Non les distractions de la société, mais la ferveur que je mets depuis quelque temps à terminer mes éternels travaux me prive du bonheur de vous voir, mon respectable ami, comme vous m'en aviez laissé prendre la douce habitude. Dînez-vous à la maison? Voulez-vous que je demande à dîner à Mme Gérard, aujourd'hui dimanche? Voulez-vous faire avec moi ce soir une visite de digestion chez M. de Chateaubriand ou chez Mme de Bérenger? Un simple *non* me suffit.

H.

XLI

Brest, 16 juillet 1825.

Ce n'est qu'un petit signe de vie et d'amitié, mon cher et illustre ami, mais je sais que ce peu de lignes ne vous est point indifférent. Ce voyage m'a donné plus de jouissance que je ne pouvais en espérer : ma santé, déjà très bonne, en aura été raffermie, car nous avons fait plusieurs jours à cheval entre Paimpol (dont le port est comblé de laves comme aux Canaries), entre Mortain et les intéressantes mines de Poullaouen et Huelgoat,

qui donnent 3,000 marcs d'argent par an, et dans
lesquelles j'ai trouvé les souvenirs de ma jeunesse.
Souvent nous avons fait huit à dix heures à pied.
Ce pays a une physionomie à lui : on nous a comblés de bontés partout; on les a portées trop loin,
car, à mon plus grand chagrin, les journaux de
province ont donné jusqu'à mon année de naissance avec une désolante exactitude. Ici nous
avons eu force dîners du commandant de la ma-
rine et du comte Redon, l'intendant, homme d'un
esprit très cultivé. Nous avons été quatre ou cinq
jours à Brest, où la rade est magnifique. Nous
n'avons plus à voir que Carnac ; nous partons ce
matin pour Vannes et Nantes ; nous espérons être
à Paris le 25 ou le 26. Rien n'a manqué à notre
bonheur, car ce matin même je découvre dans le
régiment de *Hohenlohe*, en garnison ici, notre capitaine Roche, qui est lieutenant en second ; il
chante encore Waterloo et me présente à ses
camarades comme un ami intime. Malheureusement ses camarades m'ont pris pour M. Humblot-
Conté, qui fait des crayons ! Si j'avais été malin,
j'aurais fait des reproches au capitaine Roche de
n'avoir pas chanté Corinne. Adieu, mon cher et
excellent ami ; mille tendres respects à la bonne
Mme Gérard, à ma protectrice Mlle Godefroid et à
toute *notre* famille.

                                        A. H.

XLII

Paris, 182 .

A la vie et à la mort vous pouvez disposer de moi, mon illustre ami. J'ai d'abord été chez le *Fea*, dans son hôtel d'ambassade ; je n'y ai trouvé qu'un petit secrétaire qui n'a jamais été à Colombia. On m'avait dit que le général Cortez, qui, dans une guerre civile, s'est jadis battu contre Bolivar, et qui aujourd'hui est chargé par lui de faire faire des plaques de bonnets de grenadiers, avait un drapeau ; j'ai été dans sa maison faubourg Montmartre, il est parti avec les plaques ! Je crois que M. Arago, le dessinateur [1], a fait, par ordre de Fea, un triomphe de Bolivar, un char écrasant l'Espagne et tous les rois sous ses roues, et qu'il y avait un petit drapeau dans cette édifiante composition. Mais M. A... est peu véridique et exact : ce serait dangereux de le consulter. Il nous dirait plus qu'il n'en sait. Il me paraît le plus sûr et le plus prompt, mon cher et excellent ami, que j'écrive à Fea, à Londres. Nous aurons bientôt une réponse. Veuillez donc, à cet effet, sans vous nommer, avec la tournure « on désire savoir », dicter à Mlle Godefroid toutes les questions de costumes et de taille qui pourraient se présenter. Vous

---

1. Jacques Arago, frère du célèbre astronome.

pourriez même demander si, à Londres, il n'existe
pas quelque croquis de la ville de Caracas. Je
presserai la réponse. Je dîne malheureusement
lundi chez Mme de Rumford. C'est aujourd'hui,
dimanche, la fête de Mme de Duras : elle me charge
de vous le dire. Il n'y a personne d'invité, et c'est
comme à l'ordinaire. Vous m'avez chargé de la
santé de Pozzo : il a toujours des vapeurs, de la
grâce, du rose, la bouche en cœur, les angles
relevés, l'œil clignant, le regard plus animé ! Il
admire, mais il craint toujours d'être trop grave et
immobile. Vous ne m'en voulez pas de ce clabau-
dage ridicule. Mille tendres amitiés.

H.

XLIII

Paris, 182..

Je commence à vous faire mille et mille excuses de la manière laconique et inconvenante
par laquelle j'ai répondu ce matin à votre aimable
invitation. Depuis mercredi, j'étais dans les douleurs de dents. Je venais de prendre ce matin,
lorsque votre lettre arriva, l'héroïque résolution :
M. Miel a arraché la dent. C'est toujours un grand
bien d'avoir une de ces *pièces* de moins. Certes,
mon excellent ami, j'accepte votre bonne invitation pour dimanche, « me réservant comme toujours l'indépendance du retour et le libre refuge

de la république de mes membres ». M. Miel m'a reconnu à mes dents, et il me menace de venir, lui, Mme Miel, un frère, trois cousines et deux tantes, voir l'anneau de Saturne !

H.

Le *Courrier* est toujours occupé de *Corinne* et de *Mme R...* Le roi vient d'acheter pour son cabinet la petite copie.

XLIV

Paris, 182..

J'ai fait ma cour ce matin à Mme Jaquotot. J'ai été ravi de tout ce que j'ai vu : on ne pousse pas plus loin la perfection de cet art... Que votre *Psyché* est belle, mon cher ami, dans une matière si précieuse qui semble ajouter à la délicatesse du pinceau ! Cela gagnera encore de transparence lorsque cela sera moins *embu*. Je désire que la draperie rouge de la Psyché soit un peu plus éclatante de couleur, et que les prunelles de la Psyché deviennent un peu plus pâles. Les contours sont chez vous moins cernés, moins distincts, ce qui adoucit le regard. Qu'on est heureux d'avoir un ami qui ait produit un tel ouvrage !

H.

XLV

Paris, 1825.

Une petite fièvre de rhume m'a tenu alité pendant trois ou quatre jours et m'a privé longtemps du bonheur de vous voir, mon excellent ami. J'ai cependant sur le cœur une commission de Mme de Duras, sur laquelle elle revient dans plusieurs de ses lettres. Elle me charge de vous faire mille excuses de ne pas avoir pu même vous saluer aux Tuileries, elle a percé la foule, et, déjà, vous étiez parti. Elle me charge aussi de vous engager bien formellement de venir *la voir chez elle, rue de Varennes, tous les soirs,* depuis neuf heures jusqu'à onze heures. Elle n'invite jamais pour ces petites soirées. Vous y trouverez Pozzo, rarement Forbin, la duchesse de Devonshire... Elle désire que vous puissiez venir demain, ou samedi, ou lundi, tous les jours de la semaine. Il lui est venu à elle et à M. de Duras une grande passion pour vous et le charme de votre société. J'aurais pu leur répondre pourquoi ils sentent *si tard* les effets de ce charme, mais que gagne-t-on à des récriminations? J'aurai du plaisir d'apprendre que vous céderez à ces instances. Mille tendres amitiés.

H.

XLVI

Paris, 1826.

J'espère que notre illustre ami est en bonne
santé. Daignez dire à Mme Gérard que c'est avec la
permission du maître que M. Rugendas amènera
peut-être avec lui, ce soir mercredi, M. Huber,
fils d'un grand auteur tragique de l'Allemagne, qui
lui a déjà été présenté il y a trois ans, et qui depuis a été en Espagne, en Portugal et en Angleterre. Je suis enrhumé comme un loup. Mille tendres hommages.

H.

XLVII

Paris, 1826.

En rentrant hier chez moi, mon excellent ami,
j'ai trouvé votre trop magnifique cadeau. J'en ai
presque été effrayé, et je n'ai accepté que la moitié. Je demande en échange une épreuve d'ami,
après la lettre [1]. Ce sera une affaire entre Mlle Godefroid et moi. Je suis chargé de mille amitiés
pour vous des Woronzow et de deux humbles
prières.

Le général demande s'il serait trop hardi de

1. La gravure de l'*Entrée de Henri IV*, par Toschi.

vous supplier de lui accorder une copie du buste
de Mlle Mars, qui ferait grand plaisir à sa femme.
Il aimerait tout autant peut-être une petite figure
entière de cette charmante personne, avec un
peu de ressemblance, de 15 à 18 pouces de haut.

La seconde prière est un rêve de Crimée.
Mme de Woronzow sait que le général ne parle à
Odessa que du désir de placer votre buste à côté
du mien. Il voudrait un portrait de vous par Steuben, semblable à celui que Steuben a fait de moi
pour Odessa. Vous voyez qu'il y a de la bienveillance pour trois personnes dans cette prière :
pour vous, Steuben et moi. Vous refuserez-vous
à cette prière de la comtesse?... J'ai vu hier
M. Fagel et son frère qui vous *adorent*. Le ministre n'a pas de jour fixe, mais il vient ce soir.

Mille amitiés.

H.

XLVIII

Berlin, 20 octobre 1826.

Je suis tout honteux, mon cher et illustre ami,
d'avoir tardé si longtemps à vous réitérer l'hommage de mon admiration et de ma reconnaissance.
J'ai joui de vos bienfaits, du *nectar* que clandesti-
nement vous avez fait placer dans ma voiture,
jusque sur les bords de la Sprée. Je n'avais pas
besoin de ce souvenir cependant; chez mon roi,
chez les princes, chez Mme de Humboldt, partout

votre nom et votre gloire ont résonné à mon
oreille. Je n'ai pu rien ajouter à l'expression des
sentiments d'affection et de vénération que dans
toute l'Allemagne j'ai recueillis pour vous. Je ne
vous parle pas de ma vie : vous la devinez. Je suis
le roi de Berlin à Charlottembourg, à Potsdam, à
l'île des Paons, etc. : on n'est souvent pas deux
jours dans un même endroit. Les bontés et les
attentions délicates du roi pour moi vont en aug-
mentant. J'espère encore que cela ne changera
rien dans ma position. Le temps m'a singulière-
ment favorisé : la verdure s'est conservée, les jar-
dins sont d'une tenue superbe, les sites d'eau sont
ravissants, surtout au palais de marbre, et dans
une villa que Schinkel [1] a bâtie pour le prince
Charles, fils du roi, sur une péninsule de la Havel.
Ce que le roi fait journellement pour les arts est
immense, et nulle part l'argent n'est plus raison-
nablement employé. Lorsque le roi ou le prince
royal viennent chez mon frère à la campagne, on
n'invite personne que M. Rauch [2] et M. Schinkel...;
on sait que l'on ne peut donner une société plus
agréable. Cette manière d'honorer le talent, de le
placer dans la vie privée des princes au-dessus de

1. Charles Schinkel, très célèbre architecte, a construit le
musée de Berlin, des basiliques, etc.

2. Chrétien Rauch, célèbre sculpteur allemand auquel on doit,
entre autres, le monument de Frédéric le Grand, à Berlin, dont
il envoya le modèle réduit à notre Exposition universelle de 1855.
Né en 1777, membre associé de l'Institut en 1812, Rauch est
mort en 1857.

toute autre affection, a quelque chose de noble et
de touchant; c'est un progrès de la civilisation
humaine. Comment vous parler, à vous, d'une
exposition de peinture dans laquelle il y a un mélange de talent et d'ennui dogmatique bien
extraordinaire? L'École *Nazaréenne* (c'est ainsi
qu'on appelle ici ce style byzantino-germanique)
prend le dessus, et ceux qui travaillent dans une
autre route vivent aussi de réminiscences de
l'École avant Raphaël. Ce qui manque n'est pas la
partie technique et le savoir, c'est l'expression de
la vie, la liberté dans l'emploi du talent. Il est bien
extraordinaire qu'une nation qui se meut si librement dans la littérature se soit forgé des chaînes
par de faux systèmes dans les arts. M. Begas [1] a
eu différentes incarnations; il est aujourd'hui
dans un genre de sécheresse et de morgue de
couleur qui commence aussi à révolter le public. Son portrait de Thorwaldsen est un très bel
ouvrage; quoique peint d'après le principe « que
Dieu a compté chaque cheveu sur la tête des
hommes », c'est un Holbein; mais le caractère de
tête du sculpteur d'origine irlandaise va à merveille avec cette manière de peindre. Le portrait
en pied du roi, de Begas, est de la plus vulgaire

1. Charles Begas, peintre d'histoire, a eu en Allemagne une
grande réputation. Il fréquenta deux années l'atelier de Gros.
Il est mort en 1855, année où l'on exposait à Paris son *Christ
prophétisant la ruine de Jérusalem*. Il avait peint le portrait
d'Alexandre de Humboldt.

ressemblance, sans noblesse et sans dignité, gau-
chement posé.

Je suis bien audacieux de juger ainsi en écrivant
ces lignes dans le salon de Mme de Humboldt, qui,
malgré sa profonde connaissance de la peinture
ancienne, confond chez les artistes vivants son estime pour les personnes et l'impression impartiale
des ouvrages. Ayant le bonheur de vivre dans votre
maison comme un membre de votre famille, de me
nourrir de vos chefs-d'œuvre depuis dix-huit ans,
je dois sourire quand j'entends parler ici de l'École
de Begas et « de celle de Wach[1] ». Ce bon
M. Wach a fait le portrait de la princesse Frédé-
rique d'Orange, accompagnée d'un coussin avec
un embryon de couronne, et d'un candélabre duquel sortent des fleurs de lis, d'un paysage de
Sans-Souci couleur d'épinards, tandis que la princesse est blanche comme la craie. Que ne puis-je
donner le bras à ma bienfaitrice, Mlle Godefroid,
pour m'amuser franchement? Ici je suis forcé de
me taire et d'admirer. M. Schadow[2] a fait de très
bons et beaux ouvrages: la *Princesse Alexandrine* et
le *Prince de Liegnitz*, portraits d'une très belle couleur. Le paysage fait des progrès : un très beau
paysage grec, de quatre ou cinq pieds de long, est,
le devineriez-vous, de M. Schinkel; il vient de
le terminer. On croirait qu'il a peint toute sa vie.

1. Wach, longtemps peintre du roi de Prusse, mort à Berlin
en 1845.
2. Directeur de l'académie de Dusseldorf.

C'est un homme de beaucoup de talent. L'architecture est très bien traitée dans ce paysage, qui
est trop riche de composition. M. Schinkel,
M. Rauch et M. B..., à la petite voix, vous offrent
conjointement avec mon frère et le bon Valen-
ciennes [1] leurs affectueux hommages. Mille tendres respects à Mme Gérard, la bonne par excellence, à Mlle Godefroid et à *tutta la casa*, sans
oublier mon ami M. Victor [2], qui m'a si bien soigné en partant ; ma voiture n'a pas eu un clou de
dérangé. J'espère toujours vous embrasser au
commencement de décembre ; je suis bien inquiet
de la santé du pauvre Steuben.

A. H.

J'ai lâché quelques mots très discrets sur la
Corinne au prince Auguste. J'avais cru qu'*enfin* il
vous en avait demandé une copie, mais il paraît
n'en rien savoir ; j'ai glissé légèrement sur tout
cela.

Comme quelques affaires pourraient m'appeler
à Londres, j'ai voulu d'abord retourner par Hambourg ; mais il est incertain si le bateau à vapeur

1. Valenciennes, naturaliste, né en 1794, membre de l'Institut
en 1844, a traduit les *Observations de zoologie* de Humboldt. Professeur au Muséum d'histoire naturelle, il a écrit l'*Histoire naturelle des poissons*, commencée avec Cuvier. Mort en 1865.
2. Valet de chambre de Gérard.

continue jusqu'à la fin de novembre. Mille respects de M. Valenciennes.

XLIX

Londres, 5 mai 1827.

Comment quitter ce beau pays dans lequel la
bienveillance m'a tenu comme dans un accès perpétuel de fièvre chaude, sans vous exprimer, mon
illustre ami, ces sentiments d'admiration et de reconnaissance dont mon âme à jamais est pénétrée
pour vous ? L'amitié dont vous m'honorez est la
gloire de ma vie; elle est plus, elle en fait le
charme, et ce charme me suit au delà des mers.
Je ne puis vous dire l'intérêt que m'a inspiré le
moment actuel de la politique anglaise. J'ai vécu
constamment avec les hommes les plus influents,
et j'ai la certitude que le marquis de Landsdown
entrant dans le ministère (ce qui aura lieu bientôt),
et sir Francis B...., siégeant à la droite, le parti de
M. Canning le soutiendra. Ce ministre et sa femme
m'ont parlé de vous et du beau portrait avec le
plus affectueux intérêt. A Holland-House, on ne
raffole que de vous. Je ne fais pas mention des
longues dissertations de sir Thomas, dont les lettres sont aussi longues qu'illisibles. Lady Holland
désire ardemment l'objet de ses affections. Pour
vous compromettre, mon cher ami, je dis que vous

viendrez vous-même cette année à Londres. Je
m'embarque cette nuit, et je vous écrirai de Berlin sous peu de jours, j'espère. Offrez, je vous en
conjure, mes tendres respects à Mme Gérard et à
Mlle Godefroid, ma bienfaitrice, et à Mlle Sambat[1] ;
mes amitiés au bon Steuben. N'oubliez pas la personne qui vous aime et vous admire le plus en ce
monde.

H.

L

Berlin, 6 juillet 1827.

Mon cher et illustre ami, M. Passalaqua[2], qui
est arrivé ce matin, m'a donné la triste nouvelle
que vous souffrez encore de ces enflures que les
médecins ne manquent pas de nommer bienfaisantes. C'est une consolation cependant que de
voir quelqu'un qui vous a vu. Je lui ai fait mille et
mille questions sur vous... M. Passalaqua me paraissait un tout autre homme depuis qu'il a pu me
parler de vous tous. Voilà ce que c'est de s'être
placé à trois cents lieues de distance pour apprendre à aimer davantage ses amis, pour sentir
tout ce que les regrets ont d'amer. Je n'ai que le
temps de vous écrire aujourd'hui ce couple de lignes. Je ne veux pas laisser partir M. Richter sans
vous parler de mon dévouement et de ma reconnaissance éternelle. Ce jeune homme est venu ici

1. Élève de Gérard.
2. Voy. note 1, p. 45.

à cheval sur son *Saint Sébastien*. Il est venu au milieu des fêtes et des dissipations de la cour. On n'a pas tout à fait été pour lui comme je le désirais. Les jeunes artistes prussiens n'aiment pas trop ceux qui font des incursions de dehors pour fourrager dans leurs sables. Il est vrai aussi que le tableau était trop faible pour venir de si loin : on ne l'a pas acheté. Cependant j'espère que l'excellent jeune homme aura été personnellement content de moi. Ma santé est excellente ; cependant, comme j'aime à me droguer, je prends les eaux artificielles de Carlsbad et d'Eger. Je ne sais pas si, en outre, je devrai accompagner le roi à Tœplitz. Le roi m'a souvent marqué cette même admiration affectueuse pour vos travaux dont il vous a donné des preuves jadis. Daignez, je vous en prie, être utile (si vous le pouvez) au porteur de ces lignes : le jeune Richter le mérite par sa modestie et sa position. Je cesse, forcé de me rendre encore ce matin à Potsdam. Agréez, cher et excellent ami, vous et tout ce qui vous entoure, l'hommage de mon tendre dévouement. Personne dans ce monde ne vous a jamais été attaché comme moi. Mille tendres choses à Steuben et à Valenciennes.

A. H.

Mon frère et Mme de Humboldt, dont la santé est rétablie, me prient aussi, comme M. Rauch et M. Schinkel, de les rappeler à votre aimable souvenir. N'oubliez pas mes amis *MM. Victor et Louis*. Toute votre maison se présente sans cesse à mon imagination.

J'ai passé ma soirée hier dans un beau jardin avec la charmante Mlle Sontag. Elle vous arrivera en novembre. J'espère que Mme Alexandre est moins souffrante et que M. votre frère daigne se souvenir de moi au milieu de ses travaux. De grâce, allez en Angleterre, cela vous fera du bien. On m'assure que je suis très content de ma position d'ici et que je ne m'ennuie pas du tout.

LI

Berlin, 29 juillet 1827.

J'use d'un droit que j'ai acquis par la tendre amitié que je vous porte, mon illustre ami; je recommande à votre bienveillance toute particulière un des historiens les plus célèbres de l'Allemagne, M. de Raumer. Son histoire de la maison de Hohenstaufen est un très bel ouvrage. Il a fait comme vous, il a peint les âges passés, et, par la vivacité de son esprit, il est bien digne de vous entendre. Puisse-t-il vous trouver mieux que je l'augure! Je suis toujours inquiet de ce que j'admire et aime si tendrement. M. de Raumer vous parlera du prince Auguste et surtout du prince de

Hardenberg dont il a secondé longtemps les vues bienfaisantes, occupant auprès de lui une place éminente. Mille affectueux hommages à Mme Gérard, Mlle Godefroid, Steuben...

A. H.

LII

Paris, 182..

Voici, cher et respectable ami, mon *Ile de Cuba,* dans laquelle vous trouverez un morceau poétique de Christophe Colomb même, qui excitera toute votre admiration. Lisez la note page 473. J'ose aussi vous faire hommage de toute la petite édition. Vous vous souvenez que je vous en avais arraché quelques volumes, il y a deux ans. Le tout fait aujourd'hui douze volumes. On vous échangera les deux derniers qui ne sont pas revenus du relieur. Pourrais-je solliciter demain votre voix pour M. Girard, habile dessinateur, élève de Monge, l'homme qui, en France, fait le plus de perspective, et exerce, à l'École d'état-major, le vrai talent de l'exposer clairement à de jeunes officiers qui ignorent presque les mathématiques? Toutes les machines gravées en perspective depuis vingt ans, à Paris, sont de M. Girard, pour lequel je m'intéresse vivement. Je gémis de n'avoir pas pu aller vous voir l'autre mercredi soir. Mille tendres hommages.

H.

LIII

Paris, 182..

J'ai une grâce à demander à Mlle Godefroid. Je la supplie de me protéger auprès de M. Gérard, notre maître, et de négocier la permission de pouvoir aller dîner aujourd'hui à la *Villa*. Cette bonne Mme Gérard me paraît tout près de son retour, et je voudrais l'avoir vue encore à la campagne. Je ne demande pas les moyens de transport, je n'exige pas le beau temps, me privant des promenades avec une noble résignation ; je ne demande pas M. Raoul-Rochette ou d'académiciens des bonnes lettres, je demande M. Gérard et les personnes qui vous sont chères pour la vie entière.

H.

Ce pauvre Valenciennes, qui est l'homme le plus endurant sur la terre, est allé chercher un misérable nid d'abeilles. Après plusieurs courses inutiles, ce grand M. Sosthène l'a reçu dans l'antichambre où l'on nettoyait les bottes et avec l'aristocratie la plus dédaigneuse.

LIV

Paris, 1831.

Le danger est entièrement passé; il a été moins grave qu'on ne pouvait l'attendre. La puissance inamovible, qu'on ne peut supprimer, la jeunesse, a été utile cette fois. Sa proclamation a prouvé qu'il tient à elle d'être dangereuse une autre fois. Saura-t-on gouverner « après le procès[1] »? J'en doute un peu. Je vous remercie, mon cher et excellent ami, de votre intérêt pour M. Roulin[2]. Sa lettre, accompagnée de la mienne, est partie il y a une heure déjà. Je dis au général Sébastiani que « Son Excellence » me laisse emporter à Berlin, où la bienveillance du roi me réclame, le doux espoir d'avoir soulagé le sort d'un ami, dont j'apprécie les connaissances, la sage modération et le noble caractère; il connaît l'Amérique méridionale comme je la connaissais jadis! Mille affectueux hommages.

A. H.

1. Ici Humboldt fait allusion aux émeutes qui se multiplièrent à l'époque du procès des ministres signataires des ordonnances de juillet 1830.

2. Le docteur Roulin, savant distingué, ami de Gérard, est mort bibliothécaire de l'Institut et membre de l'Académie des sciences.

Il paraît que les ministres sont déjà partis de
Vincennes et que M. Odilon Barrot sera ministre
de l'intérieur.

LV

Paris, 1831.

Si je regrette qu'on me pousse à vous tour-
menter, mon cher et respectable ami, je me
trouve flatté aussi de l'idée que l'on a que je
puisse obtenir une grâce auprès de vous. M. G...
vient de perdre sa femme. C'est une affreuse tragédie que cette mort. Il avait épousé Mme P...,
jadis très riche, mais abandonnée de ses enfants,
même persécutée par eux. Il l'avait épousée pour
la nourrir. Mme G... est morte dans la maison de
M. Cuvier. On l'y avait fait transporter pour la
soigner. Lorsque Mme Cuvier avait vu périr toute
sa famille par l'échafaud, Mme P... l'avait recueillie
chez elle. On a voulu, par reconnaissance, lui
rendre moins amers les derniers moments. Voilà
la cause de ce vif intérêt. Je sais que vous estimez le vieux M. G... Vous me direz, mon cher
ami, s'il y a quelque espoir. Le style individualisé
et agréablement faux de Prudhon a bien autrement d'inconvénient dans l'enseignement que
l'exécution un peu lourde de l'autre. Je suis entièrement rétabli, mais je n'ai été ni chez le préfet,
ni ailleurs, souffrant encore quatre ou cinq jours

de plus. Comme je me suis proposé d'être bien indiscret ce matin (avec votre lever), je vous annonce une autre indiscrétion. Je vous amènerai ce soir un de mes compatriotes, M. Brandes, qui a passé plusieurs années à Rome comme secrétaire d'ambassade, qui a bien vu les artistes et les arts en Italie et récemment à Londres, et que Mme de Humboldt me recommande vivement.

H.

LVI

Paris, 183..

Si M. Rauch ne vous a pas fait encore hommage de sa grande statue de bronze du bon gros roi de Bavière, daignez, cher ami, accepter cet exemplaire de ma main. Le roi d'aujourd'hui, qui est bon surtout pour les artistes[1], a commandé chez M. Stiglmaier (le même qui a fondu le père), outre la *Bavaria* de soixante-huit pieds, quatorze princes du moyen âge, en bronze doré, de douze pieds de haut, pour une salle du château[2]. Mille tendres amitiés.

H.

1. Le roi Louis de Bavière.
2. La statue de la *Bavaria* est placée au centre d'un vaste portique construit près de Munich. Les quatorze princes, en bronze doré, sont dans le palais du roi.

LVII

Paris, 183..

J'ose rappeler à mon cher et excellent ami que c'est demain, samedi, à deux heures qu'il aura l'importune visite de Mme G. Delessert et de moi. Je hasarde aussi de mettre à ses pieds, pour la placer dans les cartons, une gravure faite à Berlin du Raphaël de la maison Colonna qu'a acheté mon doux tyran.

N'ayant pu voir le roi hier soir, j'aurai mon audience chez lui et chez le prince royal vers midi. J'espère donc toujours me trouver devant ce tableau, qui me *chagrine tant,* au plus tard à deux heures et demie.

Mille tendres hommages.

H.

LVIII

Paris, 183..

Comme vos affaires et notre amitié sont ce qui me tient le plus à cœur, j'ai été de grand matin chez M. Fontaine, non pour le presser ou lui montrer de l'inquiétude, mais sous le prétexte de le remercier des soins qu'il a pris de moi, au milieu des gloires de Versailles. « Le Roi a été enchanté

de votre composition [1], telle que Fontaine la lui a
expliquée. Il a répété qu'il la ferait exécuter de
suite ; qu'il n'y a que vous qui avez de l'élévation
de style (mots qu'il m'avait déjà dits) ; que cela est
trop important pour être un plafond ; que Fontaine
doit aller aujourd'hui à Versailles pour choisir un
endroit bien digne de vous, où, *perpendiculaire-
ment,* cela pourra être placé comme introduction
à la Féerie du lieu ; qu'il désire vous voir le plus
tôt possible. Fontaine espère pouvoir passer chez
vous demain. Il m'a dit tout cela devant beaucoup
de monde que je ne connaissais pas, et il a ajouté
que depuis deux jours le Roi a parlé de votre
tableau comme d'une chose qui l'occupe très
agréablement. »

Je rentre chez moi, cher et illustre ami, pour
écrire ces lignes. Je vous conjure de ne pas en
parler à Fontaine, auquel vous direz que vous ne
savez rien. J'ai dû lui promettre le contraire de ce
que je fais.

Je regrette de ne pas vous avoir embrassé hier
soir. En sortant de chez Mme de Lieven, j'ai été un
peu souffrant. Je sors aujourd'hui. De grâce, ne
me répondez pas. Mille hommages de dévouement
et d'admiration.

A. H.

1. Projet de plafond pour le grand escalier de Versailles. Ce
tableau devait servir d'introduction aux galeries historiques
créées par le roi Louis-Philippe ; il n'a pas été exécuté, il n'en
reste qu'une esquisse.

LIX

Paris, 183..

C'est moi, mon cher et illustre ami, qui regrette toujours bien vivement lorsque quelque accident de société m'a fait manquer vos aimables et spirituelles causeries du mercredi. Vous savez que « la mémoire du cœur » se conserve chez moi plus que toute autre. J'accepte avec une bien vive reconnaissance l'invitation pour vendredi, car je me trouve engagé samedi chez *l'éternel et immuablement mobile* M. de Talleyrand. J'aurai jusque-là le bonheur de vous offrir, à vous et à l'excellente Mme Gérard, revenus de vos forêts vierges d'Auteuil, l'hommage de mon constant et affectueux dévouement.

A. H.

LX

Paris. 1832.

Vous me trouvez bien ingrat de ne pas me voir là où sont toutes mes *admirations* et même les plus vieilles. Nous avons eu hier soir cette funeste nouvelle de la révolution de Varsovie, ornée de quelques massacres dans lesquels le grand-duc n'est pas compris. Seize mille hommes de troupes polonaises se donnent l'indépendance. Cet orage doit

s'étendre sur notre Pologne où mon frère a de
grands intérêts pécuniaires. Un courrier de
M. Mortier, de Berlin, au général Sébastiani a
apporté tout cela mercredi. Que le monde va vite!
Ce que nous avons vu ne sera rien en comparaison
de ce qui se prépare dans les sociétés humaines.
Tout cela n'est, pour le moins, pas commode.

Mille tendres amitiés.

A. H.

Ce jeudi, à minuit.

Et la douleur de perdre Gœthe, l'ami de la
famille!

LXI

Potsdam, 15 novembre 1832[1].

Il est des moments de cette triste existence de
l'homme où la voix d'un ami fait quelque bien aux
âmes douées de tout le charme du sentiment le
plus délicat et de l'intelligence la plus puissante.
Je sais m'enorgueillir d'une amitié qui, à travers
le tiers d'un siècle, a fait le bonheur de ma vie
agitée, qui date, hélas! de l'année même où celui
dont nous sentons si profondément la perte vo-
guait vers une contrée lointaine. Fallait-il résister

1. Lettre écrite à propos de la mort d'Alexandre Gérard,
frère de François Gérard.

à ce climat ardent, survivre à une dure captivité, éprouver longtemps la douleur d'être séparé de vous, mon cher et illustre ami, pour quitter cette terre avant nous, pour laisser ce grand drame du monde politique dans les fastidieuses uniformités d'une exposition sans dénouement positif! Appartenant à votre maison, à votre famille, dévoué à vos intérêts avec toute la ferveur d'une admiration et d'une reconnaissance qui me suivront au tombeau, je me tourmente de mille et mille anxiétés. Votre santé, à peine un peu raffermie, se ressentira de ce coup douloureux; un découragement prolongé interrompra de nouveau cette série de grandes conceptions par lesquelles vous vous mettez en contact avec des générations futures, plus dignes (nous osons l'espérer) de sentir ce qui est grand dans la pensée, élevé dans le sentiment, poétique dans les ouvrages de l'imagination. Que n'ai-je été auprès de vous, mon excellent ami, non pour vous consoler (ce pouvoir mystérieux ne vient pas du dehors), mais pour partager votre douleur, me joindre à ce cercle étroit d'affection et de dévouement qui, dans sa noble simplicité, est le reflet de votre belle âme! Ce qui augmente mes chagrins (je suis trop vieux et trop avisé pour me livrer aux utopies de la vie domestique et de celle des peuples qui fermentent), ce qui augmente mes chagrins, c'est cette rentrée de l'hiver déjà presque établi ici depuis mon retour des montagnes de Tœplitz, cette privation de l'aspect d'un beau ciel, seul calmant de la douleur des âmes élevées, cet ennui monotone des petits événements politiques qui peuvent en enfanter de grands. Votre frère, actif, spirituel, dévoué à son travail, a négligé, je le sais, ses propres intérêts en soignant ceux de l'État. Pendant sa vie, on avait l'air de sentir du moins que ce n'était pas un financier de taille vulgaire[1]. Puisse cette connaissance de ce qu'il valait être utile à sa charmante famille privée de cet excellent père ! Puisse-t-elle soulager la position de la veuve et des enfants ! L'éloignement du baron Louis[2] me donne aussi de ce côté-là des inquiétudes, et ce que, dans les hautes régions (dans les plus hautes), on promettra avec une apparente ferveur, pourrait bien rester dans la couche vaporeuse des nuages. Lorsqu'il s'agit de votre nom, l'intérêt a des échos du Rhin jusqu'au Tibre, et du Tibre jusqu'à la Néva. C'est notre bon roi qui, à table, nous a annoncé cette douloureuse nouvelle, et avec l'affectueuse expression de la crainte qu'une telle perte devait tristement interrompre les grands travaux du Panthéon, qu'il aime comme tout ce qui est monumental. Le prince royal, qui habite Sans-Souci et s'occupe dignement parce qu'il ne vit que dans les souvenirs de l'antiquité et des arts, me charge de vous parler « de son amitié et de sa douleur ». Je ne

1. Nous avons dit qu'Alexandre Gérard était mort directeur des contributions directes du département de la Seine.

2. Ministre des finances, très dévoué au frère de Gérard.

cite ce qui vient de très haut que parce que chez
nous les hautes régions n'excluent pas la sincérité
et une douce bienveillance. On parle ici de vous
comme si l'on sortait hier de votre maison. Les
grandes admirations ne perdent pas leur fraîcheur,
et, quand le cœur est bon, l'expression naïve et
peut-être quelquefois inculte va franchement au
but. Tout occupé de vous, des intérêts de votre
belle-sœur et de ses enfants, de l'excellente baronne et de Mlle Godefroid, ma providence et la
vôtre, je devrais terminer ici. J'ajoute cependant
que ma santé, au milieu d'une vie un peu monotone, se soutient à merveille, que j'ai le bonheur
de voir que mon frère, fortifié par les bains de
mer, jouit de toute la vigueur de son talent, au
milieu d'une décrépitude apparente du corps qui
me chagrine un peu. Je dois ajouter qu'à moins
qu'on ne soit directement attaqué, aucune puissance continentale ne pense à troubler la paix;
que les mesures hasardées, dont on menace la
Hollande, donneront de l'humeur sans exciter le
mouvement, et que cette diplomatie, qui est le résultat de la peur mutuelle, de celle qu'on reçoit et
de celle qu'on voudrait donner, conduira, comme
la médecine expectante, à un affaiblissement général de la grande et pitoyable machine, appelée
la communauté européenne. Je me plains tout
doucement d'un retard qui n'est dû qu'à une nouvelle inspiration de votre immuable bienveillance
pour moi. Une gravure, je le sais et je l'approuve

avec reconnaissance, va perpétuer le souvenir de
votre aimable don. Ce retard a eu un autre avantage, il m'a empêché d'être audacieux. J'aurais
pu être tenté d'exposer le tableau dans le temps
de l'exposition qui vient de finir. J'aurais voulu me
parer de votre amitié, de votre munificence, tout
en oubliant que je n'en avais pas le droit et que
vous détestiez les *baʒars*. Dans le nôtre, il y a eu
une heureuse compensation : des paysages admirables de Schirmer, de belles marines de Krause,
qui a vu pendant deux étés se briser les vagues
contre les rochers de la Norvège, de l'ennuyeuse
froideur dans les ouvrages de Begas et de Wach,
mais une sève de vie répandue dans les productions les plus variées de la jeune école de Dusseldorf, où quatre ou cinq artistes de dix-huit à vingt-
deux ans, Édouard Bendemann, Lessing, Hubner,
Sohn et Hildebrandt, se meuvent avec une liberté
de sentiment, un tact délicat des convenances qui
étonnent. Je me suis toujours un peu douté de ce
que, dans les arts, l'homme peut donner à
l'homme. Les grandes inspirations viennent du
cœur, s'agrandissent par l'aspect de la nature et
des chefs-d'œuvre des siècles antérieurs. Mon système est ébranlé. M. Schadow, homme habile et
de beaucoup d'esprit, fait faire tout autour de lui
mieux qu'il n'a jamais produit lui-même, et ce qui
prouve qu'il est homme supérieur, c'est qu'il aime
à en convenir lui-même et qu'il jouit paternelle-
ment (presque comme saint Joseph) de cette

mystérieuse influence. Un groupe de Juifs captifs
dans Babylone, exprimant cette douleur qui
agrandit l'humanité, rappelait, dans de beaucoup
plus grandes dimensions, la noblesse du style des
Moissonneurs de Robert, tout en déployant une
exécution technique d'une haute perfection. C'est
l'ouvrage d'Édouard Bendemann[1], âgé de vingt
ans, appartenant à une famille très riche, et ayant
peint ce beau tableau à son retour de Rome. Le
Roi vient de lui commander une composition bi-
blique beaucoup plus vaste dont il a porté l'esquisse. Ce sera un cadeau pour le prince royal.
Cette École de Dusseldorf, pour la caractériser
davantage, n'a aucun reflet de l'aridité de l'ancienne École allemande; elle est vraie, animée,
poétique, naïve sans niaiserie. Elle a produit quelques ouvrages charmants : *le Pêcheur*, d'après un
poème de Gœthe; *Hylas, Léonore,* qui condui-
raient, avec plus de *faire*, vers votre *Daphnis et
Chloé*. Je nomme le sommet auquel conduit une
route qui serpente longtemps. Comme la jouissance que j'ai des productions de l'art devient plus
vive en moi avec l'âge (c'est encore un de ces
bienfaits que vous et votre maison ont répandus
sur ma vie), vous pouvez rabattre un peu de ce
que renferme cette page, inspirée par des impressions qui sont encore bien fraîches. La gamme

---

1. Gendre de Schadow et son élève. Ce tableau de *la Douleur des Juifs* est au musée de Cologne.

n'est peut-être pas juste, mais vous traiterez avec indulgence mes patriotiques faiblesses. Ce n'est pas une maladie habituelle chez moi. Recevez, cher et illustre ami, de ma part et de celle de mon frère, l'hommage de notre affectueuse admiration. Donnez-en une part à l'excellente Mme Gérard, à Mlle Godefroid et à Steuben. Quelle audace de vous affliger de quatre pages de mon écriture hiéroglyphique! Dictez, pour me rendre heureux, quelques lignes, et ne me privez pas longtemps de votre magnifique cadeau « que, vous le saviez, je n'aime pas ».

A. H.

Votre *Ossian* est très avantageusement placé dans les grands appartements du château de Potsdam, beaucoup plus habité que le château de Berlin... N'oubliez pas *M. Victor*. Daignez confier la lettre à la Légation, rue de Lille.

GÉRARD A HUMBOLDT

Paris, décembre 1832.

Mon cher et illustre ami,

Ceux qui peuvent apprécier l'étendue de vos
connaissances et de votre esprit n'admirent qu'une
moitié de vous-même. Votre cœur, votre caractère,
votre âme enfin, voilà ce que peu de personnes
auront pu bien juger, malgré l'immensité de vos
relations, et ce que j'ai eu le bonheur de voir de
près, pendant les plus belles années de ma vie. Je
n'ai donc point été surpris, mais profondément
touché, du nouveau témoignage d'intérêt que vous
m'avez donné.

Vous saviez ce que mon frère était pour moi,
et vous avez pu, mieux que qui que ce soit, sentir
tout ce que j'ai perdu. Ce malheur irréparable
m'est arrivé dans un temps où, m'étant complètement retiré de toutes choses, je trouvais un véritable bonheur dans l'intimité de la famille. Bien
qu'on puisse penser qu'il est étrange, peut-être
même affligeant, qu'une vie entièrement consacrée
à un art qui semble ne pouvoir se passer de quelque intérêt extérieur soit ainsi vouée à la retraite
et à l'isolement, il n'en est pas moins vrai que

depuis deux ans je goûtais une tranquillité et un bien-être réels, et voilà que le meilleur appui que j'eusse dans cette nouvelle existence vient à me manquer ! Cette perte jette sur le reste de ma vie une profonde tristesse, et, si quelque distraction m'eût été possible, la position où mon frère a laissé sa famille, ses enfants, si dignes de toute mon affection, ne me permettrait pas de l'oublier un moment.

Plus que jamais j'ai senti le besoin de m'éloigner, d'aller finir mes tristes jours dans mon triste pays ; mais, d'un côté, les infirmités ne me laissent guère la liberté de me séparer de soins qui me deviennent de plus en plus nécessaires, et, de l'autre, le désir de terminer quelques travaux entrepris m'arrête encore ici. Quant aux expositions périodiques, comme les journaux de ce pays parleront de celle qui va avoir lieu, vous seriez peut-être étonné en la parcourant de n'y point apercevoir mon nom, du moins à l'occasion de quelque ouvrage nouveau. Je dois à l'intérêt que vous me portez de vous dire que depuis longtemps j'avais décidé de n'y plus prendre part si j'arrivais à l'âge de soixante ans, des esprits bienveillants (et vous savez qu'il n'en manque pas dans notre Babylone) m'ayant gratifié de quelques injures qui se renouvelleront sans doute encore. Mais si trente-cinq ans d'expérience n'ont pu m'accoutumer tout à fait à cette urbanité, du moins elle ne saurait à présent me causer de surprise, et elle m'a tou-

jours semblé moins humiliante que les précautions
qu'il fallait prendre pour s'en préserver.

J'ai enfin commencé mes peintures de Sainte-
Geneviève, et quoiqu'il n'y ait pas là plus de cinq
mois de travail praticable par année, je me flatte
et je me suis même engagé d'achever en 1834.

Vous savez que cet édifice, d'abord destiné au
culte catholique, a été successivement changé en
Panthéon, puis rendu au clergé, pour être aujour-
d'hui converti de nouveau en monument politique.
Jugez comme l'esprit, la confiance (je me garderai bien de dire l'enthousiasme), peuvent se
fixer dans un cadre aussi mobile! Ajoutez-y les
inquiétudes, les tracasseries qui résultent de l'état
actuel de toutes choses, et vous serez surpris peut-
être de cette espèce de patience ou plutôt d'en-
têtement avec lequel je poursuis ma tâche. Pourrai-je aller jusqu'au bout? C'est ce que franchement j'ose à peine espérer.

Que je vous félicite d'assister, avec le double
intérêt du patriotisme et du sentiment des arts,
aux progrès réels qu'ils font chez vous! Ce beau
développement de l'intelligence ne saurait être
l'effet que d'un amour véritable et d'une profonde
conviction.

J'ai reçu, par les soins de M. le baron de Werther, le petit bijou que vous avez eu la bonté de
m'envoyer au commencement de l'année. Dans ce
bas-relief, la fonte me semble arrivée au dernier
degré de perfection. Malgré l'extrême fini, elle

conserve encore ce gras et ce moelleux, qui, à mon sens, la rend préférable à toute autre matière pour donner une juste idée du travail de la sculpture.

Votre portrait serait depuis longtemps à Berlin si je n'avais désiré le faire graver d'après l'original; mais toutes les calamités qui nous ont affligés l'été dernier [1] ont retardé cette entreprise, et maintenant voici le graveur malade. Dans tous les cas, je puis vous assurer que le tableau sera rendu à sa destination avant trois mois.

Serait-il vrai que l'on eût l'espoir de vous voir ici l'hiver prochain, si toutefois nous gardons encore l'espèce d'équilibre auquel nous sommes parvenus? Je tâcherai de vivre jusque-là afin d'avoir le bonheur de vous embrasser.

Permettez-moi de vous prier de présenter mes respects à monsieur votre frère, et veuillez ne pas m'oublier auprès des personnes qui ont eu la bonté de se souvenir de moi.

F. GÉRARD.

LXII

Berlin, 12 janvier 1833.

Daignez permettre, mon digne et illustre ami, que je réclame votre bienveillance pour le porteur

---

1. Ce fut au mois de juin 1832 qu'une sanglante insurrection éclata à Paris, à propos de la mort et des funérailles du général Lamarque.

BIBLIOTHÈQUE PUBLIQUE

de ces lignes, un jeune peintre, *M. Henning,* qui,
dans quelques grandes compositions bibliques, a
montré du sentiment et de la sagesse de composition. Il n'est pas de cette école (de Dusseldorf)
dont je vous ai parlé avec tant d'admiration dans
ma dernière lettre ; cependant M. Henning, très
protégé par la princesse de Leignitz, épouse du
roi, est sur une bonne voie et très recommandable
par son caractère et son zèle pour le travail.

Amitié, admiration, reconnaissance.

A. H.

LXIII

Potsdam, ce 19 octobre 1833.

Pardon, mille pardons, mon cher et respectable ami, si je m'acquitte si tard d'un devoir que
m'impose votre noble munificence. Ces lignes ne
sont qu'une faible expression de ma vive reconnaissance. C'est un bonheur que d'être porté par
vous à la postérité, et je vis heureusement dans
un pays où vos compositions, multipliées par
d'admirables gravures, sont placées plus haut
dans l'opinion publique que tout ce qu'a produit
l'art moderne. Votre magnifique portrait est arrivé
frais, sain, bien conservé, bien encadré, comme
il est sorti de votre atelier, grâce à vos soins et à
votre amitié. J'ai vu déballer le tableau le jour

même que j'étais forcé de faire cent soixante
lieues pour prononcer quelques inutiles discours
d'apparat dans la réunion des naturalistes no-
mades de Breslau, qui n'est pas plus spirituelle
que la réunion des académies sédentaires. Je tiens
peu à ces effets dramatiques, mais je tiens beaucoup à l'idée d'une unité intellectuelle de l'Allemagne, mise politiquement en lambeaux. On a
placé provisoirement le portrait dans un des ateliers de restauration du Musée royal, où il est
supérieurement bien éclairé, et où il fait l'admiration des artistes et du petit nombre des élus que
l'on admet dans cet intérieur. Je n'ai d'autre
moyen, cher et excellent ami, de vous marquer
ma reconnaissance que de faire jouir les artistes
et les amateurs éclairés d'un ouvrage peint d'une
manière si large et si grandiose. On admire l'éclat
de lumière concentré sur la tête, la liberté du
faire réunie à l'effet le plus soigné des parties, la
beauté du dessin des yeux et surtout de la bouche, la simplicité de la pose, l'inconcevable habileté de la disposition du rideau, du paysage.
— « C'est le grand maître ! — *Voilà où l'on peut apprendre !* .... » entend-on répéter à chaque instant.
Vous voyez que je me vante du bon esprit de mes
compatriotes. Le roi n'avait pas été depuis quinze
mois en Russie. Votre chef-d'œuvre l'y a ramené.
M. Rauch, qui ne voit que son métier, assure que
l'on ne sait faire une telle tête, de telles mains,
que lorsqu'on a commencé dans un atelier de

sculpteur; il ajoute que c'est une malice de la
nature d'avoir donné cet admirable sentiment des
formes, en ajoutant le sentiment de la richesse du
coloris. Nous avons passé tout notre été en visites
de princes. Chaque jour a eu son roi ou son empereur. On promène des pompes à feu pour empêcher les incendies, et tout cet appareil de précaution ne sert à rien. L'enseignement mutuel de
la peur, qu'on appelle de la politique, conservera
la paix. Les armées ne marcheront plus, et cependant chaque semestre nous donnera un pays
de plus sans repos, témoin l'Espagne et la Péninsule, où deux reines sont en présence. C'est
une ennuyeuse chose qu'un monde qui se remue
froidement, sans confiance dans ses progrès, incapable d'enthousiasme, se moquant des institutions
pour lesquelles on a combattu la veille. J'espère
bientôt revoir ici M. Wagen[1], notre directeur des
tableaux du Musée, qui aura confessé *la baronne
Murillo* et vous aura fait rire de son admiration
pour les Byzantins. Puisse-t-il me porter de
bonnes nouvelles de votre santé et de l'excellente
Mme Gérard !

Agréez, je vous supplie, l'hommage de mon
invariable admiration.

A. H.

---

1. Auteur de plusieurs ouvrages connus et des *Treasures of
art in Great Britain.* Londres, 1854, 4 vol. in-8°.

Veuillez bien offrir mes respects à Mlle Godefroid, mes amitiés à Steuben. Je passe, malgré le
froid, ma vie entre Berlin et le château de Potsdam. Mon frère est revenu mieux des eaux (de la
mer), ce qui me console un peu sans me rassurer.
Le roi a acheté à Rome un admirable et grand
tableau du Titien (sa fille avec une corbeille de
fruits sur la tête).

Il nous arrive d'Ancône un Raphaël à la dé-
trempe qu'on dit être très sûr et beau. Je crains
que ce ne soit quelque pièce d'érudition qui ne
donne aucune jouissance, du plus jeune âge de
l'artiste, auquel on vient de trouver un second
crâne, après que M. Gall avait expliqué celui qui
ne lui appartenait pas [1].

LXIV

Berlin, 26 mai 1835.

Je ne parle plus de ma douleur, mon digne et
excellent ami; vous avez connu d'assez près mon
frère et Mme de Humboldt, tout ce qu'il y avait de
profondeur et de richesse de sentiment et d'intelligence dans ces deux êtres, pour deviner combien
je me trouve isolé dans ce pays après cette double

1. Le prétendu crâne de Raphaël est resté longtemps exposé
comme relique à l'académie de Saint-Luc, à Rome. La décou-
verte du tombeau authentique du peintre d'Urbin, au Panthéon,
fit rentrer le crâne apocryphe dans le néant.

perte, dont l'une a été, pour ainsi dire, la cause
de l'autre. Votre nom a toujours été prononcé
parmi nous comme l'objet de notre constante admiration. Chez moi la reconnaissance la plus vive
se mêle à ce culte de famille, et j'espère, après
une longue absence, vous en renouveler personnellement l'hommage cet automne. Aujourd'hui
je me borne à vous demander votre protection
spéciale pour M. Hensel, professeur à l'école de
peinture, beau-frère de Félix Mendelssohn ; c'est
un artiste d'un esprit très cultivé, qui a séjourné
longtemps à Rome, et dont les grands tableaux
historiques sont très remarquables par l'ordonnance et la composition. Daignez, je vous supplie,
agréer, vous et l'excellente Mme Gérard, et mon
ancienne bienfaitrice Mlle Godefroid, l'hommage
de mon éternel dévouement. L'aspect du monde
est moins sombre que dégoûtant, sans enthousiasme et sans vie.

A. H.

Comme je suis de votre *famiglia,* je demande
aussi à être rappelé au souvenir de *M. Victor.*
Vous voyez que j'ai des prudences démocratiques,
quoique ce bon M. Raspail me traite parfois un
peu mal dans son estimable journal.

LXV

Berlin, 9 février 1837.

Comment vous parler, madame, de ma douleur[1]! Celle que vous éprouvez ne peut être plus
accablante, et vous me permettez cette expression, car vos bontés, depuis trente ans, m'avaient
inspiré l'orgueil de me considérer comme un
membre de votre famille. Je l'ai vu dans toutes
les positions d'une vie agitée, je sais ce qu'il y
avait d'âme et de sensibilité, d'élévation de sentiments, de générosité de caractère, à côté de la
puissance du génie. Après ces grandes qualités
dont ses ouvrages portent l'empreinte, il n'est
presque pas permis de dire que c'était l'homme du
siècle qui était *spirituel* jour et nuit, malade ou
jouissant de la plénitude de ses forces, jugeant les
hommes, les choses, les grands événements dont
nous avons été les témoins, avec cette pénétra-
tion vive, enjouée, heureuse dans l'expression pittoresque, qui révèle une supériorité de vues et
d'intelligence que je n'ai jamais trouvée ailleurs.
Je perds un ami qui supportait mes faiblesses, qui
n'a jamais cessé un seul jour de me donner, absent
ou présent, les marques les plus affectueuses de
sa bienveillance. Cet attachement réciproque, la

1. A propos de la mort récente de Gérard.

circonstance la plus glorieuse de ma longue carrière, était tellement connu, la croyance en était
devenue si populaire, que, de Pétersbourg à
Naples, on s'adressait à moi pour avoir quelques
nouvelles des travaux de M. Gérard, comme on
s'adresse à un parent, à un frère. Je ne vous parle
pas, madame, de notre famille royale, du roi, de
son fils aîné : ils n'ont cessé de déplorer cette
perte immense. Pensez que la première nouvelle
de cet affreux événement, qui m'avait été annoncé
par M. Valenciennes et, le même jour, par la
Gazette d'État de Berlin, ne précédait que de
quelques heures la mort de la fille aînée de mon
frère. Elle succomba la même nuit à un mal de
poitrine qui n'a duré que trois mois. C'était Caroline de Humboldt, la fille chérie de mon frère, la
seule qui, non mariée, vivait avec lui à la campagne. Comment deviner qu'elle me précéderait
au tombeau! La même soirée, me vint aussi la
nouvelle du décès de mon libraire, M. Gide. Ma
santé a été moins bonne qu'à l'ordinaire, et les
consolations que je cherche dans le travail ne me
rendent pas une sérénité que vous me connaissiez.
Aussi notre ami a eu, au milieu de sa brillante
carrière, plus de gloire que de bonheur. Je dois
inclure une lettre d'un des plus grands admirateurs de M. Gérard, du bibliothécaire de Berlin,
M. Spizer. Il a fait insérer dans un journal un
morceau sur la *personne* et les ouvrages de
M. Gérard qui, je crois, peint le mieux l'indivi-

dualité de cet immortel artiste, c'est-à-dire l'uni-
versalité sublime de son talent. Vous devez vous
faire traduire ce morceau, dont la publication
ferait plaisir à M. Spizer, si vos journaux n'étaient
tous aux gages du romantisme et de l'esprit de
parti. Veuillez, de grâce, prier *ma protectrice,*
Mlle Godefroid, de me consoler par quelques lignes
sur votre santé, sur les plans de votre vie soli-
taire. N'oubliez pas que je vous suis dévoué de cœur
et d'âme. N'écrivez pas vous-même ; *notre excellente amie, Mlle Godefroid, mettra dans sa lettre à
moi un mot obligeant pour M. Spizer.*

H.

Mille tendres choses à tous ceux qui vous entourent. Je ne vis que dans le souvenir de votre
maison qui, grâce à vos bontés, madame, était
devenue la mienne.

LXVI

Paris, 1840.

Je ne puis m'attribuer le mérite d'une chose
qui me paraissait entièrement dans les projets et
les affections de l'excellent M. de Cailleux[1]. Il est
du reste si naturel que mon arrivée contribue à
vivifier le souvenir du grand homme auquel nous

1. M. Henri Gérard venait d'être attaché à la direction des
musées royaux, où il est resté jusqu'en 1848.

avons voué une éternelle admiration! On ne peut
me voir sans m'entendre parler de ses immortels
ouvrages, des personnes qui lui appartiennent et
qui lui restent attachées comme vous, mademoiselle, et comme moi. Daignez faire agréer à
Mme Gérard et à l'aimable jeune homme mes res-
pectueuses félicitations. C'est pour la tante et
pour la mère. Je suis au désespoir d'avoir été
empêché de jour en jour d'offrir ce tendre hommage de ma reconnaissance à Mme Gérard, et de
renouveler à *ma protectrice* tout ce que je conserve
dans mon cœur comme reflet de ses bontés pour
moi. Veuillez, mademoiselle, demander à Mme Gérard de m'indiquer le jour où je pourrai aller dîner
dans sa charmante villa d'Auteuil, avec M. Valenciennes.

Le vieux de l'Orénoque,

Rue des Petits-Augustins, hôtel de Londres.

LXVII

Potsdam, 20 décembre 1848.

Monsieur,

Si je vous parle bien tard de ma douleur, elle
n'en a pas été moins vive; mais la perte que vous
avez faite tombe dans une époque où de tristes et

---

1. Les trois dernières lettres de Humboldt sont adressées à
M. Henri Gérard.

longues agitations populaires, calmées par inter-
mittence, m'ont occupé dans la proximité du pouvoir prêt à succomber. Le palliatif vulgaire de
l'état de siège a donné un calme apparent, et je
profite, mon cher monsieur Gérard, des premiers
moments de tranquillité pour vous donner un signe
de vie, vous parler de la reconnaissance et de
l'affection tendre et respectueuse que je conserve
pour votre noble famille. J'ai passé des jours bien
heureux dans cette famille dont j'ai pu aussi me
croire un membre, par l'amitié dont m'a honoré
votre oncle, aussi éminent par le développement
d'une haute intelligence que par l'élévation de son
caractère. Moi, qui me trouve dans ma quatre-
vingtième année, j'ai le triste avantage de survivre
à tout ce qui m'a été cher, et la mort de Mme la
baronne Gérard (si bonne pour moi pendant plus
de quarante ans, jusqu'à son décès objet du culte
qu'on vouait à la mémoire d'un grand talent) me
retrace vivement les souvenirs de tant de joies et
de tant de douleurs. Ma santé s'est merveilleusement soutenue jusqu'ici. Je n'ai point abandonné
mes travaux littéraires, presque toujours noc-
turnes : comme chez les journalistes, j'ai journellement des épreuves à corriger... habitudes
d'une vie laborieuse, longue existence au bord
d'une mer dont j'observe les flots agités depuis
1789, et que menacent toujours de nouvelles tem-
pêtes. Daignez, je vous supplie, monsieur, offrir
l'hommage de mes sentiments respectueux à votre

digne famille et à cette bonne et excellente Mlle Godefroid, pour laquelle je professe une tendre amitié. Je désire bien que dans quelques moments libres vous m'adressiez un mot sur vous-même et sur ceux qui vous appartiennent. On aime à renouer la vie.

A. H.

Mes respects à M. de Cailleux, s'il habite encore votre ville impériale.

LXVIII

A Sans-Souci, ce 8 novembre 1852.

Mon cher monsieur,

Je me sens bien coupable d'avoir tardé si long-temps à répondre à la plus aimable lettre que je vous dois, écrite même à l'extrémité de mon pays [1], accompagnée du cadeau le plus touchant, le plus fait pour me rappeler l'affectueuse reconnaissance que je dois à votre noble famille. Des voyages pour accompagner le roi, le séjour et les fatigues de ce séjour avec lui à l'île de Rugen, avaient altéré ma santé et mis un grand désordre dans ma correspondance. Je connais trop la bienveillante indulgence de votre caractère, mon cher

1. A Aix-la-Chapelle.

monsieur, l'amitié que vous conservez à un vieillard de quatre-vingt-trois ans qui se vante d'appartenir à votre maison par tous les liens du cœur
et d'une imperturbable admiration, pour ne pas
espérer que vous accueillerez ces lignes avec bonté.

C'est un beau monument que vous élevez à
notre illustre maître et ami[1]. Ces images, si variées
dans les poses, si vives d'inspiration, offriront aux
artistes des modèles de goût et de noblesse dans
l'expression des caractères. Elles ne sont pas at-
teintes par les peintres modernes. Ce qui carac-
térisait Gérard au plus haut degré, c'est cette
réunion si vraie de la force et de l'énergie dans
les grandes conceptions historiques avec la délicatesse du sentiment révélée jusque dans les
rapports de la vie sociale. Une partie des sublimes
ouvrages que vous vivifiez de nouveau par le
burin tient à des illustrations dont la résurrection,
à ce que je pense, doit agrandir l'intérêt de ce bel
ouvrage. Le charmant talent de Mlle Godefroid, le
style qu'elle était parvenue à s'approprier par une
longue habitude, la touche naïve, vigoureuse,
hardie, du burin et de l'eau-forte, donnent un
grand charme à ce monument artistique.

1. Humboldt parle de l'*OEuvre de Gérard* publié de 1852 à
1857, et du premier volume réunissant les quatre-vingt-trois
portraits en pied. Outre les témoignages très flatteurs donnés
dans ces lettres au neveu de Gérard, Humboldt, deux ans plus
tard, lui faisait envoyer la décoration de l'Aigle rouge de Prusse.

Le roi a admiré et reconnu ce qui était si fortement gravé dans ses souvenirs de jeunesse. C'est aussi avec une grande joie que je reçois la bonne nouvelle que vous me donnez du tombeau[1] érigé à celui pour lequel la génération la plus rapprochée de sa fin a été si douloureusement ingrate; moi, qui me regarde comme ayant été pendant vingt ans traité dans votre maison comme membre de votre chère famille, je ne puis jeter les yeux sur les gravures dont j'ai fait les dessins sous la direction de Mlle Godefroid et de Steuben, dans le superbe atelier de votre hôtel, sans me rappeler les plus douces jouissances de l'amitié et de mutuelles affections.

Agréez, je vous prie, vous, mon cher monsieur Henri et votre charmante épouse[2], l'hommage de mon respectueux et affectueux dévouement. Mes forces se sont merveilleusement soutenues. L'aspect de cette pauvre Allemagne est bien triste pour un homme de ma couleur politique : je tâche de me consoler par le travail nocturne.

A. H.

1. Ce monument de la famille est au cimetière du Montparnasse : le médaillon de F. Gérard et deux bas-reliefs en bronze représentant le *Bélisaire* et le *Christ,* premier et dernier ouvrage de Gérard, sont de M. Dantan aîné.

2. Humboldt avait conservé de la grâce et de la bonté de Mme H. Gérard le souvenir que garderont tous ceux qui l'ont connue. La baronne Gérard, née Pauline Schnapper, est morte en 1885.

LXIX

Sans-Souci, 13 janvier 1853.

Monsieur,

Ayant joui si longtemps du bonheur de me considérer comme appartenant à votre noble et excellente famille, persuadé que je puis compter sur
votre aimable indulgence, je ne vous adresse que
ce peu de lignes au milieu des agitations du séjour
de Sans-Souci et des éternelles visites princières!
Le beau monument que vous élevez à la gloire de
l'homme illustre qui m'a honoré de son amitié [1]
avance heureusement. Les gravures sont spirituelles et d'un beau caractère dans leur sévère
simplicité. Elles font bien ressortir le charme et
la variété des compositions. Je ne saurais vous
exprimer assez vivement, mon cher monsieur,
combien est vive la reconnaissance que je vous
dois. Vous avez poussé bien loin votre bienveillante amabilité, en me donnant, en grand
nombre, la charmante gravure de mon portrait,
que je lègue après mon prochain décès (j'ai l'âge
antédiluvien de quatre-vingt-quatre ans!) à ce roi
qui a conservé une si constante admiration pour

1. L'Œuvre de Gérard.

votre oncle et ses sublimes ouvrages. Le roi sera
charmé de recevoir le volume que vous lui destinez
et qui sera orné d'une image [1] chère à tous ceux
qui ont conservé le sentiment de l'élévation du
style, de la magie d'une gracieuse composition,
en même temps aussi de la puissante énergie qui
domine dans la *Bataille d'Austerlitz* et dans les
sujets helléniques. Daignez faire vos envois par la
légation du roi à Paris, et agréez, vous et la charmante Mme H. Gérard, l'expression de mon attachement comme d'une amitié qui date de loin.

A. H.

Je puis confier ces lignes à M. Despretz [2], de
l'Institut, avec lequel j'ai travaillé de longues années au laboratoire de l'École polytechnique, chez
Gay-Lussac.

1. Le portrait de Gérard, gravé d'après Gros, par Vallot.
2. Chimiste, professeur à l'École polytechnique.

ALEXANDRE BERTHIER

PRINCE DE NEUCHATEL

Le 11 mai 1808.

Je vois avec bien du plaisir, monsieur Gérard, que votre temps vous permet d'employer ce grand art d'un des plus célèbres pinceaux à transmettre sur cette toile, que vous savez si bien animer de l'esprit, de la beauté et de la grâce, une belle femme de mes amies — Mme V. — Je ne doute pas qu'elle ne vous donne toutes les séances dont vous aurez besoin : portez avec intérêt vos soins sur ce tableau, vous m'obligerez. Quand j'aurai un peu de temps à disposer, je vous demanderai pour moi quelques instants de votre talent pour me rendre au désir du gouverneur de Neuchâtel, qui demande mon portrait. Croyez, monsieur Gérard, aux sentiments de la considération si distinguée que vos talents et vous personnellement m'avez inspirés.

Le prince de Neuchâtel.

ALEXANDRE.

PRINCE DE MECKLEMBOURG SCHWERIN

A Ludwigstust, ce 1er novembre 1808.

Monsieur,

J'avais bien à cœur de me *renouveler* à votre mémoire; je saisis donc avec empressement l'instant où je viens de recevoir le portrait que vous avez bien voulu faire de moi pour vous exprimer toute ma reconnaissance et pour vous assurer, monsieur, que je compte parmi mes souvenirs les plus agréables celui de vous être personnellement connu, d'avoir été à même d'admirer vos chefs-d'œuvre et d'apprécier les qualités aimables qui vous distinguent.

Si les Allemands manquent d'éloquence, ils sont du moins très vrais. Je désire vous le prouver, monsieur, en vous priant de vous persuader de la sincérité avec laquelle je vous demande la continuation de votre souvenir et de celle que je mets à vous assurer de la considération distinguée que vous a vouée à jamais,

Monsieur,

Votre très affectionné,

FRÉDRIC LOUIS,
Prince de Mecklembourg-Schwerin.

DE TALLEYRAND[1]

I

Paris, ce 21 février 1809.

La grâce que vous mettez, mon cher Gérard, à me donner le portrait de Canova me force de renoncer aux principes que je me suis faits et ajoute à ma reconnaissance. Vous rendez bien difficile d'aller dans votre atelier, puisqu'on ne peut, sans danger, dire ce qu'on y aime et ce qu'on admire.

CHARLES-MAURICE,
Prince de Bénévent.

II

Londres, 26 décembre 1830.

Mon cher Gérard,

Je reçois dans le moment, de Brighton, une lettre de lord Holland pour vous : je m'empresse

1. Gérard a peint un beau portrait de M. de Talleyrand, que Desnoyers a gravé. Cette planche est un chef-d'œuvre de burin.

de vous l'envoyer. On me dit que vous auriez presque envie de venir vous reposer quelque temps en Angleterre; j'en serais charmé, on vous y verrait avec le plus grand plaisir. Après un grand drame comme celui dont vous venez d'être témoin, il me semble que l'on doit aimer à venir dans un pays où, sans monotonie, on est sûr de voir demain ce qu'on a vu aujourd'hui. N'ayez pas peur du charbon de terre; en deux jours on s'y accoutume, et l'on trouve qu'on est mieux chauffé avec du charbon qu'avec du bois.

Adieu, faites que j'aie le plaisir de présenter à Londres un des plus beaux génies de notre siècle : cela dépend de vous.

P. DE TALLEYRAND.

III

Valençay, 1er septembre 183..

On me dit que vous êtes à Néris : j'en suis bien aise. D'abord parce que je crois que les eaux de Néris sont spéciales pour les maux de nerfs, et ensuite parce que, en revenant de Néris, vous passez nécessairement par Bourges, et que de Bourges, en partant de bonne heure, on vient aisément dîner à Valençay, où je serais bien heureux

de vous voir. Après les eaux, il faut quelques jours
de repos, et je crois très sain de prendre ce
repos-là chez quelqu'un qui vous aime depuis
vingt-cinq ans.

TALLEYRAND.

LE GÉNÉRAL RAPP[1]

Dantzig, le 6 décembre 1810.

Le *Moniteur*, mon cher Gérard, fait un éloge
bien mérité de votre tableau d'*Austerlitz*; le public
devait s'attendre à un essai aussi heureux pour
une première bataille que vous nous donnez. Re-
cevez-en mon compliment bien sincère. Vous
m'avez, dans le temps, promis une copie qui doit
être pour moi un monument de famille. Je ne suis
nullement inquiet du beau modèle qui sortira de
votre atelier et je suis persuadé qu'il sera digne
de vous, mais je désirerais savoir quand je l'aurai.
Dites-moi où vous en êtes et de quelle grandeur
il sera. Si vous avez besoin de fonds d'avance,
tirez sur moi sans vous gêner. Je voudrais toujours
avoir votre *Psyché*; ne serait-il pas possible d'en
faire l'acquisition?

Si vous trouviez quelques beaux morceaux de

1. Le général Rapp, qui figure au premier plan du tableau de
la *Bataille d'Austerlitz*, aimait beaucoup les arts et avait formé
une belle collection de tableaux, qui fut vendue après sa mort
en 1822.

vos amis dans l'exposition de cette année et qu'on
voulût bien s'en défaire à un prix raisonnable,
faites le marché pour moi.

Dites-moi franchement ce que vous pensez du
tableau de Regnault (*les Trois Grâces*). Je m'en
rapporterai à votre loyauté.

J'attends votre réponse; j'espère vous voir dans
peu, mais, en tout cas, répondez-moi.

Je suis tout à vous.

RAPP.

II

Dantzig, le 12 juin 1811.

Je vous transmets ci-joint, mon cher Gérard,
un bon de deux mille quatre cents francs sur
M. Paira, boulevard Montmartre, n° 14, pour le
tableau que je vous ai chargé de m'acheter.

Écrivez-moi pour que je sache à peu près ce
que je vous devrai. Traitez-moi bien, car je suis
une bonne pratique. Je pense que vous me lais-
serez *les Trois Ages* pour deux cents louis; quant
au tableau d'*Austerlitz*, j'attends votre prix. Je
serai toujours prêt pour le payement. Je désirerais
toujours acheter votre *Psyché,* si l'on voulait s'en
défaire[1].

Tout à vous.

RAPP.

1. Ce tableau fit, en effet, partie de la galerie du général.

MME RÉCAMIER[1]

I

Châlons-sur-Marne, 11 octobre 1811.

Mme de Catellan [2], qui m'a quittée depuis deux
jours, m'a promis, monsieur, de me donner de vos
nouvelles. Une lettre, que mon père vient de me
faire passer, me fait craindre que vous ne soyez
toujours souffrant. J'espère que Mme de Catellan
vous verra et me dira comment vous êtes, et j'espère que vous me le direz vous-même. Le petit
mot que vous m'avez envoyé à Genève a été bien
longtemps avant de me parvenir, et je suis bien
sûre que vous avez été occupé de moi et attristé
de tout ce qui m'est arrivé de pénible. Je compte

1. Cette lettre fut écrite pendant la retraite de Mme Récamier à Châlons-sur-Marne. On sait qu'elle s'était attiré la dis-
grâce du gouvernement impérial à cause de son voyage à Coppet,
où elle était allée voir Mme de Staël qui subissait la rigueur de
l'exil.

2. « Profondément touchée du malheur qui frappait Mme Récamier, Mme de Catellan abandonnait, dans un premier mouvement
d'émotion, sa fille, ses habitudes et la vie de Paris hors de laquelle
elle ne sut jamais vivre. » (*Souvenirs et correspondance de Mme Récamier.*) Gérard a fait un beau portrait de Mme de Catellan.

trop sur votre amitié pour ne pas vous parler franchement relativement à cette lettre de M. Le Fort.
Vous jugerez encore mieux que moi toutes les
considérations que je vais vous soumettre, et je
me confie entièrement à vous pour faire ce que
vous jugerez le plus convenable pour moi. Vous
voyez par cette lettre que le graveur veut que son
ouvrage soit à l'exposition. Il me semble que, dans
la circonstance actuelle, je dois éviter tout ce qui
pourrait occuper de moi sous un rapport quel-
conque. Il est impossible qu'une gravure qui rappelle un de vos ouvrages ne fixe pas l'attention,
et, mon nom venant se rattacher à cet ouvrage,
ne pensez-vous pas que cela aurait des inconvénients? Ne suis-je pas en droit de répondre à M. Le
Fort, sans que vous paraissiez pour rien là dedans,
que les circonstances forcées qui m'éloignent de
Paris sont de nature à ce que je ne puisse consentir à la continuation de la gravure que lorsque
j'y serai rentrée? Si, au contraire, il y a moyen
d'éviter que la gravure soit exposée et que vous
attachiez du prix à ce qu'elle soit continuée, alors
je vous demanderai, comme nous en étions déjà
convenus, que cette affaire soit entièrement entre
vous et moi, que vous disiez à M. Le Fort que c'est
vous qui vous en êtes chargé; alors, à la réception
de votre lettre, je vous ferai passer un billet de
mille francs, et dans quatre mois, je vous ferai
payer les huit cents francs qui complètent la
somme. Je vous observerai encore que la figure

de ce dessin est extrêmement désagréable, qu'elle
ne rappelle en rien le tableau, et qu'il me semble
qu'il y aurait du désavantage pour vous à donner
une idée si infidèle d'un de vos ouvrages, et je
crois que vous auriez grand tort pour vous-même
de la laisser graver si la gravure devait ressem-
bler à ce vilain dessin. Enfin, sur tout cela, je me
confie parfaitement à vous, et il en sera décidé ce
que vous voudrez. Je vous dirai encore que,
comme il serait peu raisonnable dans ma situation
de fortune de faire cette dépense, Mme de Catellan
veut bien m'avancer cette somme ; mais il faudrait
qu'au résultat, nous trouvassions un moyen, soit
par une souscription pour la gravure parmi les
personnes que je connais, comme M. de Catellan
en avait l'idée, soit autrement, selon que nous le
jugerons convenable, pour moi de rentrer dans
cette somme pour la rendre à Mme de C... J'attends
votre réponse pour écrire à M. Le Fort ou pour
écrire à Mme de Catellan de vous faire passer mille
francs pour premier payement. Adieu, monsieur,
vous savez quel triste hiver je vais passer. Je suis
bien sûre que vous penserez quelquefois à moi, et
je voudrais bien que vous me le disiez.

J. RÉCAMIER.

II

Châlons, 27 mars 1812.

Je suis charmée, monsieur, de trouver une bonne occasion pour vous écrire. Avez-vous quelquefois pensé à moi cet hiver? M'avez-vous plainte de le passer si tristement? Savez-vous qu'il y a plus de six mois que je suis à Châlons, dont, comme vous le dites, le nom représente l'ennui? — Pendant ce temps-là, qu'avez-vous fait? ou, pour parler plus convenablement, de quel chef-d'œuvre vous êtes-vous occupé? Si je me connaissais en peinture, vous ne feriez rien sans me consulter. Mais j'avoue que je n'y entends pas grand'chose et que c'est par vos succès que je juge vos talents, et que je n'admirerais pas tant vos tableaux si vous n'étiez pas parfaitement aimable et même si vous n'aviez pas un peu d'amitié pour moi. Que faites-vous de mon portrait[1]? C'est par pressentiment que vous lui avez donné cette expression triste et rêveuse, qui me plaît plus qu'elle ne me ressemble. — Avez-vous renoncé à la gravure? J'en serais bien aise : le dessin me faisait peur.

---

1. Gérard avait fait ce portrait en 1805, au moment où Mme Récamier était dans tout l'éclat de la jeunesse et de la beauté. Ce portrait, mis en vente, a été adjugé au prix de 19,500 francs. Il a été fort admiré à la récente exposition des portraits du siècle, ouverte en 1883 à l'École des beaux-arts.

Vous ne savez pas que je suis presque décidée à aller en Italie. Je vous ai entendu dire souvent que vous vouliez faire ce voyage ; si vous en aviez encore la tentation, je pourrais bien vous revoir à Rome ; après Paris, ce serait le pays où j'aimerais le mieux vous rencontrer.

Adieu, monsieur, je reste encore quelques semaines ici, et j'espère bien ne pas en partir sans avoir reçu un souvenir de vous... Si j'étais vous, j'irais en Italie : c'est monotone de rester toujours à Paris.

J. Récamier.

III

Angervilliers, vers 1816.

Il y a bien longtemps, monsieur, que je ne vous ai vu, et ce temps s'est passé d'une manière bien différente pour vous et pour moi. Vous avez été dans les triomphes et moi dans les chagrins. J'aurais aimé à recevoir un mot de souvenir et d'intérêt de vous. Je serai demain au soir chez moi à Paris ; pourrai-je vous y voir ? M. de Montmorency désire que ce soit moi qui vous parle d'une chose à laquelle il attache un grand prix, et je voudrais bien qu'il ne se trompât pas en croyant que c'est un moyen de succès près de vous. Ayez la bonté d'envoyer la réponse chez moi à Paris demain matin, et recevez l'assurance de ma constante amitié.

J. Récamier.

IV

Paris, vers 1816.

M. Ballanche va s'occuper du prospectus de la *Vie de saint Vincent de Paul ;* il me charge ainsi que M. de Montmorency de vous demander si vous permettez qu'on annonce que les gravures se feront sous votre direction ; ils attendent votre réponse, parce qu'il faudrait, si la chose ne vous convient pas, chercher non à vous remplacer, ce qui n'est pas possible, mais à prendre d'autres arrangements.

Adieu, monsieur ; je suis arrivée de la campagne samedi au soir ; je vous l'ai fait dire dimanche, et j'espérais vous voir.

J. R.

V

Je n'ai pu me décider à voir le portrait[1] dans ma chambre pleine de monde. Je sais combien vous êtes occupé ; j'espère, pourtant, que vous me donnerez un moment pour que je puisse vous dire mes impressions, et vous parler d'une copie à laquelle j'attache un grand prix. J'attends votre réponse, et je profiterai avec un vif empressement

1. Celui de Mme de Staël.

du premier moment que vous pourrez me donner.

Mme Pasquier me charge de vous demander si elle peut voir votre atelier, et quel serait le jour et l'heure. Veuillez, monsieur, répondre à toutes mes demandes et croire à ma sincère et constante amitié.

J. R.

VI

Fragonard[1] veut bien se charger de faire une copie de mon portrait pour Mme de Catellan. Ayez la bonté de donner des ordres pour qu'il soit remis aux porteurs qui doivent aller le chercher. Quand la copie sera finie, j'espère que vous voudrez bien encore donner un asile à ce pauvre portrait qui est très mal placé chez moi.

Adieu, monsieur, vous avez oublié votre promesse d'une copie du portrait de Mme de Staël; cet oubli me fait une vive peine. J'attachais tant de prix à ce portrait; j'espère l'avoir cet été, mais j'aurais voulu qu'il fût fait sous vos yeux et le devoir à vos soins. Recevez l'assurance de mon attachement.

J. R.

1. Alexandre Fragonard peignit, en 1819, un plafond au Louvre représentant le roi François Ier armé chevalier par Bayard.

VII

Paris, 181..

Vous m'oubliez tout à fait, monsieur ; j'ai pour vous une amitié trop vraie et trop ancienne pour n'avoir pas le droit de m'en plaindre. Envoyez-moi demain mon portrait pour que j'aie quelque chose de vous, à moins qu'il ne vous convienne de le garder encore quelques semaines ; alors je ne l'enverrai prendre qu'à mon retour d'Angervilliers où je vais dans quelques jours pour rester jusqu'à la fin de ce mois. Vous devriez bien ne pas vous donner le tort et ne pas me donner le regret de partir sans vous avoir vu.

J. R.

BARON DE SORSUM

Cassel, le 28 février 1812.

Mon cher Gérard, le Roi[1] me charge de vous confirmer qu'ayant été très satisfait du tableau que M. Vernet fils a exécuté d'après ses ordres [2], il a résolu de lui en commander un autre pour pendant, dont le sujet sera l'*Attaque du camp retranché devant Glatz*. J'envoie à M. Vernet une vue très exacte de Glatz, dessinée par Gauthier, et un croquis indiquant parfaitement la disposition des troupes et de l'action. S. M. vous prie encore de surveiller cet ouvrage, et je suis persuadé d'avance qu'il ne pourra que faire honneur à M. Vernet. J'ai été, en mon particulier, très satisfait de son premier tableau, et j'ai reconnu avec plaisir combien la crainte qu'on avait eue que ce ne fût l'ouvrage d'un écolier avait été frivole. M. Vernet [3] ajoutera, je l'espère, à la réputation

1. Jérôme-Napoléon, roi de Westphalie.
2. *L'Entrée de Jérôme à Breslau.*
3. Horace Vernet.

du nom qu'il porte, et il ne peut suivre pour cela une meilleure voie que de profiter des conseils de votre amitié éclairée[1].

Veuillez, etc.

Le secrétaire du cabinet,

Baron DE SORSUM.

1. Voir les lettres de Carle et de Horace Vernet, vol. Ier, p. 404 et 416.

J. LE BRETON[1]

Paris, le 7 mars 1812.

*Le secrétaire perpétuel de la classe
à monsieur Gérard, peintre.*

Monsieur,

Je m'empresse de vous annoncer que la classe des beaux-arts de l'Institut impérial de France vient de vous nommer pour remplacer M. Monvel[2]. L'empressement et la conformité d'opinion que les membres de la classe ont manifestés dans cette élection prouvent l'estime qu'ils font de votre talent et de votre personne. Je me félicite particulièrement d'être l'interprète de la classe

1. Joachim Le Breton fut secrétaire perpétuel de la classe des beaux-arts, à l'Institut, pendant une grande partie de l'Empire; il concourut activement à la formation du Muséum. Exclu de l'Institut en 1815, il s'exila et se retira à Rio-Janeiro où il mourut en 1819.

2. Molé, Monvel et Grandménil, de la Comédie-Française, avaient fait partie de la 8e section de la classe des beaux-arts, à l'Institut.

dans cette circonstance, et de trouver dans l'exercice de mes fonctions l'occasion de satisfaire l'a-
mitié que je vous ai vouée.

J'ai l'honneur de vous saluer.

JOACHIM LE BRETON.

CHARLES-JEAN (BERNADOTTE)

19 mai 1812.

Monsieur Gérard, M. Signeul m'a remis votre lettre. Je désire que mon portrait reste sans autre ornement que celui qu'il a déjà de la touche de votre génie. Si vous voulez en faire faire une copie qui restera chez la reine d'Espagne, j'en serais charmé; vous me feriez plaisir de me prévenir combien elle me devra coûter. Quand elle sera terminée, je désirerais que vous voulussiez bien m'expédier l'original que je destine au roi. Si je n'avais pas été privé des biens que j'avais acquis par trente années de glorieux services, j'aurais pu vous donner un témoignage de mon admiration pour vos talents; cette privation ne m'a laissé que la fortune du *Béarnais,* mais j'espère qu'un temps plus heureux me permettra de vous dédommager; en attendant je ne puis vous faire compter pour ce portrait qu'une somme de neuf mille francs qui vous seront remis incessamment. Je regrette de n'avoir pas pu imiter les rois de Westphalie et de Saxe; cela me fait sentir d'autant plus vivement la perte des biens que l'on m'a retirés. Sur ce, je prie Dieu, monsieur Gérard, qu'il vous ait en sa sainte et digne garde.

Votre bien affectionné.

CHARLES-JEAN.

PRINCESSE DE LA TOUR ET TAXIS

DUCHESSE DE MECKLEMBOURG

Ratisbonne, le 29 mai 1812.

Monsieur,

Vous serez sans doute bien aise d'apprendre que le portrait que vous avez fait partir de Paris au mois d'avril est arrivé très heureusement ici, il y a peu de jours ; quant à moi il me tarde de vous offrir mes remerciements, monsieur, des soins que vous avez mis à l'exécution de ce tableau. Mes parents et amis sont enchantés de la ressemblance et chaque connaisseur et non connaisseur admire à sa manière la composition, la grâce et la force de l'exécution. Mes enfants, sans se l'avouer à eux-mêmes, jouissent de l'idée que je serai encore parmi eux lors même que la nature aura prononcé l'arrêt de notre séparation, et jugez combien je vous suis obligée de leur transmettre ma mémoire sous des formes aussi agréables.

J'ai appris avec peine que vous avez été souffrant l'hiver dernier, j'espère que le beau temps aura chassé toute espèce de mal et que rien ne vous empêchera de reprendre vos pinceaux.

Si vous voyez le *très aimable et très silencieux* prince de Bénévent, je vous prie de me rappeler à son souvenir.

Agréez, monsieur, l'assurance de la considération distinguée avec laquelle j'ai l'honneur d'être

Votre très humble servante.

THÉRÈSE PRINCESSE DE LA TOUR.
Duchesse de Mecklembourg.

DE BEAUSSET [1]

Du camp de Mozaisck, le 10 septembre 1812.

Mandez à Gérard qu'il a fait un chef-d'œuvre.

Voilà, mon cher Apelle, les expressions de Sa Majesté l'empereur [2] en contemplant les traits augustes du roi de Rome. Ces mots disent plus que je ne pourrais vous en dire, et seront votre plus belle récompense. Je suis arrivé à la tente de l'Empereur la veille de la grande et mémorable bataille du 7 [3]. Sa Majesté n'a pu se refuser au plaisir de faire admirer votre portrait du plus bel enfant de l'Empire par les officiers généraux de sa cour et de son état-major. Il a été présenté à leur admiration pendant quelques minutes devant la tente de Sa Majesté.

Recevez, etc.   DE BEAUSSET.

Il est midi, le canon gronde aux avant-postes, et probablement dans quelques jours nous serons à Moscou dont nous ne sommes plus qu'à vingt lieues.

1. Préfet du palais, baron de l'Empire.
2. A propos du portrait du roi de Rome envoyé à l'empereur, à l'armée de Russie. Hippolyte Bellangé a fait un tableau représentant l'empereur montrant à sa garde le portrait de son fils.
3. La bataille de la Moskowa.

GUIZOT

I

Il y a longtemps, monsieur, que j'aurais dû
aller vous remercier du beau présent que vous
avez bien voulu me faire; mais j'ai eu depuis lors
le malheur de perdre un enfant; la santé de
Mme Guizot m'a donné des inquiétudes; j'ai été
surchargé d'affaires; voilà mes excuses, elles sont
aussi bonnes que tristes. J'espère me dédommager
bientôt d'un retard involontaire et que vous ne
prendrez sûrement pas pour un oubli; je serai
charmé de voir de près un homme dont j'admire et
dont je crois comprendre le talent.

Agréez, monsieur, l'assurance de la haute considération avec laquelle j'ai l'honneur d'être.

Votre tout dévoué serviteur,

GUIZOT.

II

Vous êtes parfaitement aimable, monsieur;
Sainte Thérèse va prendre place chez moi en face
de la *Communion de saint Jérôme* et de la *Sainte-*

Famille de François Ier. Si je savais une meilleure
compagnie, je la lui donnerais, car elle a droit à
tout. J'ai vivement regretté d'être sorti hier, et,
pour surcroît d'ennui, je me suis enrhumé au
point qu'il faut que je ne sorte pas aujourd'hui.
J'espère être bientôt quitte et aller vous remercier de cette belle épreuve, qui reproduit tout ce
qu'on peut reproduire du tableau. N'aurez-vous
pas quelque chose de nouveau dans votre atelier?

Agréez, je vous prie, monsieur, l'assurance
de ma haute considération et de tous mes sentiments.

GUIZOT.

III

14 novembre 1830.

Vous me traitez toujours avec la même bonté,
monsieur. J'y ai bien quelque droit, car personne
n'est plus vivement touché que moi de votre beau
talent, de votre imagination, à la fois si poétique
et si sensée. Elle est tout entière dans ce que vous
avez bien voulu m'envoyer [1].

Recevez, je vous prie, tous mes remerciements.
J'irai vous les porter un de ces jours et vous renouveler l'assurance de tous les sentiments de
haute considération que je vous ai voués.

GUIZOT.

---

1. Il s'agit ici, probablement, de la gravure du *Tombeau de Sainte-Hélène*.

IV

Paris, le 7 juin 1834.

Je m'intéresse, monsieur, à un homme que vous connaissez sans doute, et qui ne manque pas de talent, M. Couder. Il demande à être chargé d'un travail que M. Ingres laisse vacant à l'église de Notre-Dame-de-Lorette. M. Ingres lui-même le recommande. Votre suffrage y sera d'un grand poids. Si vous ne l'avez pas engagé, je me permets de le solliciter pour M. Couder qui a besoin d'être un peu soutenu.

Croyez, je vous prie, monsieur, à mes sentiments les plus distingués.

GUIZOT.

LAHARPE [1]

24 mars 1814.

Monsieur,

Si cela ne vous dérangeait pas trop, S. M. l'empereur de Russie désirerait visiter votre bel atelier et les beaux ouvrages qu'il renferme. Si le jour de demain vous convenait, il s'y rendrait probablement vers 1 heure, et au plus tard entre 1 et 2.

Veuillez, je vous prie, me faire savoir si cela vous convient, l'Empereur ne voulant déranger personne.

Agréez, s'il vous plaît, les assurances de ma considération la plus distinguée.

Votre très humble et très obéissant serviteur.

LAHARPE.

Rue de Condé, n° 5.

---

1. Le colonel Laharpe, né à Rolle en 1751, mort en 1838, précepteur des grands-ducs Alexandre et Constantin de Russie, travailla toute sa vie à rendre le canton de Vaud indépendant de celui de Berne et y réussit en 1814, grâce à la protection d'Alexandre.

CORVISART [1]

I

Enfin, mon cher et ami Gérard, le plaisir l'emporte sur la paresse et, si vous connaissiez bien la mienne, vous jugeriez de l'étendue de celui qui me porte à vous faire ces lignes. D'abord, et quoique j'aie appris des nouvelles de vous et des vôtres, la civilité veut que je m'en informe : ainsi donc, comment va Mme Gérard? Elle est bien persuadée sans doute, à présent, qu'on ne meurt pas de peur, car j'imagine qu'elle en a eu une belle, qu'en dites-vous? Je ne crois pas qu'il en soit de même de Mlle Godefroid ; elle n'est pas si prompte à prendre de l'effroi, ce me semble, et, soit résignation, soit philosophie, le calme, j'en suis sûr, était au fond de son cœur, comme il était empreint sur son visage. Que le *Dieu des armées* leur soit en aide [2] ! Mais parlons d'autre chose.

J'imagine que vous avez vu Isabey et qu'il vous

1. Premier médecin de l'Empereur.
2. Le ton de Corvisart changera dans la lettre suivante où l'on verra que le *Dieu des armées* l'avait fort maltraité.

aura raconté les excellentes et précieuses dispositions de l'Impératrice en ma faveur; il vous aura
dit que S. M. m'autorise à faire faire son portrait,
et qu'elle désire que ce soit votre pinceau qui
veuille bien m'en retracer l'image pour la placer
dans une petite galerie dont elle favorise l'édifica-
tion, qu'elle se propose d'orner et à laquelle elle
m'a permis de donner son nom. Si votre amitié
pour moi vous porte à accéder au désir de l'Impératrice, vous mettrez le comble à ma satisfaction.
Dites donc *oui*. Bien, je l'ai entendu, et, en ce
cas, il me reste une autre prière à vous faire, et
vous l'entendez d'ici. Vous savez que la galerie
de *Marie-Louise* est en pleine activité de travaux;
vous savez aussi que je vais accompagner S. M.
dans son voyage. Ce voyage, qui doit se faire à
petites journées, sera long par conséquent; que
je serais donc aise si, à mon retour, je pouvais
retrouver sur la toile l'impression, comme vous
savez la rendre, des traits dont je viendrais de
quitter l'original, et sans doute pour toujours! Vous
m'entendez, Gérard, vous doubleriez le bienfait
par cet acte d'obligeance; vous ne pouvez me faire
un plus grand plaisir; je ne vous en dis pas davantage.

Mais souvenez-vous bien, Gérard, de mon
vœu : ne flattez le portrait de l'Impératrice qu'autant, pour ainsi dire, qu'il est impossible de s'en
dispenser. C'est elle, telle qu'elle est, telle que
je l'ai toujours vue et que je la vois encore, dans

les atours les plus simples, et telle qu'elle doit être sous les yeux du médecin qui a été honoré de sa confiance, que je veux fixer dans ma retraite. C'est son air doux, modeste, et affectueux pourtant, que je veux retrouver sans cesse. Isabey en a un portrait qui m'appartient et qui serait parfaitement ressemblant s'il était un peu moins flatté, si les cheveux, que je trouve charmants, étaient un peu plus foncés. Il vous est facile, mon cher Gérard, de bien concevoir mon idée. Il vous est plus facile encore de la rendre, si la chose vous touche de la centième partie de ce qu'elle m'importe et me charme. J'ai vu quelquefois S. M. dans une robe de velours *nacarat* (ma foi! est-ce bien comme cela qu'on écrit ce mot?); elle lui allait, ce me semble, à merveille... Au surplus, je suis un sot de prévenir votre goût, et je me tais, après vous avoir dit pourtant que je ne désire rien autant que d'être compté au nombre de vos vrais amis, en retour de l'amitié que je vous ai vouée.

CORVISART.

II

La Garenne, de mon lit, ce 29 juillet 1815.

Mon cher Gérard, le simple récit de ce qui m'accable à la Garenne vous forcera à me plaindre si vous ne pouvez me soulager.

Vous savez que depuis trois semaines au moins
(je rechercherai au besoin la date précise), cette
petite maison de cartes est occupée par un général anglais (Vandeleur est son nom, pas trop anglais), son état-major, des domestiques, etc. Voici
la colonie qui est établie aujourd'hui[1] :

Le général, son épouse et trois enfants en bas
âge dont un à la mamelle;

Quatre femmes dont une nourrice, une bonne,
une femme de chambre et une autre;

Dix domestiques mâles.

Il y a trois ou quatre personnes à dîner à peu
près tous les jours à la table du général.

Tout cela a été jusqu'à présent à ma charge;
on raconte que d'ici à quelques jours le général
prendra à son compte le cuisinier, lequel j'ai été
obligé de louer, n'en ayant pas, comme vous savez. *On raconte* que le général se fournira dorénavant de vin; jusqu'à présent j'ai fourni vin
d'ordinaire de bordeaux rouge, de bordeaux blanc,
et de champagne, lesquels j'ai achetés fort cher.

J'ai été obligé d'emprunter une couchette pour
ajouter à la maison dont vous connaissez le peu
d'étendue.

---

1. A la seconde invasion, les chefs des armées alliées s'ap-
pliquèrent à faire peser tout le poids de l'occupation militaire
principalement sur ceux qui avaient été attachés de près ou de
loin à la maison de l'Empereur. On ne sera donc point surpris
de voir la maison de campagne de Corvisart envahie par les soldats de Wellington.

Il faut que je fournisse draps, linge, etc., et vous vous doutez comme un vieux garçon tout seul en est pourvu.

Combien de temps cette énorme masse doit-elle peser sur moi? Je ne le sais, mais je crains que cela ne dure, car le général m'a fait dire aujourd'hui de faire remettre les rideaux de la galerie et de la chambre à coucher; je ne sais où ils sont.

Les aides de camp ont commencé à chasser dans le parc, sans la légère attention de me faire demander un agrément que je n'aurais pu refuser. N'oubliez pas qu'auparavant un bivouac de cavalerie de six mille hommes, pendant vingt-quatre heures, a fait un grand dommage dans mon parc, et que quelques malfaiteurs se sont introduits une nuit dans la maison, y ont fait quelques dommages et commis quelques vols.

Voilà, mon cher Gérard, des faits vrais, racontés sans aigreur. Vous connaissez ma vie politique, cela n'est pas difficile, elle est nulle; vous m'avez vu m'isolant toujours, fuyant la cour quelle qu'elle fût; je ne m'abaisserai pas à vous faire mon éloge, je m'en fie à votre discernement. Si votre amitié peut quelque chose à mon soulagement, je me regarde comme sauvé.

Mais avec quelle prudence il faut agir! Je crains de fâcher mon général et qu'il ne fasse ou n'ordonne des dégâts qui achèveraient de me ruiner.

Voyez, pesez, mûrissez dans votre sagesse ce

qu'il y a à faire. Comment faut-il faire? faut-il se taire et souffrir, ou pourrez-vous parler sans danger? *In manus tuas commendo fortunam meam.* Vous connaissez les autorités [1], agissez, modérez ou gardez le silence; mais surtout que ma maison ne soit pas détruite.

Vous savez que, depuis l'entrée des ennemis, j'ai eu et j'ai toujours, à Paris, officiers, soldats et chevaux.

Vous savez que j'ai éprouvé un vol domestique considérable; vous voyez quel voile se répand sur mon avenir.

La seule chose de tout ce que vous savez, et que j'aime à vous répéter, c'est l'assurance de mon attachement et d'une amitié dont je suis digne.

Le vieux, malheureux et souffrant

CORVISART.

1. Corvisart comptait sur l'amitié de Humboldt pour Gérard.

NÉPOMUCÈNE LEMERCIER[1]

I

A Saint-Loup de Fribois, ce 17 mai 1814.

J'ai prié, mon cher Gérard, un de vos amis
que j'ai rencontré à l'Institut, de vous dire que je
n'avais fait que passer à Paris et que je m'en re-
tournais trop vite dans mes champs pour qu'il me
restât le temps d'aller vous voir. Mes regrets se
sont accrus en arrivant en Normandie ; le journal
que j'y ai retrouvé m'a appris que j'aurais vu dans
votre atelier un beau tableau d'*Homère reçu par la
fille du berger Glaucus*. Votre nom inscrit chez
moi, la veille de mon départ, me fait penser que
vous me croyez pour quelque chose dans l'idée de
cette composition, par le poème où j'ai traité le
même sujet, en y insérant un hommage à votre
admirable *Bélisaire*. Je vous rends grâces de ce soin
attentif et je reconnais votre amitié. Retournons,

---

1. Poète dramatique, né à Paris en 1771, de l'Académie française en 1810, mort en 1840. Auteur d'*Agamemnon* (son chef-
d'œuvre), de *Pinto*, de *Christophe Colomb ;* ces deux dernières
pièces, représentées en 1809 et 1810, obtinrent un grand succès ;
mais la police en interdit la représentation.

retournons à notre antiquité fabuleuse, qui nous consolera de notre laide histoire moderne.

Recevez, mon cher Gérard, l'expression des sentiments attachés de votre ancien confrère en Apollon.

N.-L. LEMERCIER.

II

Paris, 182...

Je ne sais, mon aimable et cher confrère, si la peur d'une lecture tragique vous agiterait trop pour venir entendre les deux derniers actes des *Martyrs de Souli ;* mais moi, je me sens assez courageux pour vous y inviter et j'ai besoin de vos impressions aussi justes que délicates, au dénouement de mon ouvrage.

Nous nous rassemblons dimanche soir chez Mme la duchesse de Broglie, qui vous désire ainsi que moi.

Votre ami.

LEMERCIER.

LORD STUART[1]

Londres, ce 26 septembre 1814.

Je regrette bien, cher monsieur Gérard, de ne pouvoir accompagner l'ami intime porteur de cette lettre dans votre atelier, car je crois le connaître assez pour en faire les honneurs.

M. Hamilton, mon ami intime, est le sous-secrétaire d'État du roi pour le département des affaires étrangères. Il est avantageusement connu du monde littéraire par plusieurs ouvrages sur l'état de l'art en Égypte et en Grèce, et je me plais à croire que sa communication avec les personnes qui s'entendent le mieux en pareille matière, à Paris, pourrait être fort avantageuse au progrès des beaux-arts en général.

Veuillez donc avoir la bonté de lui permettre la participation du plaisir de vos soirées, les mercredis et, en cas que je ne demande pas trop, aidez mes faibles efforts et lui ménagez la connaissance de M. Denon-David, dont on parle aussi avantageusement.

---

1. Lord Stuart, petit-fils de Jean Stuart, comte de Bute, premier ministre du roi Georges II et botaniste distingué, a été ambassadeur d'Angleterre en France après la Restauration.

Je me recommande toujours au sujet de l'ami Napoléon, et je vous assure que je n'ai pas négligé la commission pour M. Wert, car le second exemplaire des *Antiquités de Pompéi* m'a été non seulement restitué, mais je l'ai envoyé à Paris, il y a une semaine, par un messager d'État, sous une enveloppe adressée au secrétaire du duc de Wellington.

Je vous prie de faire mes compliments à Mme Gérard et d'agréer l'assurance de l'estime et de l'amitié sincères avec laquelle je suis toujours . .

Votre très humble serviteur:

STUART.

LE COMTE DE SOUZA[1]

Paris, ce 25 novembre 1814.

Je m'empresse, monsieur, de vous offrir mes
remerciements pour l'obligeance avec laquelle
vous avez dit à M. de Humboldt que vous étiez disposé à me seconder dans le projet que j'ai de donner l'édition la plus belle possible du poème épique
de Camoëns qui, aussi maltraité après sa mort que
de son vivant, n'a encore eu aucune belle édition.

C'est un monument que je tiens à cœur d'éri-
ger au grand homme qui a le plus illustré ma
patrie, et mes désirs sont que la typographie, le
dessin et la gravure concourent à ce que cette
édition soit digne de lui et soit elle-même un monument de ce que les trois arts peuvent faire de
plus parfait de nos jours. C'est par cette raison
qu'ayant engagé M. Firmin Didot à choisir ses
plus beaux caractères et à mettre tous ses soins à
l'impression, j'ai prié M. de Humboldt de savoir

1. Littérateur portugais. Ministre plénipotentiaire en France,
de 1802 à 1805. En 1802, il épousa la veuve de M. de Flahaut
qui elle-même cultivait les lettres. — M. de Souza publia en
1817 l'édition des *Lusiades* de Camoëns, dont il est question
ici. Gérard, en effet, donna tous ses soins à l'*illustration* de cet
ouvrage que Didot imprima.

de vous si, pour l'amour de l'art et pour concourir à la gloire d'un grand poète, vous voudriez donner vos soins à la partie du dessin et de la gravure, sûr de réussir dans mon entreprise si vous consentiez à y mettre les talents supérieurs que tout le monde vous reconnaît.

Cette entreprise, monsieur, je n'ai pas besoin de vous le dire, n'est point une spéculation de ma part ; je n'ai été inspiré que par l'amour de ma patrie et par le désir de rendre cet hommage à l'homme qui l'a tant honorée ; j'y renoncerais, plutôt que de faire une édition qui ne fût pas considérée, sous le rapport des trois arts, comme un chef-d'œuvre *monumental*.

Vous êtes plus que personne, monsieur, capable d'apprécier ces sentiments, et je suis convaincu que, si vos occupations le permettent, vous voudrez associer aussi votre nom et votre renommée à celle d'un grand homme comme Camoëns.

Si vous me l'accordez, vous me rendrez bien heureux, et j'espère que vous voudrez bien me dire le jour où je pourrai aller vous remercier.

J'ai l'honneur d'être, monsieur, votre très humble et obéissant serviteur.

D.-J.-M. DE SOUZA.

COMTESSE DE SOUZA

1817.

Mon cher monsieur, nous pensons que peut-
être M. Decazes trouvera extraordinaire de recevoir une lettre décachetée; peut-être trouvera-t-il
que c'est lui manquer, et je prends la liberté de
vous envoyer notre cachet pour que vous ayez la
bonté de la cacheter. Que ne vous devons-nous
pas, en voyant ce beau Camoëns qui sera la gloire
de mon mari et de notre Portugal! C'est bien à
votre intérêt, à vos soins que nous devons cet
honorable succès, et j'irai vous en remercier un
de ces matins, si vous voulez bien me recevoir
dans votre sanctuaire, qui est bien celui des arts.

ADÈLE DE SOUZA.

MADAME DE BAWR[1]

Paris, vers 1815.

J'étais allée chez vous, monsieur et cher ami, pour vous dire que M. Goyer allait venir à trois heures pour aller à votre atelier ; mais n'en parlons plus, nous irons demain dans la matinée à tout hasard. Je voulais vous dire aussi que l'empereur Alexandre, hier, au bal, chez la princesse, a reconnu Mme Walewska pour avoir vu son portrait chez vous. Il a été bien aimable pour moi, mais ce n'était pas le lieu de lui parler de la grande affaire. Le comte C... était venu la veille chez moi, et tout paraît arrangé ; cependant je ne puis croire qu'il n'arrivera pas quelque *anicroche*. Comme vous avez été le premier anneau de la chaîne qui m'a conduite là, je venais vous en remercier de tout mon cœur. J'ai eu bien du plaisir en apprenant que vous faisiez le portrait du roi. Vous n'aurez jamais tant de fortune et de gloire que vous en méritez.

S. DE BAWR.

1. Femme de lettres distinguée, qui a laissé une jolie comédie, *la Suite d'un bal masqué,* restée au répertoire du Théâtre-Français. — M. de Bawr était Russe.

LA DUCHESSE DE DURAS[1]

I

Vendredi soir.

En vérité je me sens, depuis ce matin, un peu d'orgueil d'être l'auteur d'*Ourika*. M. de Duras, qui est venu chez moi en rentrant, partage mon admiration pour votre charmante composition. Je voudrais bien, monsieur, que vous n'eussiez pas d'engagement à dîner pour après-demain dimanche, et que vous puissiez venir recevoir de nouveaux remerciements et l'assurance qu'on sent dans cette maison tout le prix du petit chef-d'œuvre que vous y avez placé.

Duchesse DE DURAS.

Malheureusement vous n'aurez pas M. de Humboldt. M. de Chateaubriand me l'a pris.

II

Vous croyez bien, monsieur, que je ne pense qu'à ma chère *Ourika*. Je suis dans un grand

1. Voir les lettres de Humboldt.

embarras; je voudrais bien faire faire la vignette, je voudrais bien ne pas me détacher du tableau. Serez-vous assez bon pour me donner quelques renseignements sur les meilleurs graveurs de ce genre? J'avais pensé à envoyer le tableau en Angleterre, mais s'il est possible de trouver ici un artiste aussi habile dans ce genre, je le préférerais; ce que je veux avant tout, c'est que la vignette ne soit pas indigne de votre charmant ouvrage, et c'est beaucoup demander [1]. Clara *reparaît* dimanche, je rassemble ses jeunes amies à quelques personnes. Voulez-vous me donner votre soirée? Elle commence à huit heures par le petit prodige musical que ma fille n'a jamais entendu.

Agréez encore, monsieur, tous mes remerciements de votre grâce pour moi. J'en suis touchée jusqu'au fond du cœur et je voudrais vous le dire comme cela est vrai.

Duchesse DE DURAS.

1. *Ourika* a été gravée par Tony Johannot.

LE COMTE DECAZES[1]

I

Paris, 21 décembre 1816.

« J'accepte avec grand plaisir la gravure et je vous charge d'en remercier M. Gérard. Je me rappelle fort bien qu'il travaillait au tableau en même temps qu'à mon portrait, et, comme il n'exposa au Salon que ce dernier, je me souviens aussi de l'avoir remercié et presque grondé de m'avoir gardé une préférence exclusive sur Homère. L'ordonnance est belle, la figure du poète est si noble, si expressive et si touchante à la fois qu'en le regardant je crois entendre sortir de sa bouche ces belles paroles : « Les pauvres et les

---

1. M. Decazes, alors ministre de Louis XVIII, avait offert au roi une épreuve de l'*Homère* de Gérard, gravée par Massard. — On sait que Louis XVIII se piquait de cultiver les lettres, et qu'il ne laissait pas échapper l'occasion de multiplier les citations. — M. Decazes a tenu une place considérable dans la politique des premières années de la Restauration : ministre de la police après la seconde invasion, puis ministre de l'intérieur, il rétablit l'exposition quinquennale de *l'Industrie;* la première eut lieu au Louvre en 1819. Louis XVIII protesta contre les attaques du parti *ultra,* qui obligèrent M. Decazes à se retirer, en lui conférant le titre de duc.

« étrangers nous sont envoyés par Jupiter. » A ce propos, vous savez que les commentateurs des anciens, et en particulier d'Homère, y ont découvert des beautés dont eux-mêmes ne se doutaient pas. Je suis tenté de faire de même à l'égard de M. Gérard, et de voir dans cet enfant d'un beau idéal, qui termine si bien le tableau, Apollon ou Mercure ainsi transformé pour servir de guide *summo vatum*. »

J'ai fait votre commission, monsieur, et je ne résiste pas au plaisir de vous transmettre la réponse que j'ai reçue, certain que vous la recevrez avec autant de plaisir que j'en ai à vous la communiquer et à la confier à votre discrétion. Si j'ai été heureux de faire ce sacrifice au roi, je n'ai pas renoncé à en être dédommagé par vous et je ne vous tiens pas quitte; j'espère que vous ne m'en voudrez pas de mon exigence.

Agréez l'expression de mes sentiments les plus distingués.

Le comte DECAZES.

II

Paris, ce 1er août 1817.

Vous n'étiez pas au Salon [1]; j'en ai bien eu du

1. A propos du tableau de l'*Entrée de Henri IV*. — Gérard se dérobait volontiers aux ovations et aux compliments. C'est ce

regret. Vous y avez beaucoup perdu. Vous auriez
entendu le roi dire à Girodet : « L'histoire raconte
que les trophées de Miltiade empêchaient Thé-
mistocle de dormir; nous avons eu un *Marathon,*
nous attendons un *Salamine* », et ajouter : « M. Gérard n'est pas là, j'aurais voulu avoir le plaisir de
lui dire devant Henri IV que je le nommais mon
premier peintre... Monsieur de Pradel, vous le lui
ferez savoir. » Il ne me reste qu'une inquiétude,
c'est celle que tout cela ne paraisse pas à votre
modestie aussi juste qu'au public. Je suis sûr que
cette grâce au-dessus de la grâce même vous tou-
chera autant que celle-ci; mais je suis sûr aussi
que vous n'en serez pas plus heureux que votre
dévoué

Le comte DECAZES.

III

Paris, ce 30 août 1819.

Mon cher ami, j'ai fait ma demande au roi ce
matin et S. M. l'a agréée. Puisque vous ne voulez
pas de bruit, je ferai expédier les lettres patentes
pendant votre voyage et, en attendant, votre ba-
ronnie n'en pourra pas moins aller saluer le mar-

qui explique son absence en cette occasion, où il savait que la
dignité de *premier peintre du roi* lui serait conférée.

quisat de Canova, et j'aurai, le premier, le plaisir de vous donner officiellement votre titre dans votre passeport. Croyez que si le ministre est heureux de faire rendre ce qui est dû au premier peintre du pays et de son temps, l'ami l'est bien plus encore du prix que vous attachez à un sentiment bien vrai et qu'il mérite que vous payiez du même retour.

Votre ami.

Le comte DECAZES.

P.-S. — Vous ne m'en voudrez pas d'avoir procuré à Dubois le plaisir de vous apprendre le premier la preuve de bienveillance du roi. C'est lui qui m'a donné mon enfant et qui m'a conservé ma femme.

IV

La Grave, ce 25 mai 1820.

J'espérais vous remercier plus tôt de vive voix, mon cher et honorable ami, de votre aimable souvenir; mais, puisque je suis encore retenu et qu'on nous menace d'un nouveau projet de voyage à Rome que vous auriez encore l'intention de faire, je ne veux pas différer davantage de vous dire avec quel plaisir j'ai reçu cette nouvelle marque de votre amitié. Vous savez combien est tendre et sincère celle que je vous ai vouée. Je ne pouvais pas recevoir une preuve plus précieuse de la vôtre que le prix que vous avez bien voulu mettre à me retracer les traits de la femme la plus angélique qui ait jamais existé et dont vous avez si admirablement saisi la physionomie d'esprit et de bonté [1]. Elle deviendra sous vos mains le chef-d'œuvre du génie et de l'amitié, mais je ne voudrais pas pourtant que vous fissiez le serment de n'en plus faire d'autre du même genre. Vous nous devez un *duc d'Angoulême* digne de lui et de vous, et il faut absolument que vous obteniez du roi, qui ne vous le refusera pas, une ou deux séances pour redonner à son portrait ce que les cinq ans qui se sont écoulés ont donné à sa figure ou ce qui a pu vous échapper dans les courtes séances que vous avez eues. Vous devriez le demander au roi qui, j'en suis sûr, s'y prêtera volontiers. Son portrait ne pourra pas devenir plus noble et plus beau, mais je crois que vous y trouverez quelque chose encore à ajouter en vérité.

Adieu, mon honorable ami ; ma femme vous dit mille choses aimables et reconnaissantes.

Mirbel me prie de vous parler de son amitié ; croyez qu'il n'en est pas de plus vraie que la mienne.

DECAZES.

1. Gérard avait fait un très beau portrait de la duchesse Decazes.

V

La Grave, 28 décembre 1821.

Mon cher ami, je veux que vous receviez, au commencement de l'année, un souvenir de vos amis de la Grave et l'expression de leurs vœux les plus tendres pour votre bonheur. J'espère que vous pensez quelquefois à eux et que vous ne doutez pas plus de leur amitié qu'eux de la vôtre. Je voudrais que vous fussiez assez bon pour me rappeler à M. votre frère, au souvenir de qui je mettrais beaucoup de prix, lors même qu'il n'aurait pas pour moi le premier de tous les titres, celui de vous appartenir.

Ma femme vous dit mille choses aimables, ainsi que ma sœur, et Mirbel [1], qui va se faire planteur de vignes et fabricant d'eau-de-vie de Cognac. Je vous engage à prendre les devants et à retenir de la première qu'il fera dans sept à huit ans, car ses vignes ne sont pas encore plantées, ce qui ne l'empêche pas de faire tous les calculs de la femme au pot au lait. Comme les miennes le sont, grâce à Dieu, j'espère, mon cher ami, que vous me permettrez de vous inscrire dans ma con-

1. Voy. *infra*, p. 207.

sommation de mon petit Saint-Émilion, pour une
rente annuelle de cent bouteilles, que vous recevrez dans le cours du mois prochain pour 1821
et que vous boirez à ma santé, en ne commen-
çant, toutefois, qu'après six mois de bouteille.
C'est pourquoi je vous donne rendez-vous à Auteuil, où j'irai vous demander à dîner au retour
du voyage que je compte faire ce printemps à
Glucksbourg.

Adieu, recevez de nouveau la tendre expression de l'attachement que je vous ai voué pour
la vie.

Votre ami.

DECAZES.

VI

Saliès, près Alby, 13 juin 1831.

Mon cher baron,

La réclamation de M. Raggi est arrivée trop
tard. Le Conseil général avait fini sa session. Je
ne l'en ai pas moins vivement recommandée au
préfet.

Les circonstances, comme vous le sentez, ne
nous sont pas favorables; nous ferons cependant
tout ce que nous pourrons. Je serai heureux d'être
utile à un artiste aussi distingué, que vous honorez de votre amitié.

Je reviens de mes forges, un peu fatigué, et je vais me reposer à la Grave, en attendant les élections. La fatigue a été plus que compensée par les résultats que j'ai obtenus. Mes fers paraissent excellents et le succès de mon affaire est assuré maintenant.

Recevez, mon cher baron, l'expression de tout mon attachement.

Le duc DECAZES.

PRINCE GUILLAUME DE PRUSSE[1]

Berlin, ce 20 janvier 1816.

Je profite du départ d'un courrier, mon cher Gérard, pour vous demander des nouvelles de mon portrait, s'il est achevé, et s'il est déjà parti pour Berlin. Ayez la bonté de me le faire savoir, car je l'attends avec bien de l'impatience. S'il est encore chez vous, ayez la complaisance de dire un mot au comte de Goltz, ministre de mon frère, il pourra vous indiquer mieux que personne une occasion pour me faire parvenir ce tableau auquel j'attache un si grand prix, l'appréciant comme peinture et comme ouvrage de vos mains.

Votre ami.

GUILLAUME,
Prince de Prusse.

1. Le prince Guillaume de Prusse, actuellement empereur d'Allemagne, succéda à son frère en 1861.

MADAME DE STAËL[1]

Ce lundi.

Voulez-vous dîner chez moi mercredi, monsieur? vous me donnerez un jour pour aller admirer vos ouvrages.

Mille compliments.

N. DE STAËL.

Ce vendredi.

Je voudrais aller demain à deux heures à votre atelier, qui fait l'admiration de l'Europe. Ce moment, ou tout autre que vous m'indiqueriez, vous conviendrait-il? J'espère que vous me pardonnez mon empressement.

N. DE STAËL.

1. Ces billets sont sans date. — Comme l'auteur de *Corinne* revint à Paris en 1815, et qu'après sa mort (en 1817) Gérard fit son portrait de souvenir et d'après des indications de Mme de Broglie, nous pensons que ces deux billets ont dû être écrits en 1816. — L'atelier de Gérard était alors fréquenté par tous les souverains de l'Europe et leurs représentants.

LA DUCHESSE DE BROGLIE

I

Paris, 1817.

C'est avec la plus vive reconnaissance, monsieur, que je viens d'apprendre la manière dont
vous avez bien voulu accueillir notre demande [1].
Je n'ai d'espérance qu'en votre talent, dans ce
monde, pour retracer une expression qui charmait
tous ceux qui la voyaient, mais qu'on n'a jamais
pu saisir jusqu'à ce jour. J'ai la confiance que cet
ouvrage ne vous sera pas pénible. Vous serez
animé par le souvenir du génie sublime que votre
esprit sait si bien apprécier.

Je prends la liberté de vous prier de passer
chez moi demain matin, à l'heure qui vous conviendra. Je vous attendrai toute la matinée.

Agréez, monsieur, mes remerciements les plus
sincères.

A. Staël de Broglie.

1. Il s'agissait du portrait de Mme de Staël que Mme de Broglie, sa fille, avait demandé à Gérard. Mme de Staël est représentée
en buste, bras nus et coiffée d'un turban.

II

Je vous enverrai demain, monsieur, le buste
et les deux portraits. Je n'ai pu les réunir aujour-
d'hui. Le buste est fait à une époque où elle était
assez forte et plus qu'il n'est à désirer pour l'ouvrage actuel : la physionomie n'y est pas du tout.
Le général Lafayette se flatte encore de l'espoir
de vous voir à la Grange, si vos occupations vous
le permettent. Il m'a chargée de réitérer sa demande. J'ai pensé qu'au milieu de tous les éloges
que vous recevez, il est un souvenir qui vous
serait plus précieux que les phrases banales : un
des derniers désirs de ma mère a été de se faire
porter au musée pour voir votre beau tableau
d'Henri IV. Je ne vous renouvelle pas l'expression de ma reconnaissance, j'espère que vous la
comprenez.

A. STAËL DE BROGLIE.

III

Ce 16 avril.

Vous m'avez fait un présent si précieux, monsieur, que j'ai cherché à vous exprimer ma reconnaissance par une chose qui, j'en suis sûr, aura

du prix à vos yeux. Le manuscrit des *Considéra-tions sur la Révolution française* [1] est une copie, corrigée de la main de ma mère et de mon frère Auguste ; je ne m'en serais pas séparée facilement pour toute autre personne ; mais il m'est doux de la sentir entre les mains de celui qui nous a pro-curé le bonheur de revoir leurs traits chéris. Je crois accomplir un devoir, et c'est en même temps un plaisir de vous le remettre.

Agréez, je vous en prie, l'expression de tous mes sentiments.

STAËL DE BROGLIE.

IV

Ce 31 décembre.

Je ne puis assez vous remercier, monsieur, des belles étrennes que vous m'envoyez [2]. Ce sont les plus précieuses que je puisse recevoir. Il est im-possible de rien voir de plus ressemblant. C'est une joie pour toute la famille. Nous vous devons bien du plaisir après vous avoir dû bien de la con-solation. Permettez-moi de croire que cela nous donne des droits à votre amitié.

STAËL DE BROGLIE.

1. Voir la notice p. 14.
2. Le portrait du fils de Mme de Staël.

V

J'ai bien des reproches à vous faire, my dear sir! Comment peut-on négliger si longtemps ses amis? J'espère pourtant que cela n'est pas un oubli complet. Venez dîner avec nous lundi. Le duc de Somerset y dîne; c'est un homme qui désire connaître tout ce que nous avons de distingué en France, et je ne crois pas le mieux servir qu'en lui offrant l'occasion de vous voir. Mais ce n'est pourtant pas là mon but principal, c'est de vous voir, ce qui n'est pas chose facile. Mille et mille compliments.

STAËL DE BROGLIE.

COMTESSE MOLLIEN

J'espère, monsieur, que le public ne sera pas privé de l'un de vos plus admirables chefs-d'œuvre. M. de Sémonville est venu me voir hier, je lui ai parlé de *la Bataille d'Austerlitz* à placer au Luxembourg; il est fort de cet avis et n'y voit pour sa part aucune difficulté. Si M. Sosthène de La Rochefoucauld, auquel il serait bien aise que vous en disiez quelque chose, n'y met pas d'obstacle, c'est chose faite. Bien que cette décision soit d'un intérêt général, je m'en féliciterai comme d'un succès personnel; ce dont je me féliciterais peut-être plus vivement encore, ce serait que vous pensassiez quelquefois à des gens qui attachent un si grand prix au plaisir de vous voir.

Recevez, je vous prie, monsieur, tous les sentiments de ma très haute considération.

Adèle D. C^{sse} Mollien.

LAFAYETTE

Je me suis présenté hier chez monsieur Gérard
pour avoir le plaisir de le voir. On m'a dit que je
risquerais moins de le déranger en venant plus
tôt, et, pour m'en assurer, je prends la liberté de
lui demander s'il sort ou s'il a des rendez-vous
aujourd'hui ou demain vers midi, qui paraît être le
moment le plus commode pour lui. Le choix d'un
autre jour et d'une autre heure serait, comme de
raison, à la disposition de monsieur Gérard. Il faut
pourtant observer que nos séances commencent
à une heure précise, et notre côté gauche est si
peu garni que l'absence d'un seul député s'y ferait
remarquer.

Je n'ai pas été surpris, mais j'ai été bien heureux de voir que les enfants et les amis de Mme de
Staël avaient éprouvé le même sentiment que moi
pour l'admirable portrait.

Le désir de procurer un bonheur à trois personnes qui me sont chères va peut-être me rendre
indiscret. Mais j'ai ici une fille, Mme de Mau-
bourg, et deux petites-filles qui sentiraient bien

vivement la bonté qu'aurait monsieur Gérard, lorsqu'il voudra bien me recevoir chez lui, de les y
admettre avec moi.

Je prie monsieur Gérard d'agréer l'expression de mon reconnaissant et bien sincère attachement.

LAFAYETTE.

THÉATRE-FRANÇAIS

COMITÉ D'ADMINISTRATION

Paris, 9 novembre 1816.

Monsieur,

La lettre qui vous a été écrite, en notre nom et d'après nos intentions formelles, le 5 octobre 1815, a dû vous prouver combien nous avions été sensibles au désagrément que vous aviez éprouvé quelques jours avant, et combien nous étions loin d'avoir participé à la mesure qui l'avait occasionné. Nous ne doutons pas, monsieur, que vous ne nous ayez pleinement rendu justice en cette occasion qui nous causa la peine la plus vive, et nous sommes également persuadés que vous croirez à la satisfaction sincère que nous ressentons en vous annonçant que les ordres ont été donnés pour que votre nom fût rétabli sur la liste générale des entrées. Nous désirons que vos occupations vous permettent de jouir souvent de la faculté qui en résulte pour vous; c'est un hommage rendu ou plutôt renouvelé à un talent du premier ordre.

Nous regrettons beaucoup qu'il ait été retardé par des circonstances absolument indépendantes de notre volonté.

Nous avons l'honneur d'être, avec la plus haute considération, monsieur,

Vos très humbles et très obéissants serviteurs.

Les Membres du Comité,

FLEURY, MARS, ARMAND, THÉNARD mère, DE VIGNY, TALMA.

GÉRARD AU COMITÉ D'ADMINISTRATION

DU THÉÂTRE-FRANÇAIS.

15 novembre 1816.

Messieurs,

Vous possédez une précieuse collection des portraits des écrivains célèbres, auxquels notre théâtre doit son illustration; cette réunion serait incomplète s'il y manquait celui de l'auteur d'*Œdipe* et d'*Hamlet*. M. Ducis m'a légué, par son testament, son buste en marbre, exécuté par Taunay. Je m'estime heureux de pouvoir offrir ce bel ouvrage aux dépositaires de ses chefs-d'œuvre; je désire qu'ils reçoivent avec plaisir cet hommage à la mémoire d'un homme dont les talents ont ajouté un nouvel éclat à la gloire de la scène française.

J'ai reçu, messieurs, la lettre que vous m'avez fait l'honneur de m'écrire pour m'annoncer que vous vouliez bien me donner mes entrées à la Comédie-Française. Je puis vous exprimer combien je suis sensible à cette faveur et à la manière obligeante dont elle est accompagnée.

Malheureusement les ménagements que ma vue exige ne me permettront point d'aller applaudir à vos grands talents aussi souvent que mon goût m'y porterait; mais croyez, je vous prie, que cette privation forcée n'affaiblira jamais ma reconnaissance.

F. GÉRARD.

THÉATRE-FRANÇAIS

Le 16 novembre 1816.

Monsieur,

En ajoutant à notre collection de bustes des grands hommes qui ont illustré la scène française par leurs chefs-d'œuvre, celui du célèbre Ducis, leur digne successeur, vous avez fait à la Comédie-Française le présent le plus flatteur pour elle et c'est avec une vive reconnaissance qu'elle l'a reçu.

Ce présent nous est d'autant plus cher, monsieur, qu'il vient d'un artiste qui, de même que le vénérable Ducis, a des droits incontestables à l'admiration publique par ses talents si éminemment distingués et à l'estime générale par ses qualités personnelles non moins recommandables.

Recevez, monsieur, nos sincères remerciements pour ce nouveau témoignage de l'estime que vous voulez bien nous accorder et l'offre que nous avons l'honneur de vous faire des entrées pour madame votre épouse. Nous désirons beaucoup

qu'elle puisse profiter souvent d'une faculté que
la Comédie-Française, réunie en assemblée générale, a votée d'un accord unanime et spontané.

Nous avons l'honneur d'être, avec la plus
haute considération, monsieur,

Vos très humbles et très obéissants serviteurs.

Les Membres du Comité,

FLEURY, DE VIGNY, SAINT-PRIX, ARMAND,
TALMA, LACAVE, DAMAS, A. MICHOT,
LAFON, MARS, THÉNARD mère.

DUC DE ROHAN[1]

7 mai 1816.

Si le portrait de Henri IV que j'ai confié à monsieur Gérard ne lui sert pas en ce moment, je le prie de vouloir bien me le renvoyer, désirant le faire voir à quelques étrangers.

Dès qu'il pourrait être de nouveau utile à monsieur Gérard, il sera chez moi à sa disposition, et je m'estimerai heureux de tous les rapports que je pourrai avoir avec le plus célèbre artiste de notre siècle.

Le duc DE ROHAN.

---

1. Alors officier aux mousquetaires. Entra dans les Ordres après la mort de sa femme et devint en peu de temps grand vicaire de Paris, archevêque d'Auch, puis de Besançon, fut créé cardinal en 1830, mourut en 1833.

LE PRINCE D'ORANGE[1]

Monsieur,

Le tableau représentant S. M. l'empereur Alexandre, que vous m'avez envoyé, a répondu entièrement à mon attente. Mon épouse et moi l'avons admiré avec une grande satisfaction. La ressemblance, l'attitude, les traits en général sont de la plus frappante vérité. Il joint à ce mérite, bien parfait à nos yeux, tous ceux qu'y ajoutent la pureté du dessin, la fraîcheur du coloris et ces beautés indéfinissables qui le rendent digne de son sujet et du pinceau qui l'a créé.

Je désire que vous puissiez réaliser le projet que vous aviez formé de venir quelque temps à Bruxelles. Il me serait très agréable de vous y voir et de vous réitérer tous mes remerciements.

Veuillez, monsieur, en accepter les témoignages.

GUILLAUME,
Prince d'Orange.

1. Fils de Guillaume-Frédéric d'Orange, en faveur duquel la Hollande et la Belgique réunies avaient été érigées en royaume des Pays-Bas. Succéda à son père en 1840, après la séparation de la Belgique.

LE PRINCE DE METTERNICH

Florence, juillet 1817.

Je n'ai point voulu être à Florence sans m'occuper de vos intérêts, mon cher Gérard. J'ai été trouver M. Morghen, et je me suis convaincu qu'il est fortement occupé de votre ouvrage [1]. Le fond est complètement terminé, la figure de la jeune femme est fort avancée, les deux autres sont ébauchées et en partie terminées. M. Morghen promet de terminer le tout en dix-huit ou vingt mois. Je conçois qu'il lui faille encore ce temps. Il m'a paru attacher un véritable intérêt à ce que vous soyez rassuré sur son compte. Je ne puis que vous informer de ce que j'ai vu. La planche m'a paru, du reste, parfaitement digne de son célèbre auteur. La figure de la jeune femme est infiniment supérieure à celle du dessin que vous lui avez envoyé, et le tout offre cette admirable harmonie qui règne dans toutes les gravures de .Morghen.

1. Il s'agit de la gravure de Morghen, d'après le tableau des *Trois Ages*.

Je suis charmé de pouvoir vous donner des nouvelles consolantes. Conservez-moi votre bon souvenir, comptez sur la sincérité des sentiments que je vous ai voués.

METTERNICH.

––––––––

MADAME DE COIGNY

5 août 1817.

La nomination que le roi vient de faire, monsieur, avait été faite par le public depuis longtemps. A chacun de vos ouvrages, le premier mot a toujours été : « Ah! c'est du premier peintre [1]! » Le temps n'est pas loin, j'espère, où nous pourrons jouir de tous vos chefs-d'œuvre, car on ne peut condamner à l'oubli ce que votre pinceau a voué à l'immortalité. Voltaire et vous, monsieur, avez fait une belle œuvre et bien française pour la maison de Bourbon ; je ne doute pas que *la Henriade* et votre portrait ne traversent ensemble l'avenir et ne gravent dans la mémoire la vie de notre bon roi.

En vous appréciant si bien et depuis si longtemps, vous devez croire à mes regrets de n'avoir pas plus souvent l'occasion de vous voir. Je la

---

1. Gérard avait dessiné le portrait d'Henri IV pour le frontispice de *la Henriade* éditée par Didot.

chercherai avec empressement et je me flatte, monsieur, que vous seconderez là-dessus mon impatience.

Mille tendres souvenirs à Mme Gérard.

AIMÉE DE COIGNY.

Place Beauvau, Faubourg Saint-Honoré, n° 88.

LOUIS-PHILIPPE D'ORLÉANS

I

Neuilly, le 1ᵉʳ octobre 1817.

Vous connaissez depuis longtemps, monsieur, mes regrets de ne plus voir au Palais-Royal les beaux tableaux qui l'ornaient autrefois, et mon intention de réparer cette perte, autant que je le puis, en formant une nouvelle galerie [1]. La dernière exposition au Musée a achevé de me convaincre que l'École française du XIXᵉ siècle pouvait rivaliser avec celle de l'Italie du XVIᵉ. J'ai donc pensé qu'une réunion de tableaux de notre école moderne pourrait remplacer avantageusement, au Palais-Royal, celle que nous avons perdue. La formation d'une galerie composée de la sorte me paraît devoir être un encouragement utile aux arts, et je ne désespère pas qu'avec le temps la galerie du Palais-Royal ne puisse devenir un monument national, qui nous console en partie des

1. On sait que cette nouvelle galerie, qui comptait un grand nombre de tableaux précieux, a été détruite au mois de février 1848, lors du sac du Palais-Royal.

pertes que nous avons faites en ce genre. Je regrette que les grandes salles que je destine à cette
réunion ne soient pas encore prêtes, et que l'état
de mes finances ne me permette ni de les finir
immédiatement, ni de m'occuper dès à présent de
faire faire de ces grands tableaux où les chefs de
cette école, dont vous êtes la gloire, pourraient
faire briller leur talent. C'est donc à ceux qui en
sont l'espoir que je veux m'adresser aujourd'hui.
Je vous ai demandé vos conseils à cet égard ; je
viens actuellement vous demander votre assis-
tance, en vous priant de vous charger des arrangements dont nous sommes déjà convenus ensemble [1]. Vous savez que mon projet est de consacrer
une somme de 24,000 francs à l'acquisition des
six tableaux, que je vous prie de demander
pour moi aux jeunes artistes dont nous avons fait

---

1. La lettre suivante du secrétaire du duc d'Orléans fera voir
que les intentions du prince furent aussitôt réalisées.

Palais-Royal, 28 janvier 1818.
Monsieur,

Monseigneur m'a dit que vous désiriez qu'il fût payé un
acompte à chacun des jeunes artistes à qui il a demandé des
tableaux. Je vous supplie donc, monsieur, de m'envoyer une
note, ou, si vous l'aimez mieux, un petit état en colonnes des
tableaux que vous avez bien voulu commander pour S. A.; des
noms des artistes, des acomptes à chacun, dont je proposerai
immédiatement à Monseigneur d'autoriser le payement.

Daignez agréer...

DE BROVAL.

ensemble la liste que vous trouverez ci-jointe [1].
Je saisis avec grand plaisir, monsieur, cette occasion de vous donner une nouvelle marque de mon
admiration pour votre talent et de vous réitérer
l'assurance de tous mes sentiments pour vous.

Louis-Philippe d'Orléans.

II

Palais-Royal, ce vendredi matin 11 juin 1819.

Je m'aperçois que j'ai oublié de vous remettre,
hier, une note dont ma femme m'avait chargé pour
vous et qu'elle a faite elle-même relativement à

---

1. *Hersent* : Gustave Vasa, prenant congé de la diète de
Suède.

Abel de Pujol : César allant au sénat le jour des ides de
Mars.

Couder : un Soldat expirant en apportant la nouvelle de la
victoire de Marathon.

Mauzaisse : Laurent de Médicis dans sa villa avec les hommes
lèbres de son temps.

Steuben : Guillaume Tell repoussant le bateau de Gessler
dans le lac au milieu de la tempête.

Blondel : Philippe-Auguste, avant la bataille de Bouvines,
déposant sa couronne en disant que le sort des armes déciderait
qui était le plus digne de la porter.

des éclaircissements que vous désiriez sur l'ouvrage du comte Borgia : vous la trouverez ci-
jointe.

J'ai eu tort de désespérer des recherches qu'on
faisait à Londres pour se procurer les numéros
qui manquaient de l'édition améliorée du cabinet
antiquaire, car je viens d'en recevoir douze, qui,
avec ceux que vous avez déjà, complètent les trois
volumes.

Veuillez donc me renvoyer ceux que vous avez,
afin que je puisse les faire relier et que j'aie le
plaisir de vous les offrir complets et en meilleur
état. C'est toujours avec plaisir que je saisis toutes
les occasions de vous assurer de toute mon amitié
pour vous.

L.-P. D'O.

J'écris ce billet en face de la tête d'étude de
ma femme, dont je vous remercie et que je trouve
admirable.

III

Palais-Royal, ce 22 mai 1821.

Je n'ai pas manqué, en rentrant, de communiquer à ma femme le charmant projet du tableau

de Mlle Godefroid [1] : elle l'approuve, et même elle en est enchantée. Elle préfère le mouton, et que ce soit Joinville qui le mène, tandis que Clémentine lui donne à boire. Il y a à Neuilly un certain *Robin-Mouton* qui vient d'Abyssinie et qu'elle affectionne beaucoup, et elle désire que Mlle Godefroid veuille bien le prendre pour modèle. Mme Angellet conduira demain les deux enfants chez M. Gérard à Paris à deux heures, et alors on conviendra des séances suivantes.

Je suis charmé de trouver cette occasion de vous renouveler moi-même l'assurance de tous mes sentiments pour vous.

L.-P. D'O.

IV

Ce lundi matin 11 février 1822.

Je ne puis résister au plaisir de vous témoigner moi-même combien nous avons tous été enchantés des deux charmants tableaux qui nous sont arrivés hier de chez vous. Je vous assure qu'ils ne pouvaient être placés nulle part où on les appréciât davantage. La tête de Joinville est surtout l'objet de l'admiration générale et, dans le

1. Portraits des enfants du duc d'Orléans. Ces tableaux furent détruits en février 1848.

fait, on ne peut rien voir de plus parfait. C'est un chef-d'œuvre de ressemblance, d'expression, de coloris et d'effet. Ma femme, qui veut aussi vous en remercier elle-même, vous propose de venir dîner avec nous vendredi, si toutefois vous n'avez pas d'engagement pour ce jour-là. Il me tarde bien de pouvoir profiter de l'offre que vous avez bien voulu me faire de lancer mes enfants dans le dessin. Il est bien précieux pour eux et pour leurs parents d'avoir un tel surintendant, mais il nous faut un lieutenant digne du chef, et c'est vous seul qui pourrez le trouver [1]. J'attends donc avec bien de l'impatience que vous ayez fait un choix.

Permettez-moi de vous renouveler, de tout mon cœur, l'assurance de tous mes sentiments pour vous.

L.-P. D'ORLÉANS.

---

1. Gérard désigna le jeune Ary Scheffer, qui justifia la confiance mise par Gérard dans son talent. La princesse Marie d'Orléans s'éclaira de ses conseils pour ses travaux de sculpture, parmi lesquels nous rappellerons sa belle statue de *Jeanne d'Arc*.

PRINCE DE SCHWARZENBERG

Vienne, ce 8 juin 1818.

Monsieur,

C'est avec infiniment de plaisir que j'ai reçu votre lettre accompagnée du cuivre de mon portrait. J'attache un prix tout particulier à cette marque d'aimable attention de la part d'un artiste aussi célèbre.

Il est tout juste que vous ayez les premières épreuves et je m'empresse de vous en envoyer, monsieur, ci-joint une demi-douzaine qui viennent d'être tirées sur la planche [1].

Recevez, monsieur, à cette occasion l'assurance de mes sentiments distingués et de ma parfaite considération.

SCHWARZENBERG.

[1]. Le portrait du prince de Schwarzenberg a été gravé par Potrelle.

DUC DE CRILLON[1]

Crillon, près Beauvais, ce 15 juillet 1818.

J'étais bien certain, monsieur, de l'effet que produirait votre superbe tableau à son apparition au Salon, et j'en ai lu les détails dans les journaux avec le plus grand plaisir. Vous avez eu les plus illustres suffrages; ils ont été confirmés par tout Paris, et nos plus grands peintres n'ont pu que vous admirer; que pourrais-je vous dire après cela?

J'irai à Paris pour la fête du roi; j'espère bien que le public jouira encore à cette époque de l'*Entrée d'Henri IV*. J'ai une grande impatience de voir dans toute sa beauté ce superbe ouvrage que j'ai vu avant qu'il fût tout à fait fini. Je vous en renouvelle tous mes remerciements, monsieur, et vous prie de recevoir l'assurance de la consi-

---

1. Duc de Crillon, né à Paris, le 15 décembre 1782, descendant du brave Crillon, célèbre compagnon d'Henri IV. Se distingua pendant la guerre d'Espagne, où il fut nommé maréchal de camp le 11 août 1823.

dération très distinguée avec laquelle j'ai l'honneur d'être votre très humble et très obéissant serviteur.

Le duc DE CRILLON.

Je vous prie de faire remettre le portrait de Crillon au porteur de ma lettre.

LE COMTE DE NOAILLES[1]

Moscou, 8 janvier 1818.

J'avais depuis longtemps, monsieur, le projet de vous donner des nouvelles du portrait du roi et de vous parler du plaisir qu'il m'avait fait lorsque j'ai reçu votre lettre du 20 novembre dernier. Ce portrait est dans le meilleur état possible, bien éclairé et placé dans un salon agréable; il fait l'admiration de tous ceux qui viennent chez moi, et l'Europe, au moins par ses députés, lui a rendu plus d'un hommage.

Plusieurs artistes en ont fait des copies. Je me persuade, à l'effet que cet ouvrage a produit sur moi et sur les autres, que vous lui avez donné une attention particulière, et mon amour-propre jouit de la distinction que je crois vous devoir.

Il faut bien trouver simple sur les bords de la Néva que l'on flatte à Paris un excellent portrait du roi de France; vous sentez, monsieur, qu'il ne pouvait en être de même de vos deux portraits de l'empereur Alexandre. Ils ont été déballés immédiatement après leur arrivée; placés d'abord dans

---

1. Ambassadeur de France en Russie.

un lieu peu convenable, je ne les ai point perdus de vue; garnis aujourd'hui de leurs bordures, ils occupent un des salons de l'Hermitage; leur conservation est parfaite. Quelques personnes d'un goût faux ou d'un patriotisme bête, ne pouvant attaquer vos deux ouvrages sous le rapport de l'art, se sont montrées peu satisfaites de la ressemblance; je leur ai répondu, je l'avoue, avec cette irritation qu'on sent encore plus contre ceux qui ne partagent pas nos sentiments que contre ceux qui n'adoptent pas nos opinions; aidé des princesses Wolkonsky, des gens de goût, de M. Barberi, nous avons fait cesser ces bavardages. Tout le monde admire aujourd'hui vos portraits de l'empereur Alexandre; ils sont constamment copiés par les artistes nationaux et étrangers, et donnent aux Russes comme à moi la satisfaction de voir enfin les traits de l'illustre souverain de ces contrées transmis à la postérité d'une manière digne de lui et d'elle.

L'empereur était à Pétersbourg lors de l'arrivée de vos ouvrages. Son opinion à leur égard ne peut avoir varié. Si je me trouvais dans cette ville, je ne manquerais pas de recommander M. Outkine comme l'homme le plus en état de graver le portrait de S. M. Je rencontrerai peut-être ici l'occasion de le nommer, et je ne la négligerai pas.

Vous avez bien voulu, monsieur, me montrer avant mon départ l'esquisse de votre tableau de l'*Entrée de Henri IV à Paris*. Elle promettait beaucoup. J'ai su que le grand ouvrage avait encore surpassé tout ce qu'on attendait de vous, et c'est beaucoup dire. Recevez mon sincère compliment de ce brillant succès et des distinctions qui en ont été la suite. Je jouis comme Français et comme ami de la gloire que je vous vois recueillir depuis des années. J'espère être à Paris dans quelques mois; *Henri IV* et son auteur seront sûrement au nombre de mes premières visites.

Je vous prie de recevoir les nouvelles assurances de la parfaite considération avec laquelle j'ai l'honneur d'être

Votre très humble et très obéissant serviteur.

Le comte DE NOAILLES.

AUGUSTE, PRINCE DE PRUSSE[1]

I

Berlin, le 6 avril 1819.

Désirant conserver le souvenir de Mme de Staël
par les arts, autant qu'il restera dans la littérature
par ses ouvrages, j'avais cru que le plus sûr moyen
serait de vous demander de faire pour moi un
tableau dont le sujet serait tiré de *Corinne*. L'amitié que Mme de Staël m'a témoignée dans des temps
malheureux m'engage surtout à lui donner cette
preuve de reconnaissance. Mme Récamier ayant.
bien voulu se charger de cette commission par
attachement pour Mme de Staël, parce qu'elle
attache le plus grand prix à tout ce qui peut honorer sa mémoire, j'apprends avec le plus grand
plaisir que vous voulez bien vous charger de cet
ouvrage et l'achever, au plus tard dans quinze

---

1. Le prince Auguste de Prusse, cousin du roi, neveu du
grand Frédéric, fait prisonnier par les Français, le 6 octobre 1806,
au combat de Saalfeld, fut présenté à Mme de Staël au château
de Coppet. Accueilli par l'auteur de *Corinne,* il avait conservé de
l'amitié de Mme de Staël et de son séjour sur les rives du lac de
Genève un souvenir d'autant plus doux que c'est à Coppet qu'il
rencontra Mme Récamier.

mois, pour le prix de dix-huit mille francs. En
vous témoignant ma reconnaissance pour cette
complaisance, je soumettrai à votre jugement s'il
ne serait pas avantageux de représenter Corinne
sous les traits embellis de Mme de Staël et de
choisir le moment de son triomphe au Capitole,
ou celui où elle se trouve sur le cap Misène, sans
vouloir cependant en rien vous gêner dans la
composition de cet ouvrage. Je désire, monsieur,
que ce tableau vous soit une nouvelle preuve de
la grande admiration que j'ai pour votre talent
et de la parfaite estime avec laquelle je suis,
monsieur,

Votre très dévoué.

AUGUSTE,
Prince de Prusse.

II

Berlin, le 20 février 1821.

Comme il paraît que vous n'avez pas reçu la
lettre que j'avais chargé Mme Récamier de vous
remettre, je m'empresse de vous témoigner ma
reconnaissance de ce que vous avez bien voulu
consacrer par la peinture un des plus beaux écrits
de Mme de Staël. J'ai cru ne pouvoir faire un meilleur usage de ce tableau, que je regarde comme
un hommage rendu à la mémoire de Mme de Staël,

qu'en le donnant à Mme Récamier, son amie la plus dévouée, que j'ai appris à connaître chez elle à une époque de persécution et d'exil. Je regrette beaucoup que les circonstances ne me permettent pas de voir ce tableau si généralement admiré, et je vous prie de le faire transporter chez Mme Récamier [1].

Je suis avec une parfaite estime et une grande admiration de votre talent, monsieur,

Votre très dévoué.

A UGUSTE,
Prince de Prusse.

1. Mme Récamier a légué ce tableau au musée de Lyon, sa ville natale.

BARON GÉRARD

AU PRINCE AUGUSTE DE PRUSSE

Ce 24 novembre.

Monseigneur,

Depuis que Votre Altesse Royale m'a fait la grâce de me communiquer ses idées sur le tableau de *Corinne,* j'ai été forcé de suspendre entièrement mes travaux pendant plusieurs mois. L'incertitude où l'état de ma santé m'a jeté ne m'avait pas permis jusqu'à présent de contracter d'une manière plus particulière l'engagement d'exécuter cet ouvrage et de faire agréer mes remercîments à Votre Altesse Royale, mais le repos et quelques voyages ont un peu rétabli l'équilibre, et j'espère enfin tenir la promesse que j'avais faite pour le printemps prochain.

Des deux sujets que Votre Altesse Royale m'avait indiqués, j'ai choisi celui de *Corinne au cap Misène,* mais j'ai dès l'abord renoncé à l'idée de rappeler quelque ressemblance de Mme de Staël dans les traits de Corinne. J'ai peint un portrait de cette femme illustre depuis la perte que nous en avons faite ; j'ai eu le bonheur de réussir, et on en a publié ici une gravure assez satisfaisante : voilà pour le souvenir matériel; mais je n'aurai pas trop des ressources de mon art pour rendre Corinne aussi belle et aussi intéressante que la plume éloquente de Mme de Staël nous l'a représentée.

Le savant Visconti n'était point d'avis que la peinture historique prît jamais le texte de ses compositions dans la littérature moderne, et je pense que ce n'est qu'en cherchant à embellir les sujets qu'on veut y puiser, qu'on peut consentir à se priver du prestige que le temps donne aux écrits de l'antiquité. Du reste, je m'estime heureux d'être appelé à payer mon tribut d'admiration à ce beau génie, et je serai, j'espère, soutenu dans ce travail par le souvenir des marques d'intérêt dont Mme de Staël m'a honoré, et surtout par la pensée que ce tableau pourra attester l'attachement qu'un prince éclairé porte à sa mémoire, et la confiance qu'il accorde à mon talent.

Je suis avec respect,

Monseigneur,

De Votre Altesse Royale,

Le très humble et très obéissant serviteur.

F. GÉRARD.

DE MIRBEL[1]

I

Le ministre, mon cher confrère, veut établir auprès de lui un conseil des arts. Il serait composé de peintres, de sculpteurs, d'architectes et d'amateurs qui auraient assez réfléchi pour saisir les rapports entre les beaux-arts et l'administration, et indiquer au besoin comment celle-ci peut former de bons artistes et soutenir l'honneur de notre École. Quand il s'agit des arts, c'est toujours sur vous que M. le comte Decazes porte ses regards; il m'a chargé de vous consulter; réfléchissez à son projet; j'irai vous demander à dîner jeudi et nous en causerons. Si vous ne pouviez me recevoir ce jour-là, ayez la bonté de me le faire savoir.

Agréez, mon cher confrère, l'assurance de ma vieille et impérissable amitié.

MIRBEL.

---

1. M. de Mirbel était alors secrétaire de M. Decazes, ministre de l'intérieur. Depuis, il fut professeur de botanique au Muséum d'histoire naturelle et membre de l'Institut.

II

Paris, le 4 septembre 1819.

Monsieur et très honoré confrère,

Le ministre, à qui j'ai parlé hier soir de MM. Bervic, Percier et Auguste Desnoyers, paraît être disposé à les proposer au roi pour la Légion d'honneur. Je vais à tout risque rédiger une ordonnance, mais le dispositif doit être précédé d'un considérant, et je voudrais bien qu'il offrît en peu de mots la juste appréciation du mérite de chacun de ces artistes. Soyez assez bon pour me donner une note. Remarquez que si MM. Bervic et Percier obtiennent la décoration, ils vous devront cette faveur, car c'est en votre nom que je l'ai demandée pour eux à Son Excellence. Vous me feriez plaisir de m'adresser la note ce matin, et, s'il était possible, par le retour de mon commissionnaire.

Vous vous êtes donné la peine de venir me voir et mes cerbères ne m'ont remis votre carte que quand vous étiez parti. Rendez les vôtres plus traitables et donnez-moi à dîner demain.

Agréez, monsieur et cher confrère, l'assurance de mon bien absolu dévouement.

MIRBEL.

LE COMTE DE PASTORET[1]

I

Paris, le 6 septembre 1819.

Le roi, sans avoir dit qu'il vous accordait un titre, monsieur, a signé hier l'ordonnance qui vous confère celui de baron. Vous êtes bien sûr que personne n'a plus de joie que moi à vous l'annoncer, et je voudrais que vous me permissiez de vous dire que je me réjouis comme ami de ce que je vous annonce comme commissaire du roi.

J'espère qu'il y a longtemps que vous savez combien je suis touché de votre bienveillance et combien je mets de prix aux occasions que vous me laissez, monsieur, de vous renouveler l'hommage de mon bien fidèle attachement.

Le comte DE PASTORET.

II

Lundi, 31 janvier 1840.

J'avais soumis au roi, monsieur, un rapport tendant à obtenir, ce qui n'est pas dans nos usages,

1. Alors commissaire du roi au sceau de France.

l'insertion de la devise dans vos armoiries, et j'ai tâché, de mon mieux du moins, d'expliquer, pour que Sa Majesté le sût bien, le motif qui vous avait porté à choisir ce vers [1]. Le roi, par une exception toute spéciale, en a autorisé hier l'insertion : c'est une grâce de plus, et je ne pense pas qu'elle ait jamais été mieux placée. Charles-Quint ramassait le pinceau du Titien, il me semble que le roi fait mieux, c'est qu'il sait que vous avez fait mieux aussi ; c'est notre siècle qu'on honore en vous.

Je m'empresse de vous annoncer cette décision parce que je sais que vous la désiriez. Vous savez si je mets du prix à ce qui vous intéresse et si je suis heureux de trouver l'occasion de vous renouveler l'hommage de mon ancien et fidèle attachement.

Comte DE PASTORET.

1. *Lume non e, se non vien dal' sereno.*

BARRIÈRE[1]

Paris, 4 mai 1820.

Monsieur,

Vous pouvez apprécier, depuis ce matin, l'un des mille inconvénients de la censure. Elle supprime deux lignes dans l'article et le renvoie à onze heures du soir, au moment où il n'y a plus que des imprimeurs au journal. Ceux-ci, de leur côté, pour n'être pas en reste, ajoutent dans la première phrase des fautes typographiques aux suppressions de la censure, et l'article paraît ainsi.

Vous voilà, monsieur, bien dûment déclaré coupable, par MM. les censeurs, pour avoir fait le chef-d'œuvre de *la Bataille d'Austerlitz*, puisqu'il n'est plus besoin d'en parler. Quant à nous, qui ne sommes coupables que jusqu'à un certain point, en publiant des articles fautifs et tronqués, nous vous prierons, cette fois, de nous juger sur l'intention.

Veuillez recevoir, monsieur, l'assurance de mon dévouement.

F. BARRIÈRE.

---

1. Barrière, longtemps rédacteur au *Journal des Débats*. Il a publié, entre autres, les Mémoires de Mme Campan et les Mémoires relatifs au xviiie siècle.

LAFONT D'AUSSONNE[1]

Paris, le 13 juillet 1840

Très cher monsieur,

Vous lirez dans *la Quotidienne* d'aujourd'hui un article, sans talent, sur votre grand portrait du duc de Berry, où le talent abonde. Il est de la destinée des hommes supérieurs d'avoir pour juges insolents de petits êtres imperceptibles, qui, soldés à la page ou à la semaine, prononcent hardiment sur toutes choses, à la faveur d'un heureux incognito. Moquez-vous de toutes ces misères. J'ai passé, dimanche, environ deux heures, près de vos deux tableaux. Paisible et inconnu, j'ai recueilli tous les suffrages : tous les suffrages éclairés se sont trouvés pour vous. *L'Entrée d'Henri IV* étincelle de poésie. L'ordonnance en est admirable. Le principal personnage aurait fait verser des larmes de joie à Voltaire qui l'a chanté

1. Lafont d'Aussonne, écrivain français, né vers 1770, mort en 1849. On peut citer, parmi ses principaux ouvrages, une histoire de Mme de Maintenon (Paris, 1814, 2 vol. in-18), et un mémoire au roi sur l'imposture et le faux matériel de la Conciergerie (1825, in-8°).

et si Louis XIV avait vu ce chef-d'œuvre, cette
noble apothéose de son aïeul bien-aimé, il vous
eût comblé d'honneurs et de richesses. Le portrait
du bon duc de Berry est plein de mouvement et de
vie. Il est d'une ressemblance frappante, et c'est
ce que bien des gens ne voudraient pas. Vous êtes
peintre d'histoire, vous travaillez sous les yeux de
la capitale, où se montrait chaque jour M. de
Berry; vous avez dû le peindre tel qu'on l'a vu
mille fois, et non tel que M. de Chateaubriand a
jugé à propos de le peindre. Ces messieurs auraient voulu que, vous unissant au mensonge
poétique ou politique de l'écrivain, vous eussiez
donné à votre personnage la taille et le maintien
de Louis XIV. Cette hyperbole n'était pas admis-
sible. Vous avez consulté la nature, les convenances et vos souvenirs, et vous avez donné, aux
siècles à venir, un portrait véritable. Laissez la
jambe telle qu'elle est; je l'ai vue cent fois, il
l'avait ainsi faite. Quant à la chaussure, vous pouvez y mettre une légère retouche d'élégance. La
jambe, toute forte qu'elle est et qu'elle doit être,
y gagnera sensiblement. *La Quotidienne* (c'est-
à-dire un agent de l'écrivain distingué) voudrait
que vous donnassiez un air de tristesse auguste à
la physionomie. Vous ne pouvez faire une pareille
transposition, puisque vous avez peint M. de Berry
avec le brillant costume de son hyménée. Au surplus, le prince était spirituel, affable et bon; mais
il n'avait rien de sublime et d'héroïque, et M. de

Chateaubriand s'est exposé à le rendre ridicule en voulant à toute force le mettre sur la même ligne avec Louis le Grand. D'un trait de plume, M. le vicomte a rapetissé Louis XIV et l'a mis à *la taille moyenne* de son arrière-petit-fils. Une telle licence a dû étonner tous ceux qui savent lire, et qui ont vu jusqu'ici dans tous les livres que Louis XIV et Racine étaient les deux plus beaux hommes de leur siècle. Cette assertion a dû bien étonner tous ceux qui connaissent le portrait en pied, par Rigaud, ouvrage admiré, et dont Piganiol[1] dit expressément que jamais on ne vit pour l'ensemble et pour le détail une plus parfaite ressemblance. Louis XIV avait 5 pieds 7 pouces passés. Et M. de Chateaubriand, parce qu'il est pair, et très absolu, met tout à coup le roi à *la taille moyenne...* que dis-je? à la taille de M. de Berry. Je voudrais bien, monsieur, que vous fissiez une petite réponse, noble et nourrie, dans les journaux, réponse où vous relèveriez poliment l'erreur de *la Quotidienne*. Si vous me croyez utile à cette petite discussion historique et de costume, je m'offre à vous de tout mon cœur et je me charge de faire insérer ledit article dans *le Drapeau blanc*, s'il était refusé par *la Quotidienne*.

Adieu, monsieur. Vous savez depuis longtemps

1. Piganiol de La Force (Jean-Aymar de), historien et géographe, né en 1673, mort en 1753. Auteur de la *Description historique et géographique de la France* et de la *Description de la ville de Paris et de ses environs*.

combien je chéris et vos grands talents et votre
heureux caractère; je m'honorerai toujours de
votre bienveillance et de votre estime.

LAFONT D'AUSSONNE.
Place de l'Estrapade, n° 28.

N.-B. — Je vous envoie une seconde édition,
puisque la première vous fut agréable.

Milord Crawford (rue d'Anjou-Saint-Honoré)
laisse en mourant une belle collection de portraits du siècle de Louis XIV. La vente aura
lieu bientôt. Tâchez, monsieur, de faire acheter
pour la galerie du Louvre le portrait de Louis
le Grand (par Mignard), connu sous le titre du
Louis XIV aux brodequins de diamants. Ce prince,
âgé de vingt-six ans et dans toute sa beauté, est
peint comme on nous représente les jeunes héros
de la Grèce. Milord Crawford le cachait depuis
six ans, de peur que nos princes n'eussent envie
de l'acheter. Ce *Louis XIV* et la *Mme de Montespan
en Cythérée,* couchée sur un lit de gazon, viennent
du château de Clagny, bâti par Mme de Montespan. Milord les avait acquis l'un et l'autre. Si vous
désirez les voir, vous pouvez vous adresser de ma
part à M. Krayterr, secrétaire de feu milord, en
son hôtel, rue d'Anjou, n° 36, ancien hôtel de
Monville.

MADAME DU CAYLA

I

Ce 3 novembre.

Il y a des siècles que je n'ai eu l'honneur de vous voir, monsieur le baron ; cependant vous avez pensé à moi bien des fois et j'ai bien regretté de ne pas en avoir profité. Je viens d'apprendre que le prince de Saxe-Cobourg choisissait jeudi prochain pour venir dîner à Saint-Ouen ; il reste peu de jours à Paris, je mets grand prix à lui montrer vos charmantes œuvres ; voulez-vous venir aussi dîner à six heures, ce sera bon et aimable, comme vous l'êtes toujours pour moi.

Comtesse DU CAYLA.

II

Je suis désolée, il pleut et il est trois heures ! je voudrais bien penser que quelques rayons viendront éclairer *Louis XIV,* et que le nouveau chef-d'œuvre de M. Gérard sera vu dans toute sa splendeur par le roi de nos jours.

Je suis aux anges de savoir que lundi tout
sera complet ici et que Sa Majesté pourra faire
une agréable promenade en admirant ses quatre
bijoux du billard [1]. Je conçois à quel point le
temps pressait et tout ce qu'il aura fallu pour être
prêt ce matin. Rien n'est impossible à monsieur le
baron Gérard. Je le prie d'agréer la nouvelle assurance de tous mes sentiments.

T. DU CAYLA.

III

Jamais billet n'est arrivé plus à propos, je
puis vous parler de tous vos succès, monsieur le
baron : vous avez été le charme de tous les moments que Sa Majesté vient de passer ici, et après
avoir *vu* et *bien vu*, Elle a parlé de son *Louis XIV*
avec un enthousiasme que chacun partageait.

Que j'ai regretté de ne pas être venue plus
tôt hier! mais la première communion de mon fils
a pris toute ma journée. Que vous avez donc été
aimable de me donner mes deux autres diamants!
Nous ne quittons pas le billard. La composition
et l'exécution sont à tourner la tête. La mienne

---

1. *Les Quatre Saisons,* d'après les dessins de Gérard.

est cassée du monde qui est autour de moi; n'en
agréez pas moins toute ma reconnaissance pour
être si mal exprimée.

T. du Cayla.

IV

Saint-Ouen, mercredi soir.

Ce n'est point ma faute, monsieur le baron,
si vous n'avez point entendu parler de moi; votre
lettre est venue ici pendant que j'allais à Paris et
je viens de la retrouver. Je serai charmée de voir
Mlle Godefroid; je l'attendrai demain, depuis midi
jusqu'à quatre heures, regrettant de ne pouvoir
lui envoyer mes chevaux, ce qui peut-être lui aurait été commode.

Sa Majesté est enchantée de *voir, vraiment
voir* Louis XIV. Tout ce qui vient ici est enchanté
de mes deux nouveaux trésors.

Veuillez agréer, avec mes nouveaux remerciements, la tendre assurance de tous mes sentiments.

T. du Cayla.

V

Ce mercredi.

J'ai toute la mine d'une ingrate de ne pas avoir
encore répondu à une petite lettre si aimable,

mais c'est que mes matinées étaient prises, de
façon que je ne voyais pas comment je pouvais
dire un jour positif. Demain jeudi je suis obligée
d'aller à Saint-Roch, et cependant je n'ai mon
fils que ce jour. Si monsieur le baron Gérard nous
veut aussitôt la cérémonie finie, ce qui fera, je
pense, deux heures ou deux heures et demie, nous
serons tous les trois à ses ordres. S'il ne me répond pas, c'est qu'il veut bien nous attendre en
sortant de la cérémonie. Je ne pense pas que mon
costume noir puisse y mettre aucun obstacle ; il
pourra ne songer demain qu'à mes enfants, et moi
je serai en troisième comme un mannequin. Il est
bien aimable à lui de ne pas m'avoir oubliée pour
le petit chef-d'œuvre que je désire beaucoup admirer, et je lui renouvelle la tendre assurance
des sentiments qu'on lui voue avec entraînement
dès qu'on a l'honneur de le connaître.

T. DU CAYLA.

BOISSERÉE

I

Stuttgart, le 27 février 1821.

Monsieur,

J'ai enfin le plaisir de remplir ma promesse
et de vous envoyer les premières épreuves des
dessins lithographiés d'après quelques tableaux
de la collection que je possède conjointement
avec mon frère [1] et M. Bertram. Elles vous seront remises par M. le baron de Humboldt. Nous
serons heureux de connaître votre sincère opinion. Le recueil auquel ces épreuves appartien-
dront contiendra cent quarante-quatre planches
choisies dans notre collection, composée de
plus de deux cent trente tableaux datant des
XIVe, XVe et XVIe siècles. Les tableaux du
XIVe siècle proviennent tous de l'ancienne école

1. Les frères Boisserée, de Cologne, furent les premiers à
recueillir les peintures sur bois des vieux maîtres d'Allemagne et
des Pays-Bas. La fameuse collection de tableaux allemands et
flamands des XIVe et XVe siècles, qu'ils avaient formée, fut exposée
avec solennité à Stuttgart, sous le patronage du roi de Wurtemberg, et achetée, en 1827, par le roi Louis Ier de Bavière, au
prix de 375,000 florins; elle fait aujourd'hui partie de la Pina-
cothèque de Munich. Sulpice Boisserée est mort en 1854.

de Cologne qui, dans son temps, tenait en Allemagne le rang que l'école de Florence avait en
Italie. Toutes les productions de cette école de
Cologne portent, comme les ouvrages du même
temps, en Italie, plus ou moins l'empreinte du
style byzantin. C'est dans la composition, dans les
draperies et dans les têtes du Christ, de la Vierge
et des apôtres, que ce type se fait le plus remarquer, tandis que l'originalité du peintre se reconnaît dans les autres têtes, et particulièrement dans
l'exécution. Plus les tableaux sont relativement
récents, plus on y trouve des physionomies natio-
nales. On y voit grand nombre de têtes ayant cet
air qui distingue encore aujourd'hui les habitants
du Bas-Rhin, et qui frappa Pétrarque lorsqu'il
visita Cologne. Quant à la manière de peindre,
elle est très facile et même large. Nous avons reconnu qu'un corps gras a servi à la liaison des
couleurs, sans pouvoir constater si l'on a employé
l'huile ou le jaune d'œuf et la cire. Les lumières
sont faites à larges coups de pinceau. C'est ainsi
que les derniers peintres de l'école de Cologne
ont produit un relief que l'on ne retrouve guère
dans les autres peintures du xive siècle. Le coloris
est clair et brillant : les meilleurs tableaux ne
manquent pas d'une certaine vigueur, mais ils
n'approchent jamais de celle de Jean Van Eyck.

La seconde partie de la collection contient des
tableaux de Jean Van Eyck et de son école, qui
embrasse presque la totalité du xve siècle. Selon

nous, ce n'est pas tant par l'invention ou l'amélioration de la peinture à l'huile, que Van Eyck a fait
époque dans l'histoire de l'art, c'est plutôt par la
direction toute nouvelle que cet homme a imprimée à la peinture en général. Ce peintre aban-
donne absolument le style byzantin et les traditions suivies jusqu'alors, il s'applique entièrement
à l'imitation de la nature. La troisième partie de
la collection comprend les tableaux des peintres
allemands et flamands du commencement jusqu'à
la fin du XVIe siècle.

Le prospectus de mon ouvrage sur la cathé-
drale de Cologne doit s'imprimer incessamment.
En conséquence, je l'ai envoyé, par l'entremise de
mon ami le comte Reinhard, ministre de France
à Francfort, au ministre de l'intérieur, accompagné d'une lettre dans laquelle je renouvelle ma
demande de souscription. D'après ce que M. Grille
m'a dit, et en considération de ce que les cinq
livraisons de mon ouvrage ne pourront se publier
qu'en cinq années tout au plus, j'ai exprimé le
désir d'obtenir une souscription de cinquante
exemplaires. J'ose encore le recommander à vous
et à M. Quatremère, auquel je vous prie de présenter mes respects.

Permettez-moi de vous parler de la gravure au
trait que vous avez bien voulu faire faire de votre
beau tableau de *Corinne,* pour la publier dans le
Journal des Arts, qui s'imprime ici. M. de Hum-
bolt vous présentera un numéro de ce journal

avec une gravure au trait d'un beau tableau de M. Schik, peintre allemand qui est mort très jeune, il y a neuf ans. S'il pouvait vous convenir de faire connaître vos autres tableaux, d'une manière semblable, au public allemand, nous vous en saurions tous le plus grand gré.

J'ai l'honneur d'être, avec la considération la plus parfaite, votre très humble et très obéissant serviteur.

SULPICE BOISSERÉE.

II

Stuttgart, 28 décembre 1826.

Monsieur,

J'ai reçu hier votre superbe présent et je m'empresse de vous en témoigner de tout mon cœur la plus parfaite reconnaissance. Je suis vraiment touché de ce que vous avez voulu me donner une marque si distinguée de votre amitié. C'est à la fois une gravure de premier ordre et un beau souvenir de la plus magnifique production de votre génie.

Quel étonnant travail! Il y a de quoi vous féliciter, vous et le graveur, de l'heureuse issue de cet immense ouvrage. Les têtes surtout sont rendues avec une fidélité admirable et elles sont exécutées à merveille; il n'y a pas un caractère, pas une expression qui semble être manquée, et c'est, vous le savez mieux que moi, le mérite que l'on rencontre le plus rarement dans les gravures de nos jours.

J'ai expédié aujourd'hui même l'épreuve que vous avez destinée à M. Gœthe, afin qu'il la reçoive le jour de l'an. Ce sera une véritable jouissance pour ce digne vieillard, qui prend encore le plus vif intérêt à tout ce que ses contemporains produisent de beau et de grandiose, de pouvoir enfin se faire une juste idée de votre *Entrée de Henri IV*, dont je lui ai tant parlé.

Il a été extrêmement sensible à l'accueil bienveillant et distingué que, sur ma recommandation, vous avez eu la bonté de faire à M. Coudray, et je vous en exprime mes remerciements les plus sincères.

Quelques jeunes artistes s'occupent en ce moment, à Stuttgart, à dessiner les cartons pour les peintures à fresque qui doivent être exécutées dans une maison de campagne que le roi vient de faire bâtir à une petite lieue de la ville, dans une charmante situation, sur les bords du Neckar.

Parmi ces compositions, il y en a deux : *la Réception de Psyché dans l'Olympe* et *le Banquet des Dieux*, destinées à décorer une coupole, qui font naître une idée très favorable du talent de leur auteur. Il faut seulement espérer que l'exécution de la peinture à fresque réussira ; jusqu'à présent on a trouvé, sous le rapport du coloris, beaucoup de difficultés aux nombreux essais de ce genre de peinture que l'on s'est plu à faire dans ces derniers temps en Allemagne.

L'art de la sculpture contribuera également à décorer cette nouvelle maison de plaisance. Un bas-relief de deux cents pieds de longueur sur trois pieds de hauteur, dont le quart vient d'être monté en plâtre, mérite d'être cité avec beaucoup d'éloges. Il représente les différentes occupations de la vie champêtre pendant les quatre saisons; un jeune artiste de ce pays, M. Weipprecht l'a composé. Il y a une grande variété de sujets d'une conception à la fois ingénieuse et naïve, et exécutés avec autant de goût que de sentiment. C'est vraiment une acquisition que ce talent. M. Dannecker, le respectable vétéran de la sculpture allemande, s'occupe, entre autres ouvrages, de la statue en marbre de saint Jean qui doit compléter les statues des Évangélistes, faites par des élèves et placées sous le dôme de la chapelle sépulcrale dont vous connaissez l'extérieur par le paysage que Mᵐᵉ de Bawr vous a envoyé. Enfin voilà à peu près ce qui, par rapport aux arts, peut vous intéresser dans ce petit pays.

Je m'aperçois qu'il faut finir ma lettre pour ne pas abuser de votre patience.

Adieu donc ; recevez encore une fois mes remerciements empressés et croyez que je fais sans cesse les vœux les plus sincères pour votre santé et pour votre bonheur.

Mille compliments aux amis communs et tout
particulièrement à M. de Humboldt.

J'ai l'honneur d'être, avec la plus parfaite considération et un attachement invariable, monsieur,
votre très humble et très obéissant serviteur.

SULPICE BOISSERÉE.

III

Stuttgart, ce 31 mai 1827.

Monsieur,

Il y a, vous le savez, des guignons tout parti-
culiers pour les lettres et je suis vraiment désolé
que cette triste expérience se soit renouvelée
pour la lettre de Gœthe que vous trouverez sous
ce pli.

D'abord la lettre a été écrite deux mois plus
tard qu'elle ne devait l'être, parce que M. Gœthe,
désirant qu'elle passât par mes mains, a cru pouvoir attendre mon retour d'une petite excursion
à Munich qu'il pensait ne pouvoir être que de
très courte durée. Par comble de mésaventure, la
personne que j'ai chargée ensuite de vous remettre
cette lettre a dû changer subitement le plan de son
voyage et, ayant dû enfin abandonner tout espoir
d'aller à Paris, elle me renvoie la lettre après
plusieurs mois de retard !

Je ne saurais vous exprimer à quel point je

suis peiné de vous avoir causé involontairement
ce désagrément. Je vous en fais mille excuses et
j'espère que vous n'en accueillerez pas avec moins
de bienveillance les remerciements, si longtemps
retardés, de l'excellent vieillard qui s'est fait une
véritable fête de votre magnifique présent de
l'*Entrée de Henri IV*.

Lorsqu'il m'a fait parvenir sa lettre, il m'a témoigné ses grands regrets de ne pas avoir l'habitude d'écrire le français pour pouvoir vous dire
d'une manière satisfaisante combien vous l'avez
obligé et combien il admire votre génie. Je continue toujours à recevoir de ses nouvelles; il jouit
sans cesse de la meilleure santé et s'occupe avec
beaucoup d'activité de la nouvelle édition de ses
œuvres, dont la première partie vient de paraître,
avec des augmentations importantes.

Vous aurez sans doute appris que nous avons
vendu notre collection au roi de Bavière et que,
par conséquent, nous changeons de domicile.
Demain nous ferons la remise de la collection au
directeur des musées du roi et, pendant le courant
de l'été, nous irons nous établir à Munich. Sous
le rapport des arts, cette ville peut être regardée
sans contredit comme la capitale de l'Allemagne.
Les établissements et les collections qui s'y trouvent réunis sont des plus beaux et des plus riches,
et les travaux d'architecture, de peinture et de
sculpture que l'on est en train d'exécuter et de
préparer surpassent toute attente.

On est étonné en voyant ce qu'un prince animé de l'amour des arts peut produire, même avec des ressources moyennes, si non seulement il tient ordre dans ses dépenses, mais si encore il s'impose des privations pour satisfaire à sa noble passion.

C'est un spectacle digne d'être apprécié d'un artiste d'un esprit aussi élevé que le vôtre, et j'espère que peut-être vous serez tenté de faire un jour le voyage de Munich.

M. Leisnier vous aura présenté une épreuve de la planche presque terminée qu'il grave pour mon ouvrage et j'espère pouvoir, dans quelques mois, vous offrir ma troisième livraison. En attendant, je vous ferai parvenir, avant mon départ de Stuttgart, la continuation de l'ouvrage sur notre collection.

J'ai rencontré à Munich M. Michel Beer et au commencement du mois il est venu me voir ici. Le souvenir des bontés et des amabilités dont vous nous avez comblés a fait le charme de notre conversation.

Agréez, je vous prie, les sentiments de la plus haute estime avec lesquels je vous suis attaché pour la vie.

SULPICE BOISSERÉE.

BARON GÉRARD A M. BOISSERÉE

Monsieur,

Au moment où j'ai eu l'extrême plaisir de recevoir votre lettre et celle de l'illustre M. Gœthe, j'allais avoir l'honneur de vous écrire.

Mme la duchesse de Plaisance se rend avec Mlle sa fille à Stuttgart. Elle me demande un mot pour vous, et je ne puis assez vous recommander des personnes que leur caractère, leur savoir et leur goût éclairé rendent un objet d'intérêt et de respect et pour lesquelles je professe le plus entier dévouement.

Je vois avec regret que ces dames ne trouveront plus votre belle collection, mais je ne me réjouis pas moins de sa nouvelle destination.

Tous les amis des arts et tous ceux qui peuvent apprécier la véritable gloire partagent votre enthousiasme pour le prince qui sait attirer si puissamment les talents et les lumières, et faire un si noble usage de la paix pour illustrer son règne et son pays.

Croyez que j'éprouve un bien ardent désir d'aller admirer cette nouvelle Athènes. Puisse ma santé me permettre de le réaliser bientôt! Le

bonheur de vous y rencontrer, mon cher monsieur Boisserée, ne sera pas la moindre jouissance
que j'y trouverai.

Veuillez encore ajouter à mes obligations
envers vous en me rappelant au souvenir de
M. Klein, et en offrant à M. Cornélius, que je
n'ai point l'honneur de connaître personnellement, l'expression de ma haute estime et de mon
admiration.

Quel prix infini j'attache au témoignage de
bienveillance dont M. Gœthe a daigné m'honorer!
Le suffrage d'un aussi beau génie doit être l'objet
de l'ambition de tous ceux qui s'occupent des
arts. Non seulement M. Gœthe les aime, mais il
les a cultivés. C'est, n'en doutons pas, l'étude de
la nature sous ses différents rapports avec nos
sens qui peut seule donner aux productions de
l'esprit ce cachet de raison et de vérité, qui fait
aussi le charme de l'admirable antiquité. S'il exis-
tait un pays où la plupart des hommes de lettres
fussent étrangers ou insensibles à la beauté d'un
paysage, à la musique, à la peinture enfin, ces
hommes pourraient avoir beaucoup d'esprit; mais
leurs ouvrages manqueraient à coup sûr de cette
délicatesse, de cette noble vérité, qui seront toujours le plus puissant moyen pour arriver à l'âme.

Permettez-moi de me recommander encore à
votre amitié pour vous prier de vouloir bien offrir
à M. Gœthe l'hommage de ma profonde reconnaissance, en attendant que je m'acquitte moi-

même d'un devoir aussi doux. Veuillez être assez bon pour lui expliquer la cause d'un retard que nous ne pouvions prévoir.

Adieu, mon cher monsieur Boisserée ; conservez-moi votre précieuse amitié, et croyez au dévouement et à l'attachement bien sincère de votre affectionné

F. GÉRARD.

P.-S. — Je n'ai point encore reçu l'épreuve dont vous me faites l'honneur de me parler.

DE SCHLEGEL[1]

I

Monsieur,

Bonn, 6 octobre 1822.

Permettez-moi d'introduire à l'honneur de votre connaissance ma nièce, Mme de Buttlar, et son mari le baron de Buttlar, ancien colonel dans les gardes de l'empereur de Russie. Ma nièce vient de passer quelques mois chez moi, et part pour Paris, afin d'y cultiver son talent pour la peinture, dont elle a fait les premières études à Dresde et à Munich. Je lui ai conseillé ce voyage, et quand même Paris ne possèderait pas d'immenses richesses en fait d'anciens tableaux et d'excellentes institutions pour l'étude, j'eusse trouvé un motif suffisant dans la facilité de voir, d'admirer et d'étudier un plus grand nombre d'ouvrages du premier peintre vivant que ceux qui ornent les autres capitales de l'Europe. Vous concevez, monsieur, avec quel tendre intérêt j'accompagne la fille unique d'une sœur chérie. C'est

---

1. Auguste de Schlegel, poète et critique, fut l'ami de Schiller, de Gœthe et de Mme de Staël. Le duc de Broglie le tenait en grande estime, ainsi que le prouvent ses *Souvenirs* récemment publiés.

un jeune talent qui demande à être encouragé et guidé. Vous m'obligeriez infiniment si vous vouliez condescendre à voir ses essais et à lui faire vos observations.

Votre entretien aussi spirituel qu'instructif, dont j'eus le bonheur de jouir quelquefois, restera toujours pour moi l'un des souvenirs les plus agréables de mon séjour à Paris.

Veuillez agréer, monsieur, l'hommage de ma haute admiration et de ma considération la plus distinguée.

Votre très humble et très obéissant serviteur.

A.-W. DE SCHLEGEL.

Le prince Auguste de Prusse, en passant dernièrement ici, m'a demandé avec empressement de vos nouvelles. Il a pris un intérêt très vif au succès immense de votre tableau de *Corinne,* qu'il ne connaît que par la renommée.

A monsieur Gérard, premier peintre du roi, à Paris.

II

Bonn, 21 septembre 1827.

Monsieur le baron,

Comptant sur votre souvenir bienveillant, je demande la permission d'introduire auprès de

vous M. le professeur Welcker[1], mon collègue et
mon ami intime. M. Welcker, l'un de nos savants
les plus distingués dans la littérature classique,
s'est adonné particulièrement à l'étude de l'histoire des beaux-arts dans l'antiquité; il a publié
sur ce sujet plusieurs écrits ingénieux et pleins de
goût. Vous trouverez naturel, monsieur, qu'un
connaisseur des chefs-d'œuvre de l'ancienne Grèce
désire connaître le peintre le plus célèbre de notre
temps, dont il espère pouvoir admirer les ouvrages
à Paris.

J'ai eu dernièrement la satisfaction de revoir à
Berlin, chez le prince Auguste de Prusse, votre
portrait de Mme Récamier, qu'on ne peut contempler sans être ravi. J'ai bien regretté de n'y pas
voir aussi votre *Corinne*, tableau digne de figurer
au premier rang dans le grand Musée royal que
l'on construit actuellement à Berlin sur une place
magnifique. Votre entretien aussi spirituel qu'instructif, dont j'ai eu le bonheur de jouir, restera toujours pour moi l'un des souvenirs les plus
agréables de mon séjour à Paris.

Veuillez agréer, monsieur le baron, l'hommage
de mon admiration et de mes sentiments les plus
empressés.

Votre très humble et très obéissant serviteur.

A.-W. DE SCHLEGEL.

1. Très savant archéologue allemand, fondateur du musée de
Bonn.

DUC DE LA ROCHEFOUCAULD[1]

I

Paris, 20 septembre 1821.

J'ai été chercher aujourd'hui monsieur le baron
Gérard et me suis trouvé vraiment triste de ne
pas le rencontrer. Un pareil talent placé chez un
homme d'esprit lui prête un attrait auquel on
n'essaye pas de résister.

J'étais chargé d'une commission par Mme la
comtesse d'Hautefort : *je le prie instamment de la
garder pour lui seul.* Plusieurs peintres ont désiré,
demandé, à placer ces deux enfants si chers à la
France dans le même tableau, où se trouvera aussi
placée Mme la duchesse de Berry. M. le duc de Bordeaux est tout l'espoir de la France. Mme d'Hautefort trouve avec raison que cette pensée, qui
passera à la postérité, doit être celle de monsieur
Gérard et qu'elle lui appartient avant tout. Elle

---

1. Député aux États généraux de 1789. Se montra très
dévoué au roi après la fuite de Varennes. Rentré en France après
le 18 Brumaire, il se consacra à des œuvres philanthropiques et
fit faire dans son château de Liancourt les premiers essais de la
vaccine. Il entra à la Chambre des pairs en 1814 et mourut
en 1827.

devine facilement qu'elle deviendra aussi le désir de Mme la duchesse de Berry, mais elle voudrait connaître le sentiment de monsieur Gérard avant le retour de la princesse.

Je lui aurai mille obligations de me faire un mot de réponse.

Je voudrais bien aussi la permission de revoir encore une fois l'inimitable *Corinne,* avec une famille anglaise bien digne de l'admirer, *Lady Latrim* et ses filles ; mais surtout sans déranger celui dont les moments sont à l'histoire, mais dont les contemporains revendiquent la gloire.

Je renouvelle à monsieur le baron Gérard l'assurance de mon bien sincère attachement, et du prix que j'attache à le croire un peu réciproque.

L. R.

II

Liancourt (Oise), le 7 septembre 1823.

Mon cher monsieur Gérard, m'excuserez-vous d'être si importun? Mais veuillez vous rappeler que mon importunité date de loin, qu'elle est fondée sur l'intérêt personnel que vous avez bien voulu me témoigner toujours, lequel n'est pas amorti par ma condition honorable de proscrit. Votre santé vous a-t-elle permis de vous occuper de mon *Espérance?* la branche de pêcher est-elle

fleurie? les traits de ce charmant visage sont-ils
développés? Ma retraite sera-t-elle bientôt parée
d'un témoignage de votre souvenir? Encore une
fois, pardonnez-moi de vous rappeler vos pro-
messes qui me sont d'autant plus précieuses que
je les tiens de votre estime et de votre affection.
Je n'en dis pas plus, de peur d'en dire trop; mais
quoi qu'il en arrive, comptez-moi au premier rang
de ceux qui honorent votre cœur et votre esprit ;
parler de vos talents, ce serait en vérité trop
commun.

Recevez, mon cher monsieur Gérard, l'assurance de mon bien sincère attachement.

Le duc DE LA ROCHEFOUCAULD.

DUC DE DOUDEAUVILLE[1]

I

Paris, le 23 mai 1825.

J'ai fait des démarches auprès de M. le maréchal afin de pouvoir proposer au roi de nommer monsieur le baron Gérard commandeur de la Légion d'honneur. Le grand chancelier y adhérant, je suis heureux de l'annoncer au premier peintre de Sa Majesté qui, je l'espère, voudra bien confirmer ma proposition.

C'est toujours avec plaisir et empressement que je renouvelle à monsieur le baron Gérard l'assurance de tous mes sentiments.

Le duc DE DOUDEAUVILLE.

1. Ministre de la maison du roi.

RÉPONSE DE GÉRARD AU DUC

DE DOUDEAUVILLE

I

Monseigneur,

Je ne saurais exprimer à quel point je suis reconnaissant du nouveau témoignage de bienveillance dont Votre Excellence m'honore, mais il existe en même temps une secrète inquiétude que la parfaite connaissance de ma position n'explique que trop. Le roi a déjà daigné exprimer le regret que les deux années exigées par l'ordonnance ne fussent pas encore écoulées ; c'est un grand honneur qu'un semblable souvenir, et je dois m'y tenir. L'on ne peut échapper à l'envie, mais il faut du moins éviter de l'irriter.

Il n'y a ni faiblesse ni fausse modestie de ma part de souhaiter l'ajournement de cette récompense, et si je n'ai pas pris la liberté de m'en expliquer plus clairement hier, c'est que j'étais loin de penser qu'un aussi prompt effet serait la conséquence des paroles que Votre Excellence m'a fait l'honneur de m'adresser l'autre soir.

J'ose espérer qu'elle ne trouvera aucune contra-

diction dans mes sentiments, qui sont aussi sincères que ma gratitude.

F. Gérard.

II

Paris, le 25 mai 1825.

A mon retour à Paris, je causerai avec monsieur le baron Gérard de ce qui fait l'objet de ses
scrupules ; je ne les comprends pas. M. le maréchal Macdonald, que j'ai consulté, apportait dans
cette affaire tout l'empressement possible et même
un désir personnel que partageront toutes les personnes qui aiment à honorer les arts et à récompenser ceux qui en font la gloire.

Je prie monsieur le baron Gérard de recevoir
la nouvelle assurance de mes sentiments bien
sincères.

Le duc de Doudeauville.

GÉRARD A M. LE Vᵗᵉ DE LA ROCHEFOUCAULD

Paris, 5 avril 1825.

Monsieur le vicomte,

Vous savez jusqu'où va ma circonspection sur
tous les points qui touchent à l'administration des
beaux-arts; mais je pense qu'il est permis d'exprimer un vœu, lorsqu'il n'a pour objet que leur
intérêt et, j'oserai dire, l'honneur du gouvernement. La collection des œuvres peintes et dessinées de Girodet, que l'on va vendre d'ici à peu de
temps, offre un ensemble si rare, si précieux, qu'il
serait à souhaiter qu'il fût possible d'en ordonner
l'acquisition. Ce serait sans doute un monument
digne de la munificence du roi, que cette réunion
de toutes les pensées, de tous les souvenirs des
ouvrages d'un grand peintre. Si cette idée, qu'il
est naturel de concevoir à l'aspect de ces ouvrages, rencontrait des difficultés insurmontables,
j'appellerais du moins toute votre attention, monsieur le vicomte, sur l'indispensable nécessité
d'ordonner l'acquisition des morceaux capitaux de
cette précieuse collection, afin de n'en point dés-
hériter entièrement l'école. Je ne doute pas que
M. le comte de Forbin n'ait déjà prévu ce vœu.

II.   16

Je ne prétends pas ajouter au poids de son opinion, mais je cède au besoin de vous confier la mienne, dans une circonstance qui intéresse éminemment les arts.

J'ai l'honneur d'être avec la plus haute considération...

F. GÉRARD.

LE VICOMTE DE LA ROCHEFOUCAULD[1]

I

Paris, le 7 avril 1825.

Monsieur le baron Gérard sait tout le prix que j'attache à son avis dans tout ce qui intéresse les arts, et je le remercie des renseignements qu'il me donne sur le cabinet de Girodet. Malheureusement les fonds du Musée ne lui permettent point de s'enrichir de cette collection, et il ne lui sera peut-être point possible d'acquérir plus de deux ou trois objets, mais des plus précieux et des plus nécessaires à l'École.

J'irai voir avec grand plaisir et un grand intérêt cette exposition, et je serais heureux d'y rencontrer un guide aussi éclairé que monsieur le baron Gérard, à qui j'ai l'honneur d'offrir mille compliments distingués et sincères.

L. R.

II

Paris, 5 février 1826.

J'attendrai monsieur le baron Gérard à deux heures précises au ministère. Je le prie de m'ap-

1. Aide de camp du roi, chargé de la direction des Beaux-Arts pendant une partie de la Restauration.

porter les deux esquisses du *Sacre,* plutôt avant qu'après. Je lui avouerai, avec ma franchise ordinaire, que je m'étonne qu'il ne me les ait pas encore montrées.

Je lui offre mille sincères compliments.

Le vicomte de LA ROCHEFOUCAULD.

RÉPONSE DE GÉRARD[1]

... Quant aux deux esquisses dont monsieur le vicomte me fait l'honneur de me parler, je lui observerai que le roi m'ayant ordonné de lui soumettre quelques idées sur le tableau du *Sacre* (dans le mois de décembre dernier), je me suis empressé, dès que j'ai eu terminé ce travail, de le mettre sous les yeux de Sa Majesté : c'est ainsi que j'en ai usé en diverses circonstances. Les personnes chargées de la direction des arts n'ont eu connaissance de mes ouvrages que lorsqu'ils ont été achevés. Je ne dérogerai pas sur ce point...

F. GÉRARD.

1. Nous possédons trop peu de lettres de Gérard pour ne pas publier celle-ci qui répond avec convenance, mais avec beaucoup de dignité, aux injonctions du vicomte.

GÉRARD A M. B... [1]

1

Paris, 182..

C'est-à-dire, monsieur, que vous me rendez responsable du succès de votre demande, par cela seul que je vous ai dit qu'elle me paraissait très juste et que je l'ai appuyée autant qu'il était en moi de le faire ; il n'y a rien à répliquer à un pareil raisonnement.

Quant à la supposition très gratuite que vous faites, monsieur, que rien ne se décide sans mon avis, malgré l'opinion de toutes les personnes qu'il vous a plu de consulter, j'ai l'honneur de vous répéter qu'elle est de toute fausseté, et je vous engage et vous prie même, pour vous en mieux convaincre, de vérifier ce fait auprès de MM. de La Rochefoucauld et de Forbin. Je n'ai jamais rien demandé, ni rien voulu être. J'ai laissé depuis près de deux ans une croix de commandeur entre les mains du ministre de la maison du roi.

J'ai cherché souvent à recommander, quoique

1. En publiant cette lettre nous avons pensé qu'elle pourrait également prouver l'indépendance du caractère de Gérard.

j'en aie éprouvé tous les inconvénients et, si j'avais eu un seul instant la folie de vouloir me mêler en aucune manière à l'administration, votre étrange lettre d'aujourd'hui m'en guérirait pour toujours.

J'ai l'honneur d'être, monsieur...

F. GÉRARD.

THIERS

I

Monsieur,

Veuillez bien me pardonner une nouvelle importunité ; c'est la belle *Corinne* qui en est cause. On me presse de donner ma petite brochure [1]. *Corinne* ne sera peut-être pas vendredi au Louvre, le roi y sera samedi ; il sera donc impossible de la dessiner avant dimanche. Auriez-vous la bonté, si cela ne vous gêne pas trop, de permettre à mon dessinateur de se rendre demain à votre atelier, à l'heure de l'après-midi qui vous conviendra ? Pardon, monsieur, de tant de tracasseries : les pères sont importunés quand ils ont de si beaux enfants.

1. Salon de 1822, Paris, 1822, in-8°, orné de 5 figures lithographiées. Dans l'introduction de cette brochure, une de ses premières, M. Thiers retrace avec un grand talent la marche des arts du dessin, et leur progrès en France. S'il admire la *Corinne* et la *Thétis*, il voit aussi l'avenir d'un grand peintre dans le tableau de *Dante et Virgile*, exposé par Eugène Delacroix qui débutait cette année-là.

J'ai l'honneur d'être, avec une sincère admiration, votre très dévoué serviteur.

A. THIERS.
Rue et hôtel Montesquieu.

II

Paris, 1822.

Monsieur,

J'ai ressenti aujourd'hui une si vive joie, que j'éprouve le besoin de vous en faire part. J'ai passé plusieurs heures au Musée et j'ai joui profondément de tous les hommages qu'obtenait la *Corinne*. Je ne jouis jamais bien quand je suis seul; avec mes amis, je me livre et je n'ai jamais tant admiré qu'aujourd'hui la touchante improvisatrice. Je craignais, d'ailleurs, que vos bontés ne m'eussent séduit; mais j'ai vu, à l'enthousiasme de tous ceux qui sont dignes d'apprécier le beau simple et pur, que je ne m'étais point abusé, comme font tous les amants, et que *Corinne* était la belle Corinne. Toute la jeunesse au cœur généreux était devant cette belle et malheureuse femme et l'eût volontiers applaudie.

J'ai vu la *Thétis* et j'ai bien des torts envers elle; je l'avais si peu regardée, distrait que j'étais par la *Corinne!* Mais quand j'ai vu celle-ci couronnée, j'ai couru à la *Thétis :* un soleil brillant l'éclairait et faisait ressortir toute la puissance d'un pinceau qui a voulu devenir italien sans dépouiller aucune de ses qualités. Cet ouvrage aura son tour; mais, en attendant, permettez à mon amour de donner le premier article à *Corinne*. J'ai couru au journal, on m'a promis l'impression pour demain : je vais y veiller.

Je ne sais si mon admiration sera assez raisonnée pour le chef-d'œuvre que vous nous avez donné, mais du moins elle sera sincère. L'avenir vous prouvera que je ne suis pas flatteur; mais quand je suis touché, j'ai besoin de le dire.

Mon dessinateur sera demain au Musée dès le matin. Je ferai tracer à part la tête de *Corinne* et je serais trop heureux si un coup d'œil de votre part pouvait guider le jeune traducteur.

J'ai l'honneur d'être, avec un entier dévouement, etc.

A. THIERS.

III

Paris, 1824.

Monsieur,

Je n'ai pas pu vous exprimer, au milieu d'une conversation fort interrompue, tout l'effet qu'a produit sur moi votre tableau [1]. Croyez que je ne

---

1. Le tableau de *Louis XIV déclarant son petit-fils roi d'Espagne*, Musée de Versailles.

voudrais pas vous flatter, car je m'en tiendrais à ce que je vous ai dit de vive voix, et je n'ajouterais pas le mensonge écrit au mensonge parlé. Mais j'ai le très sincère besoin de dire au vrai qu'il est vrai, et avec autant de chaleur que je dis au faux qu'il est faux. Je n'en puis plus des mensonges de notre école, de ces têtes et de ces tailles à la grecque, de ces cristaux colorés et allumés qu'on appelle de la couleur, et quand je vois autant de justesse, de sûreté, de vérité que vous en avez mis dans votre ouvrage, je ne puis m'empêcher d'applaudir très sincèrement. Ou vos juges n'y entendront rien, ou ils devront convenir que vous êtes le peintre du xixᵉ siècle, c'est-à-dire que vous mettez la réalité sur la toile, et que bien d'autres prétendus grands maîtres n'y fourrent que des chimères qu'ils vont puiser chez des nations que je ne connais pas, qui ne me touchent pas, car je ne sais qui elles étaient, comment elles étaient et comment étaient leurs jambes ou leurs pieds. Votre tableau est noble et il est vrai. Le sujet n'est qu'une scène de cour et d'une cour que je n'aime pas; mais l'action est bien rendue et les expressions sont d'une justesse et d'une dignité parfaites. Le petit prince est admirable, et Louis XIV a une grandeur sentie et point exagérée du tout. C'est bien le *Coq du poulailler*, comme l'a dit, à mes côtés, mon ami Mignet. Tous nos faiseurs, qui n'ont pas votre puissante intelligence, auraient fait du Louis XIV un matamore, et de nos Espa-

gnols et Italiens des misérables à leur mettre le
pied sur la tête. Vous avez gardé la mesure, et
votre cardinal italien, quoique très bas, ne l'est
pas trop ; sa tête est un chef-d'œuvre. Tous ces
visages sont d'un naturel exquis et parfaitement
variés. En un mot, tout cela est plus que vrai,
c'est réel.

J'admire surtout le caractère général de vos
visages ; ils sont larges et nobles, et n'ont pas
l'*académique* et le *débauché* de cette école Louis XV
dont vous parliez, et ne sont pas non plus des
médailles de deux mille ans. Quant à la couleur,
je suis peut-être un impertinent de vous en parler,
car lorsqu'on se mêle de parler de ce qu'on n'entend pas à ceux qui l'entendent, on doit dire autant de balourdises qu'un Anglais parlant le français, mais ou il n'y a pas de couleur ou c'est ici
la vérité. Vos figures du premier plan repoussent
très bien le reste sans faire le métier de repous-
soirs, comme ces masses noires que nos coloristes
jettent sur des masses éclatantes de lumière. Votre
demi-teinte du fond est d'une grande transparence, l'aspect de la couleur est doux, quoique
éclatant, et je ne suis pas obligé de m'y faire
comme devant certains tableaux qui m'obligent à
immoler mes yeux pendant un quart d'heure avant
de les habituer à un tumulte de tons épouvanta-
bles. Quant au style, au goût général, à l'art dé-
ployé là dedans, il y en a immensément, et tout
cela, les sots mêmes ne le nieront pas. Tout ceci,

je vous le dis sincèrement et je vous répète que,
quand je me crois obligé de mentir, je mens une
fois avec la parole et je m'en tiens là. Les trois
personnes que j'avais amenées ont senti tout cela
à leur manière; Mignet, qui n'entend rien à la
peinture, mais qui est l'être le plus ouvert aux
impressions justes, a ressenti cet effet qu'on
éprouve quand on entend les choses après avoir
cherché longtemps à les entendre : la plupart des
tableaux ne lui disent rien; mais les vôtres, selon
lui, parlent une langue qu'il connaît et qu'il entend.
Pour moi, j'ai assez du grec et du latin, je veux
du français; je prédis à nos statuaires-peintres
un long et immortel ridicule. Attendez quelques
années et on voudra des genoux, des poignets
noueux, des tailles larges et courtes, tant on aura
horreur de ce qu'on appelle aujourd'hui le *grand
goût du dessin*. On voudra des grisailles pour échapper à ces prismes dont notre pauvre Luxembourg
est rempli. Vous seul aurez été parfaitement juste
et vrai.

Je sais qu'il y a un idéal qu'il faut chercher un
peu hors de nous, mais on n'y atteint qu'avec une
parfaite et vaste intelligence, et vous l'avez fait
en peignant la *Psyché,* la *Corinne,* le *Belisaire* et
l'*Homère.* Voilà de l'idéal s'il en fut jamais, et
quand de ces ouvrages on passe à *Henri IV,* à
Louis XIV, on sait que cet esprit si élevé qui vous
fait atteindre à l'un vous transporte à l'autre, et
qu'il n'y a pas de borne pour le talent soutenu de

l'intelligence. Je l'ai dit autrefois, et je vous le répète, si le génie du xvi⁰ siècle fut l'inspiration *ignorante* et *abandonnée,* le nôtre doit être l'inspiration *savante et contenue.* Nous n'avons pas vingt ans, mais cinquante. Il faut donc avoir notre âge, et vous seul l'avez. Tous les autres peintres n'ont ni la naïveté du jeune âge, car on ne se fait pas enfant à volonté, ni la justesse, la sûreté, la beauté qui appartiennent au talent expérimenté. On niera presque tout dans quarante ans, excepté vous, Hersent et quelques peintres de genre. Je ne connais pas Hersent, mais il est dans la réalité comme vous, et il a place à ma chapelle.

Prenez tout ceci comme très sincère; certes quand on passe trois mois sans voir un homme, on n'est pas un de ses flatteurs; mais rien n'est plus respectable à mes yeux que le génie qui a épuisé quelques mois de vie sur une œuvre, et il faut lui dire, sans cette perfide économie qu'on garde ordinairement dans l'éloge, ce que ses efforts ont mérité. Je connais toutes les douleurs du travail, pas par moi-même, car je n'ai pas mis encore assez de conscience dans mes œuvres, mais par les autres, et ces douleurs ont des droits qu'il ne faut pas frustrer. Ainsi, monsieur, par un sincère amour de justice, je vous dis en toute franchise que vous avez fait encore un pas et que le pas est dans la grande direction du siècle, l'histoire. Il est bien entendu entre nous que ces toiles de vingt à trente pieds, où les personnages sont deux fois grands comme moi, ne sont pas pour cela de l'histoire. Vous en avez fait. Je me permettrai un seul reproche : le personnage vêtu en habit jaune foncé et qui est en avant du tableau, immédiatement sur le jeune prince, relève la tête d'une manière assez gauche et n'exprime rien de clair. Je ne vois que là à redire. Pardon de l'observation, mais je vous donne ce que j'ai senti, bon et mauvais : faites ensuite le triage.

Adieu, monsieur, et croyez à ma bien sincère vivacité de sentiments. Ce ne sont pas les plus heureuses entre les opinions que je choisis ordinairement; je ne me les fais pas, elles se font, et celle qui existe en moi sur votre compte est de cette nature.

Mes hommages à Mme Gérard et à Mlle Godefroid.

Votre dévoué.

A. THIERS.

IV

Paris, 14 février 1826.

Monsieur,

Me voici encore à votre porte, pour voir *Daphnis et Chloé*. Elle n'a pas besoin de nouveaux admirateurs, mais je suis pressé néanmoins de lui en procurer. Hier, à table, chez M. Laffitte, il en fut parlé, et d'une manière qui aurait fait rougir la

modestie de la petite Chloé. M. Laffitte m'exprima
un vif désir de la voir. Je lui proposai d'y venir,
et je viens vous demander la permission de nous
rendre chez vous, mercredi, à midi, ou à un autre
jour et à une autre heure, si vous le préférez.
M. Laffitte me demanda vivement aussi si vous
consentiriez à lui faire le *Philopœmen;* je lui répon-
dis que le nouveau tableau du *Sacre* et les pendentifs allaient vous occuper. Si, cependant, cette
négociation ne vous était pas désagréable, dites-
le-moi, et M. Laffitte vous prierait de lui exécuter
ce grand sujet que vous avez si bien conçu[1].

Votre dévoué.

THIERS.

V

Paris, 12 décembre 1826.

Monsieur,

J'ai été bien fâché de n'être pas chez moi lorsque votre jeune homme est venu m'apporter le
bel exemplaire d'*Henri IV.* En vérité, vous me
gâtez, et je ne mérite pas une si belle chose :
je la reçois comme témoignage d'une amitié qui
m'honore et dont tout le monde doit être fier. Ce
matin, le *Constitutionnel* vous aura porté mes pau-

---

1. Gérard n'exécuta pas cette composition dont l'esquisse a
été reproduite dans l'œuvre.

vres phrases sur vos deux chefs-d'œuvre. Je regrette que ma plume ne sache pas dire tout ce que je voudrais, et que le *Constitutionnel* n'ait pas douze colonnes au lieu de huit, car je serais bien autrement expressif et étendu. Du reste, MM. Étienne et Jay ont mis un empressement extrême à insérer cet article. Si vous connaissiez comme moi ces messieurs, la multitude d'obligations qui les enchaînent, l'infinie quantité d'obstacles qu'ils ont à vaincre pour donner une colonne à l'amitié et au génie, vous leur sauriez quelque gré d'avoir inséré l'article le jour même. Pour moi, qui me réjouis dès que je vois mes dispositions pour vous se propager, j'ai été enchanté de tout ce que j'ai vu hier. J'espère que le *Constitutionnel* nous est acquis pour l'avenir.

Présentez mes hommages à Mme Gérard et croyez à ma sincère amitié.

A. THIERS.

VI

Paris, 26 août 1827[1].

Mademoiselle,

Je suis véritablement touché de votre bonté pour moi. J'ai été, en effet, affligé par une grande perte : M. Manuel était un ami pour moi; il m'avait

1. Cette lettre et la suivante sont adressées à Mlle Godefroid.

conduit par la main, introduit dans la carrière où je suis placé, et comblé de soins. Je lui devais la plus grande reconnaissance et, malgré qu'il eût cinquante ans, je crois que notre amitié était aussi grande qu'entre deux hommes du même âge. Je vivais presque avec lui. J'ai assisté à sa maladie, qui a été courte, mais cruelle. Il a souffert horriblement. Les hommages que sa mémoire a reçus vendredi sont une consolation pour ses amis. Le mouvement était encore plus grand qu'au général Foy, malgré la censure et l'obstacle des lieux. Je vous remercie de vos marques d'intérêt, et je vous prie de transmettre mes hommages à M. et Mme Gérard.

Recevez l'assurance de mon amitié respectueuse.

A. THIERS.

VII

Lundi, 6 août 1828.

Mademoiselle,

Je suis à la campagne depuis un mois et demi, et je ne suis revenu à Paris que deux fois et pour quelques heures seulement. Cette raison vous expliquera ma lenteur à vous répondre et mes coupables négligences envers M. Gérard. Je suis désespéré de penser qu'il a pu me croire changé pour lui, et je vous suis très reconnaissant de m'en

avoir averti. Comment pourrais-je oublier toutes
les bontés qu'il a eues pour moi depuis que je suis
à Paris? Il est une des premières personnes que
j'ai connues ici, et une de celles dont l'accueil
bienveillant ont le plus contribué à me rassurer
dans un pays tout nouveau pour moi. Depuis, il n'a
pas cessé de me témoigner la même amitié, et je
serais ingrat si je pouvais l'oublier. N'aurais-je pas
toutes les raisons personnelles d'être attaché à
M. Gérard, je le serais encore par goût, par admiration. Vous savez quelles ont toujours été mes
dispositions envers lui, quel penchant j'ai toujours
eu pour sa personne, pour son esprit qui, indépendamment de son talent, en ferait un homme
plein d'attraits pour tout le monde. Il n'est pas à
supposer que j'aie cessé tout à coup de penser et
de sentir tout cela. Je me reproche, il est vrai, de
n'avoir pas franchi plus souvent la distance qui me
sépare de la rue Saint-Germain-des-Prés, pour
aller jouir de ces conversations qui, vous le savez,
ont toujours eu tant de charme pour moi; mais la
campagne pendant la belle saison et, pendant
l'hiver, les dissipations du soir m'en ont empêché.
Je me le reproche souvent, non pas seulement
comme un devoir omis, mais comme un plaisir
sottement négligé pour d'autres qui sont loin de
le valoir. Je serais désespéré de croire qu'à mes
négligences se seraient joints de faux propos pour
faire penser à M. Gérard que je suis changé. Je
vous prie de l'assurer, quand vous en trouverez

l'occasion, que tous mes sentiments pour lui n'ont
jamais changé et ne changeront jamais. On ne
renonce pas facilement à l'amitié d'un homme
comme M. Gérard, quand on a le bonheur de la
posséder; ne fût-ce que par vanité, on voudrait
la conserver, et je le veux pour toutes les raisons
du monde. A la reconnaissance que je vous dois
déjà pour m'avoir averti, s'en joindra une tout
aussi grande si vous parvenez à dissiper les doutes
élevés dans l'esprit de M. Gérard. Je lui suis toujours dévoué, et, il y a quelques jours encore, dans
un salon où l'on parlait de son beau talent et de
son rare esprit, on me rangeait parmi l'un de ceux
qu'il avait séduits.

Agréez, mademoiselle, mes sincères hommages.

A. THIERS.

VIII

Paris, ce mardi 18 mai 1830.

Monsieur,

Vous devez être surpris de n'avoir pas vu encore le *Constitutionnel* rendre justice à un chef-
d'œuvre. J'en suis, pour ma part, beaucoup plus
fâché que qui que ce soit. Cependant il n'y a aucune malveillance à cela. J'ai à lutter avec les
lettres de Saint-Pétersbourg sur la guerre, avec

les ordonnances du roi, avec un reste de commé-
rages sur les élections, et on ne triomphe pas
toujours de ces importantes sottises. Notre chef
actuel, Dumoulin, n'est pas M. Jay. Aussi peut-on
compter sur sa bonté, et il me fera passer dès qu'il
pourra ; j'ai promesse pour demain. Si je n'avais
craint de vous déranger, je serais allé vous voir
aujourd'hui, mais j'ai préféré vous écrire quelques mots.

Je suis avec une bien sincère admiration,
Votre dévoué.

A. THIERS.

IX

Paris, mardi 5 février 1833.

Mon cher monsieur Gérard,

Je vous ai fait écrire avant-hier pour vous
prier de venir dîner demain mercredi rue de Varennes au ministère des travaux publics. Je viens
me prémunir aujourd'hui contre un refus, en vous
priant de me faire le sacrifice de vos habitudes
pour une fois. Vous serez en présence d'amis qui
vous aiment beaucoup et d'étrangers qui ont une
grande curiosité de vous voir. Si vous n'êtes pas
malade, je vous prie instamment de ne pas me
refuser.

Tout à vous de cœur.

A. THIERS.

D'AURE[1]

Ce 15 mars[2]....

Monsieur le baron,

Je me proposais de vous voir pour vous remercier de vive voix du beau dessin que vous avez eu la bonté de m'envoyer, mais une maudite fièvre qui me retient chez moi depuis six semaines est le motif qui m'a empêché jusqu'à présent d'accomplir mon désir; permettez-moi de vous témoigner toute ma reconnaissance en attendant le moment où je pourrai vous exprimer, chez vous, tout ce que j'éprouve d'un procédé que je n'oublierai de ma vie.

J'ai sans cesse les yeux sur ce beau dessin; j'y retrouve la bonté, la valeur de celui que vous avez fait passer à l'immortalité en le plaçant dans votre immortel tableau; j'ai perdu en ce brave

---

1. Comte d'Aure, ancien écuyer en chef de l'École de cavalerie de Saumur, a été longtemps à la tête des haras; auteur de très bons ouvrages sur l'amélioration de l'industrie chevaline; mort en 1863.

2. Postérieure certainement à 1821, date de la mort du général Rapp, probablement de 1822.

général Rapp un ami de trente ans, un ami de tous les instants, aussi bon que valeureux.

J'ai besoin de vous dire encore, monsieur le baron, combien votre souvenir me rend heureux.

Je vous prie de vouloir bien agréer l'assurance de mon sincère attachement.

H. D'AURE.

Rue Joubert, n° 43.

JACQUEMONT[1]

I

Paris, 13 novembre 1823.

Mon cher ami, j'ai une grâce à vous demander :
c'est de vouloir bien recevoir quelquefois le mercredi à votre cercle un grand bambin de fils qui
me tourmente pour vous être présenté. Je serais
fort tenté de vous dire du bien de son esprit, de
ses connaissances déjà acquises et de ses goûts
studieux; pour vous paraître moins ridicule, je me
bornerai à vous garantir l'honnêteté et la sûreté
de son caractère.

J'ose espérer que votre ancienne amitié pour
moi vous disposera à m'accorder cette faveur :
vous sentirez le prix que je dois y mettre, si vous
estimez comme moi l'avantage qu'un jeune homme
doit retirer d'une société aussi distinguée que la
vôtre.

Pardonnez, mon cher ami, à la paresse sénile
qui me porte à vous écrire plutôt qu'à aller moi-

1. Père de Victor Jacquemont, le naturaliste. (Voir ses
lettres ci-après.)

même vous réitérer l'assurance de tous mes sentiments pour vous et votre famille.

JACQUEMONT.

II

Paris, 12 juin 1828.

Mon cher Gérard, c'est par discrétion pour
votre temps que je ne suis pas allé vous remercier
de ce que vous avez fait pour Victor. Il est parti
pénétré de votre extrême obligeance, et vous ne
doutez pas que je n'aie partagé la profonde gratitude des peines que vous avez prises pour favo-
riser si utilement le but de son voyage.

Il m'est bien doux d'imaginer que je sois entré
pour quelque chose dans l'intérêt que vous lui
avez montré en cette occasion. C'est ma vieille
amitié pour vous qui me donne cette présomption;
elle est trop vraie et trop sincère pour n'avoir
point foi à un juste retour; ainsi, mon cher ami,
nous vivrons jusqu'à la fin en nous aimant et sans
nous voir beaucoup. Je suis heureux de cette conviction, et je me façonne autant que je peux à
l'appliquer bientôt à une situation plus sévère.
Une absence de six ans est une chose assez
grave, quand on a passé la soixantaine; mais je
me suis mis fortement en tête qu'il y aurait pour
mon fils un retour, et pour moi le bonheur d'en

jouir; je prétends de plus que ce n'est pas du radotage.

Adieu, mon cher Gérard. Je vous remercie encore de vos bontés pour nous, et vous embrasse de tout mon cœur.

JACQUEMONT.

Septuagénaire par la grâce de Dieu.

VICTOR JACQUEMONT[1]

I

Paris, 1828.

Monsieur,

Voici en peu de mots mon histoire telle qu'elle est, et telle que vous devez la dire sans détour au duc de Wellington, puisque vous avez l'extrême bonté de vouloir bien me recommander à lui.

Je vais, commissionné par le gouvernement français (car le Muséum du Jardin des plantes ressort du ministère de l'intérieur), je vais, avec le titre de naturaliste voyageur du Muséum royal, faire dans l'Inde des recherches d'histoire naturelle qui m'y retiendront plusieurs années. Mon voyage n'a aucun autre but; c'est dans la résidence de Calcutta, et surtout dans celle de Bombay, que je multiplierai mes observations et que je prolongerai mon séjour. Maintenant je me rends

1. Il fut chargé, par le Muséum d'histoire naturelle, d'explorer l'Inde anglaise. Il visita l'Himalaya, le Thibet, Lahore, le Cachemire, le Pendjab. A la suite de travaux pénibles et de longues fatigues, il mourut à Bombay, à l'âge de trente et un ans (1832). Sa correspondance, publiée en 1833, eut un grand succès; elle est d'un vif intérêt. Son ouvrage scientifique, 4 vol. in-4°, a été imprimé aux frais du Muséum, de 1834 à 1843.

à Londres pour m'y procurer des lettres de recommandation auprès des officiers de la T. H. Compagnie, ou auprès des négociants anglais établis
dans les provinces de l'Inde que je compte explorer ; c'est afin d'y obtenir d'eux protection pour
voyager librement, et, s'il se peut, accueil et bienveillance.

Lord Wellington a servi longtemps dans l'Inde ;
il doit assurément y avoir conservé des amis, des
camarades qui, n'ayant pas eu la même fortune
que lui, y sont demeurés et y occupent des postes
élevés dans l'ordre militaire ou civil. C'est à eux,
et comme particulier, que je désirerais qu'il m'a-
dressât ou me fît recommander.

Vous voudrez bien, monsieur, marquer nette-
ment que je m'occupe *exclusivement* des sciences
naturelles, et qu'un naturaliste n'est ni Français,
ni Allemand, ni Anglais, mais naturaliste seulement.

Ensuite, si vous voulez dire plus de bien de
moi que vous n'en pensez, je me garderai bien de
vous contredire, et je tâcherai seulement de vous
justifier dans l'avenir.

Prosper Mérimée dit que la suscription de
votre lettre doit être celle-ci, tout simplement :
A Sa Grâce, le duc de Wellington, premier lord
de la Trésorerie. Quant à lord Landsdown, il est
très possible qu'il ait aussi des relations dans
l'Inde ; ainsi, à tout hasard, et si une seconde lettre
à écrire ne vous ennuie pas trop, je vous serais

bien reconnaissant de ce second sacrifice de vos précieux moments. Ces nobles Anglais ont un immense patronage, et ils conservent ainsi une grande influence hors des affaires publiques.

Agréez, monsieur, l'expression bien vraie de mon respectueux attachement.

VICTOR JACQUEMONT.

II

Paris, août 1828.

Cher et excellent monsieur, voici la note que je viens d'écrire pour M. Bertin de Vaux. Je n'ai pu éviter de la faire un peu longue, cela était nécessaire pour lui faire connaître *avec candeur* ma situation [1].

Puisque vous voulez bien la lui porter vous-même, vous *lui toucherez*, suivant que vous le jugerez opportun, les trois mille francs au lieu de deux mille à demander à chaque ministre.

Je pars avec l'espérance du succès de cette affaire : elle est bien importante pour moi. En décidant du succès de mon voyage elle marquera

---

1. V. Jacquemont était alors en instance pour obtenir une augmentation du traitement que lui donnait le Muséum. Grâce aux sollicitations de Gérard et de ses amis, de nouveaux subsides permirent à Jacquemont de continuer son voyage. (Voir sa correspondance.) Cette lettre et la suivante n'avaient pas été publiées dans l'édition de 1833 de la correspondance de Jacquemont.

peut-être tous ceux de ma vie. Je serai heureux
de vous les devoir. Adieu, monsieur, croyez que
je réponds par bien de la tendresse à votre paternelle amitié.

VICTOR JACQUEMONT.

III

Ile de Bourbon, le 25 février 1829.

Cher monsieur,

Je ne veux pas commencer la dernière étape
de mon long voyage et me séparer pour deux mois
encore du reste du monde sans vous dire quel attachement et quelle tendre reconnaissance m'ont
inspirés vos bontés. Je bénis souvent ces vieilles
amitiés de mon père qui se réveillent en ma faveur. C'est un doux héritage que celui des sentiments bienveillants avec lesquels je me suis souvent trouvé accueilli par ses vieux amis, j'en ai
joui doublement, j'en ai toujours été touché bien
profondément. Je désire que ce retour naïf ne
soit pas pour vous sans quelque douceur.

Mon voyage a failli se terminer à Bourbon par
la destruction du navire sur lequel j'étais embar-
qué : il s'est trouvé engagé dans l'ouragan qui a
ravagé cette colonie le 10 de ce mois, et qui, de

soixante-sept bâtiments mouillés sur les rades et
obligés de prendre le large, n'en a encore, après
quinze jours, laissé reparaître que trente-neuf.
La *Zélée,* plus heureuse, est rentrée au port, mais
avec de très fortes avaries. Elle continuera néanmoins son voyage; ce soir nous appareillons pour
Pondichéry. Jusque-là, je ne croyais pas aux tem-
pêtes, et je faisais honneur de leur invention à
l'imagination des peintres et des poètes. Le doute,
désormais, ne m'est plus permis : j'en ai vu une
qui n'en doit guère à celles de lord Byron et de
Vernet. Mais ce plaisir m'a coûté mille écus : j'ai
perdu presque tout ce que j'avais à bord. C'est
beaucoup trop cher.

J'ai reçu au cap de Bonne-Espérance, cher
monsieur, une lettre bien aimable de M. Alexandre
de Humboldt pour lord William Bentinck, que
M. Koreff avait eu la bonté de m'expédier en toute
diligence. C'était la seule grande recommandation
que je regrettasse de ne pas porter dans l'Inde.
A cet égard, maintenant, mon équipement est des
plus complets. Quant au zèle, c'est de mon âge et
de ma nature, et la santé, qui n'est pas un mince
élément de succès dans un voyage comme celui
que je dois faire, ne me manque pas davantage.
Je suis si frileux que je ne voudrais rien retran-
cher des chaleurs de l'été de Bourbon. Tout sera
au mieux si la très importante négociation où vous
avez bien voulu me servir auprès de M. Bertin de
Vaux peut tourner à bien. Il y aurait alors l'har-

monie la plus désirable entre tous mes moyens de
succès. J'espère fermement, cher monsieur, vous
avoir toute ma vie cette immense obligation : la
reconnaissance me la rendra douce.

Adieu, monsieur, soignez votre santé et ménagez vos yeux surtout. Pardonnez ces tendres
recommandations à un jeune homme qui, sans
oublier combien lui-même en aurait besoin quelquefois, s'inquiète pour tout ce qui lui est cher.

VICTOR JACQUEMONT.

IV

Calcutta, le 2 septembre 1829.

Il y a vraiment longtemps, cher monsieur,
qu'une belle dame (je n'ose le dire) m'a prié de vous
gronder : c'est milady W. Bentinck. Elle et son
mari m'ont comblé de bontés. Peu de temps après
mon arrivée, au mois de juin, j'ai eu l'honneur de
passer huit jours avec eux, en famille, à leur résidence de Barrackpore. Lady Bentinck, dans notre
promenade du matin, sur son éléphant, me faisait
mille questions sur Paris et, comme elle vint à
me demander si j'allais chez vous quelquefois, je
lui dis que j'étais le fils d'un de vos vieux amis, et
que, si vous ne m'eussiez su amplement pourvu
d'introductions près d'elle, j'aurais pu avoir l'hon-

neur d'être introduit par vous; et là-dessus elle a
dit que ç'avait été bien mal à vous, pour elle et
pour moi, parce que vous deviez savoir qu'aucune recommandation près d'elle ne pouvait lui
être plus agréable que la vôtre. Je suis très persuadé de la sincérité de cet aimable reproche.
J'ai dû parler alors à lady Bentinck de vous, de
votre santé, de vos yeux, de vos tableaux peints
depuis qu'elle a quitté Paris; et la petite décou-
verte qu'elle avait faite de la bienveillance que
vous témoignez au fils par amitié pour le père
rendit plus grande encore, s'il était possible, la
mesure des bontés dont elle me comblait.

Les distinctions flatteuses que j'ai reçues du
gouverneur général m'auraient fait accueillir partout sans le secours des recommandations nombreuses et respectables que j'avais apportées pour
les hommes les plus distingués et les plus puis-
sants de ce pays. J'ai eu le bonheur d'entrer dans
leur fantaisie, je ne sais comment, et j'ai été secondé avec la plus grande libéralité de vues dans
les études et les recherches par lesquelles j'ai dû
me préparer à mon aventureuse entreprise.

Leur appui, leur protection me suivront dans
mon voyage. Ils multiplieront considérablement
mes moyens propres d'action. Mais ceux-ci, bor-
nés encore à ce qu'ils étaient au moment de mon
départ, m'obligent à demeurer ici, à faire le mort
jusqu'à ce que j'aie acquis la certitude de leur
augmentation.

Il est triste de rester les bras croisés devant les chances de succès qui s'offrent à moi, mais je dois me résigner et attendre. Jusqu'ici, il n'y a aucun temps perdu; je devais commencer par ce que je viens de faire. Mais, si cette situation se prolongeait, il faudrait renoncer à réaliser l'avenir que j'ai si heureusement préparé. J'espère qu'après tous ces délais, la négociation où votre amitié avait bien voulu s'employer pour moi est à la fin terminée, et que je recevrai bientôt, avec la nouvelle de son issue favorable, les moyens de jouer un petit peu de gloire contre le choléra-morbus, les dysenteries, les fièvres de jungles et toutes les autres probabilités du genre ambulant dans l'Inde.

J'ai appris avec chagrin, par mon père, que vous avez été souffrant l'hiver dernier. J'ai le bonheur de m'être parfaitement bien porté jusqu'ici, tandis qu'autour de moi tout le monde languit et que beaucoup meurent; et, malgré les probabilités de tout à l'heure, j'espère fermement, cher monsieur, que mon secret fort simple, la sobriété, me permettra de voir dans quelques années votre tableau du *Sacre*.

Veuillez offrir à Mme Gérard l'hommage de mon respect, et recevoir l'expression bien vraie de ma gratitude et de mon attachement. Je me recommande au bon souvenir de Mlle Godefroid.

VICTOR JACQUEMONT.

JACQUEMONT PÈRE

25 avril 1835.

Mon cher Gérard, nous sommes heureux, mon fils et moi, d'être à même de réparer aujourd'hui les torts que vous avez eu droit de nous imputer, relativement à la première édition de la correspondance de notre pauvre Victor. Vous n'avez pu penser néanmoins que nous manquions de reconnaissance pour les bons services que vous lui avez rendus, tant dans son voyage en Angleterre qu'à son retour en France, puisque nous en avions sous les yeux les témoignages écrits de sa main : c'est à l'embarras de nos distributions obligées qu'il faut attribuer la cause de cette omission.

J'espère aussi, mon cher ami, que vous n'avez pas accusé en cette occasion ma vieille et constante amitié pour vous, qui m'attache également à votre famille depuis quarante ans, et que je suis incapable d'oublier jamais. Il faut nous pardonner entre nous les fautes de l'âge et des circonstances : je suis bien vieux et vous êtes bien occupé; ce sont des raisons suffisantes pour ne point nous voir souvent, sans qu'elles soient destructives d'un sentiment que, pour mon compte, je conserverai toute ma vie.

JACQUEMONT.

P.-S. — Je désire que vous soyez content de notre première livraison. Vous trouverez dans la suite de cet ouvrage beaucoup de choses diverses qui vous rappelleront les divers genres d'esprit que Victor possédait. Je ne sais s'il n'a pas bien fait de mourir, ce pauvre garçon ! car qui peut dire ce qui lui serait arrivé ici, après son retour et dans le cours d'une existence délabrée par les fatigues? Vous vous souvenez de la fin du malheureux Péron [1] abandonné et repoussé de tout le monde savant, malgré ses services et son mérite.

1. Péron, François, naturaliste et voyageur, né à Cérilly (Bourbonnais) en 1775, mort en 1810, prit part à l'expédition des terres australes commandée par Baudin, 1800 à 1804; fit de belles expériences sur la température des couches successives de l'eau des mers et laissa un intéressant ouvrage intitulé : *Voyage aux terres australes*.

SIR SIDNEY SMITH[1]

Paris, rue du Faubourg-Saint-Honoré, n° 35.
2 juillet 1824.

Sir Sidney Smith s'empresse de s'acquitter de sa promesse faite à monsieur Gérard en lui envoyant la copie lithographiée du texte arabe de la capitulation accordée par le calife Omar à Jérusalem et dépendances lors de la conquête dans l'année 15 de l'Hégire.

Sir S. S. l'a tirée des archives de Constantinople et l'a fait lithographier, et en a envoyé des copies multipliées dans le Levant pour être entre les mains des Grecs et autres chrétiens dans les pays qui sont encore sous le joug des musulmans *tartares,* comme carte de sûreté, ces *tartares* étant moins tolérants que les Arabes par ignorance de leurs lois et des coutumes de leurs devanciers.

Sir S. S. salue monsieur Gérard cordialement.

1. Sidney Smith, contre-amiral anglais, né en 1764, mort en 1840, fut chargé, en 1793, par l'amiral Hood, d'incendier la flotte française devant Toulon; dirigea, en 1799, la défense de Saint-Jean-d'Acre contre Bonaparte; signa, en 1800, avec Kléber, la convention d'El Arich; fonda dans la suite une société dite *l'Anti-Pirate.*

RABBE[1]

Paris, 1825.

Monsieur,

Voici la page dans laquelle j'ai mentionné avec une extrême réserve vos deux entrevues avec l'empereur Alexandre[2]. Je désire que vous n'y trouviez rien à regretter sous le rapport de la prudence; au reste, convenez qu'il m'eût été bien difficile d'être indiscret, car vous m'avez dit bien peu de chose. J'ai donc dû prendre pour le lecteur le parti que j'ai pris pour moi-même, c'est-à-dire d'ouvrir la carrière des conjectures sur cet intéressant entretien.

1. Rabbe, né à Riez en 1786. Écrivain et journaliste très distingué et très libéral; auteur du *Précis de l'histoire de Russie.*

2. *(Texte de cette page.)* Mais un hommage plus remarquable rendu par le monarque russe à la puissance et à la gloire des arts fut la visite qu'il fit à l'un de nos plus renommés artistes : on sait qu'il alla dans l'atelier de notre célèbre Gérard et voulut avoir son portrait de la main savante qui avait déjà tracé ceux de la plupart des têtes couronnées de l'Europe. Il fut cependant bien moins question de peinture entre le peintre et son auguste modèle que de politique et des grands intérêts du moment.

Alexandre savait que Gérard, grand peintre, était en même temps l'un des hommes de France les plus spirituels; et que, grâce à cette finesse d'observation et à cette habileté qu'il porte dans

Si je ne vous ai pas communiqué cette page avant de donner le bon à tirer, c'est que j'ai craint qu'un scrupule de modestie de votre part ne m'empêchât de m'exprimer comme je l'ai fait sur votre compte, et, à cet égard, je suis bien sûr de n'être démenti par aucun connaisseur en peinture et en *esprit*.

Je me ferai un plaisir de vous offrir ma médiocre esquisse sur Alexandre dès qu'elle aura paru.

Agréez l'assurance de mon sincère attachement.

ALPH. RABBE.

le commerce des hommes, on aurait pu trouver en lui, plus aisément encore que dans Rubens, l'étoffe d'un ambassadeur et d'un homme d'État. Il causa donc beaucoup avec Gérard de tout ce qui venait de se passer (nous parlons de 1814), et fut aussi plein de confiance que d'amabilité. — En 1815, le monarque et le peintre se revirent. Alexandre retourna dans l'atelier de Gérard. Il parla avec le même épanchement, mais non plus avec les mêmes dispositions. Une irritation inquiète et soupçonneuse avait déjà remplacé la confiance libérale et la popularité philanthropique de 1814. Alexandre était déjà le chef de la Sainte-Alliance. Si jamais M. Gérard écrit des mémoires, lui qui a vu et si bien vu tant d'acteurs divers sur cette mouvante scène des cours, ce contraste entre Alexandre et Alexandre à un an de distance n'en sera pas le tableau le moins piquant.

FRANÇOIS DELESSERT[1]

Ce 26 décembre, jeudi.

Ne pouvant passer chez vous, mon cher monsieur, je ne veux pas différer de m'acquitter d'une commission dont m'a chargé M. le comte de Stackelberg; je ne puis mieux faire que vous transcrire les expressions d'une lettre que je viens de recevoir de lui. *Je vous prie d'avoir la complaisance de faire beaucoup de compliments de ma part à M. Gérard, en le remerciant de la parfaite exécution de son tableau; tout Riga a été mis à même d'en juger, et surtout du mérite de la ressemblance, par l'effet du hasard heureux qui, à peine le tableau placé, a fait arriver dans cette ville S. M. l'empereur Alexandre, auquel la noblesse a donné un dîner dans cette salle même.*

1. François Delessert, né à Lyon en 1780, frère d'Abraham Delessert, ancien préfet de police, membre de l'Institut, président de la Caisse d'épargne de Paris, représenta successivement comme député le département de la Seine, 1831 à 1834, et celui du Pas-de-Calais, 1834 à 1848. Officier de la Légion d'honneur.

De l'allusion faite au voyage de l'empereur de Russie à Riga, on peut induire que cette lettre est de 1825, car le czar Alexandre visitait à cette époque les diverses parties de son vaste empire lorsqu'il mourut à Tangarog, en décembre 1825, probablement peu de jours après sa visite à Riga.

Je me félicite, monsieur, d'avoir été l'organe d'un hommage aussi juste rendu à votre pinceau, et je vous prie de recevoir l'expression de mon dévouement et de mon bien sincère attachement.

FRANÇOIS DELESSERT.

COMTESSE DE LA ROCHEJAQUELEIN

Ce dimanche soir.

Nous espérions avoir le plaisir de vous voir tous ces soirs, et il me tarde, monsieur, de vous remercier de toute la grâce que vous avez mise à faire placer ce beau portrait. On ne se lasse pas de l'admirer ; il charme comme tableau et satisfait comme portrait. C'est un double et rare mérite. Ma sincérité accoutumée veut que je vous dise que nous vous soumettrons une observation assez généralement faite à la bouche ; je serais assez honteuse de vous demander une touche de pinceau encore, moi qui me trouvais beaucoup trop belle déjà, et qui sais tout le soin que vous avez mis à ce bel ouvrage. Comme vous seriez bon et aimable de nous dédommager demain soir, de bonne heure, de ces jours de retard ! Vous verriez l'excellent effet de ce réflecteur que vous avez bien voulu faire placer.

Recevez mille compliments, et de nouveaux et sincères remerciements.

D. C^{sse} DE LA ROCHEJAQUELEIN.

MME DE LA ROCHEJAQUELEIN

Voilà qu'il m'est survenu un ennui, et que je dois être ici à quatre heures; je n'aurai donc qu'une heure à vous donner, et je prétends mieux faire les choses. Je vous demanderai donc, monsieur, de remettre à huitaine, si d'ici là vous ne tenez pas à travailler et ne trouvez pas un modèle plus digne de votre ravissante espérance. Je voudrais savoir un jour et une heure où je pourrais satisfaire l'impatience de ma belle-mère, et voir ce qui est si bien commencé.

Recevez mille compliments.

D. DE LA R.

Vers 1825.

Je vous envoie, monsieur, ces tristes et précieux mémoires[1], que vous m'avez dit ne pas

1. Il s'agit ici des mémoires de la marquise de La Rochejaquelein. Marie-Louise-Victoire de Donissan, marquise de La Rochejaquelein, née en 1772, morte en 1857; épousa en premières noces le marquis de Lescure, qu'elle suivit dans toute la campagne de Vendée, lui servant à la fois de secrétaire et d'aide de

connaître ; je ne puis douter qu'ils ne vous inté-
ressent. Veuillez les accepter *d'une La Rochejaquelein,* bien que de la main seule de ma belle-
sœur ils puissent avoir tout leur prix. Pour ne pas
retarder ce petit envoi, j'ai préféré cette triste et
simple reliure, trop d'accord d'ailleurs avec le
récit qu'elle renferme.

Voici l'album de la duchesse de Berry, que je
gardais toujours dans l'espoir de rendre un peu
moins mal votre charmante vierge ; mais de vio-
lents maux de tête, un gros rhume et la fièvre
enfin m'empêchant absolument de rien faire, je
me recommanderai à vous pour ne pas perdre de
temps et commencer la lithographie, de manière
que je puisse espérer encore quelques jours pour
moi quand elle sera finie, et aussi ne pas tant
abuser à nous deux de la patience de Mme la duchesse de Berry, c'est-à-dire que je serai *seule*
coupable, car elle ne saura pas que je vous l'aurai
prêté.

Je vous en prie, ne restons pas *en présence*
pour ce portrait !... Je serais ravie qu'il fût fini,
mais je ne le veux que le jour et l'heure où cela
vous plaira ; avertissez-moi un matin, et entre un

---

camp. Son mari ayant été tué à Cholet, elle se réfugia, après la
déroute de Savenay, dans les bois et y accoucha de deux filles.
En 1804, elle épousa en secondes noces Louis de La Rochejaquelein, qui fut tué le 4 juin 1815, au pont des Mathes, à la
tête d'une colonne de Vendéens. Ses mémoires ont été publiés
en 1815.

manteau et la perruque de quelque prince, cela
vous ennuiera peut-être moins à faire. N'en
disons rien, s'il vous plaît. Je veux qu'un beau
jour il se trouve, ce portrait, dans le salon de ma
belle-mère, suspendu sur la glace. Qu'en dites-
vous?

Si je n'étais bien maussade, d'ici à quelques
jours je vous dirais que de quatre à six heures
on me trouve chez moi le plus souvent.

Recevez, monsieur, mes compliments et assurances de bien sincère considération.

D. R.

DUCHESSE DE DINO

M. de Talleyrand vient de me faire le cadeau
auquel, de tous, je pouvais être le plus sensible :
c'est votre *Corinne*[1], monsieur, qui devient ma
propriété ; j'ai bien à cœur d'en jouir tout de
suite, et de lui donner la meilleure place de mon
appartement. On dit qu'elle est encore chez vous ;
ayez la bonté de ne pas me l'envier plus longtemps et de la faire porter chez moi le plus tôt
possible.

Veuillez aussi vous souvenir que c'est aujourd'hui lundi et que je vous espère ce soir.

Dsse DE DINO.

---

1. Cette *Corinne* n'est pas le tableau de cour qui appartenait
au prince Auguste de Prusse, mais une *Corinne* de grandeur naturelle représentée seule.

SGRICCI[1]

(TRADUCTION)

Cher et incomparable ami,

Les paroles manquent à un esprit en proie à l'extase d'un sentiment unique qui ne pourrait être exprimé par aucune parole au monde, mais deux cœurs faits à l'unisson se comprennent dans le silence. O mon cher Gérard, que puis-je vous donner en échange du haut témoignage d'amitié que je reçois de vous? Il n'est plus en mon pouvoir de vous offrir la gratitude, l'adoration d'un esprit ravi, par ce qu'il a plu au Créateur de vous départir dans ce qu'il y a de plus sublime, car depuis longtemps vous avez épuisé tous les sentiments d'admiration dont je me sentais capable.

Que celui qui, à vos côtés, s'est promené par les faciles allées de votre Auteuil sans s'être pris à aimer et à s'émerveiller, que celui-là ferme toujours les yeux aux rayons du vrai et du grand, car la nature lui a refusé un sens pour les comprendre. Maintenant donc, à force d'accumuler

1. Célèbre improvisateur italien. Voir la notice, premier volume, p. 23.

les bienfaits sur ma tête, vous me mettez dans la dure nécessité de vous paraître ingrat. Que donner en échange d'un tel don, qui vous rend illustre et éternel dans la mémoire des hommes? Cela surpasse mes forces. Vous m'avez tant accablé, par l'offre admirable de cette médaille, accompagnée de façons qui respirent la grandeur et l'aménité, que de quelque côté que je considère cet acte magnanime et gracieux à la fois, partout j'aperçois votre génie éclairé de sa propre lumière.

Je ne me tairai pas longtemps. A peine revenu de ma stupeur, j'essayerai de revêtir d'images le sentiment qui m'anime. Maintenant, devant une telle gracieuseté, l'esprit est muet; je ne sais que sentir et me taire, laissant à votre haute bonté d'interpréter ce silence du cœur. Que le vôtre vous parle en faveur de celui qui est à jamais tout à vous.

TOMMASO SGRICCI.

P.-S. — Mille souvenirs et souhaits à l'excellente baronne Gérard. A vous, il ne reste plus rien à souhaiter... beaucoup au monde, et plus à notre Italie, si vous daignez une fois l'enrichir de quelque immortel ouvrage.

Je vous prie de ne pas m'oublier près de Mlle Sambat.

BARON GÉRARD A SGRICCI

Je veux avoir le plaisir de vous annoncer l'arrivée de votre lettre du 27 novembre, mon cher monsieur Sgricci. Vous ne serez pas surpris que l'amitié fasse un miracle où la reconnaissance même avait échoué.

Le succès de votre portrait par Mlle G. me fait un véritable plaisir. Vous l'avez vu faire et vous savez si c'est son ouvrage. Elle en a peint beaucoup d'autres depuis, non du même intérêt (on ne trouve pas tous les jours pour modèle un homme célèbre), mais du moins, ils sont aussi satisfaisants, sous le rapport de l'art. Il y a donc ici un bon nombre de personnes dans la confidence de son talent, mais rien n'égale l'honneur d'avoir été approuvé dans votre Athènes et d'être arrivé jusque sous les yeux de son jeune Périclès.

Je ne saurais vous exprimer, mon cher monsieur Sgricci, combien j'ai été pénétré du souvenir dont vous m'avez honoré dans votre belle épître. Je serais trop fier si je pouvais espérer qu'on prît le moindre intérêt à savoir où je suis né. On ne consacre pas sa vie aux arts sans avoir quelques illusions, mais il faut avouer que le temps où nous vivons n'est guère propre à les

entretenir. Ce n'est donc plus que dans un petit
nombre d'esprits éclairés et sans passion, que les
hommes studieux peuvent trouver la récompense
de leurs travaux.

Velusti, en passant ici le mois dernier, m'a
remis votre lettre, ainsi que celle de M. Elluini.
Je me suis empressé d'aller le voir, mais le peu
de séjour qu'il fit à Paris me priva de lui donner
tous les soins que vos recommandations et son
propre mérite prescrivaient. Lorsque vous verrez
M. E., veuillez, je vous prie, l'assurer que j'ai
beaucoup regretté de n'avoir pu mieux remplir ses
intentions.

Dans votre lettre à Mlle Godefroid, vous nous
faites espérer que nous aurons l'avantage de vous
voir au mois de juin prochain. Je n'ai pas besoin
de vous parler de tout le plaisir que nous aurons
à vous recevoir. Le passé vous est garant de
l'avenir.

Je me flatte donc que vous compterez toujours
sur l'estime et l'amitié sincère que je vous ai vouées.
Agréez-en l'expression.

MARQUIS DE LA MAISONFORT

Florence, le 8 décembre 1825.

Dieu sait, monsieur, quand notre ami Constantin vous transmettra ce petit souvenir d'un homme qui serait bien heureux de vous faire les honneurs de Florence, qui l'a longtemps espéré et qui ne compte plus du tout vous voir en Italie! Tant que vous travaillerez à Paris, que vous entasserez chef-d'œuvre sur chef-d'œuvre, en bon Français, je m'en réjouirai pour mon pays, mais si jamais vous vous reposiez!!! Quelle idée! avec votre talent se re-pose-t-on jamais?... Constantin part, et Sgricci nous a quittés; il est à Rome, il va à Naples, il passera à Londres, il reviendra avec quelques milliers de guinées et quatre ou cinq bons feuilletons de nos journaux; en attendant, son portrait est dans mon salon, et tout le monde admire Mlle Godefroid. Je voudrais bien que sous vos yeux elle eût le temps de me faire un Charles X, et que vous puissiez persuader aux Affaires étrangères de me l'envoyer. Une légation du roi sans son portrait, c'est un paysage sans soleil qui l'éclaire; en vérité, vous devriez bien faire songer à moi : comme premier peintre, cela vous regarde ; obtenez l'ordre et envoyez-moi ce portrait ; foi de royaliste, je vous promets qu'il sera bien reçu. J'ai demandé cinq ans de suite Louis XVIII, il a fallu finir par me contenter d'une copie d'après vous, faite en émail par Constantin ; elle est, au reste, comme tout ce qu'il fait, fort bien.

Pour un homme qui n'a jamais vu ouvrir ni fermer la porte sainte, vous manquez une belle occasion. Je vois que vous vous réservez pour une autre fois, ainsi que moi ; rendez-vous donc à l'année 1850. Je serai alors le doyen des ministres et vous le doyen des peintres après en avoir été si longtemps le plus admiré. On parle avec admiration de votre *Daphnis et Chloé ;* leurs amours naïfs rendus par vous sont un peu plus touchants que les quatre pieds de votre prédécesseur monsieur le régent.

Adieu, monsieur ; si vous vous souvenez quelquefois de moi à vos réunions du mercredi soir, offrez mes hommages à Mme Gérard, à Mlle Godefroid et à Mme Grassini, dont j'aime presque autant l'aimable caractère que le superbe talent. Croyez, je vous prie, monsieur, aux sentiments et à la considération très distinguée avec lesquels j'ai l'honneur d'être votre très humble et très obéissant serviteur.

Le Mis DE LA MAISONFORT,
Ministre du roi en Toscane.

MICHEL BEER

FRÈRE DE MEYER BEER

I

Berlin, 28 décembre 1825.

Combien de peines n'ai-je pas éprouvées depuis
que j'ai quitté Paris ! Ce n'est, monsieur, que pour
vous épargner des réponses pénibles que j'ai tardé
de vous communiquer la mort de mon père, qui,
soudainement, par une maladie de trois jours, fut
ravi à son inconsolable famille qui l'adorait. Cette
nouvelle funeste m'est parvenue à Londres, et je
fis incessamment le long voyage de cette capitale à
Berlin en moins de huit jours et sept nuits. Je ne
tâcherai pas de vous décrire ce que j'ai souffert.
Trop persuadé de l'amitié que vous me portez, je
passe mes souffrances sous silence. D'ailleurs je
présume que cette nouvelle vous fut communiquée
d'abord par nos amis, M. de Humboldt ou M. Koreff,
et qu'elle vous parvint après par voie des journaux;
puis-je douter après cette présomption que vous
vous soyez occupé quelquefois de vos pauvres
amis et que la bonne, la tendre Mme Gérard n'eût

fait des vœux pour que nous supportions avec
force la perte la plus cruelle.

Vous voyez combien je compte, même éloigné
de vous, sur votre amitié, sur celle de votre adorable
famille, et vous me croirez aisément si je vous
donne l'assurance qu'en voyant approcher de sa
fin cette année je n'ai pu me retracer mon séjour
de Paris, de joyeuse mémoire, sans éprouver la
plus vive reconnaissance pour toutes les bontés
dont vous m'avez comblé. Veuille le ciel que je
puisse les implorer de nouveau cette année! La
santé de ma mère est très ébranlée par le coup
terrible qui la priva, comme nous, de ce qu'elle
aima le plus au monde. Les médecins exigent
qu'elle quitte Berlin pour longtemps, et nous espérons qu'elle voudra consentir à suivre mon frère
à Naples. Peut-être, après avoir joui de ce séjour
enchanteur, voudra-t-elle connaître celui de Paris,
où ses fils ont trouvé l'accueil le plus amical et
dont ils ont gardé le souvenir le plus reconnaissant. Jugez de ma joie s'il m'était permis de vous
revoir déjà l'été, et nous choisirions cette saison
pour conduire maman de Naples à Paris. Dans
tous les cas, je crois m'y trouver à l'automne.

Il me tarde, monsieur, d'avoir de vos nouvelles.
Je vous vois à la veille d'un nouveau succès, car,
d'après l'infatigable activité qui vous anime, je présume que le tableau pour Marseille doit être bien
avancé. Quelle profonde impression ne doit-elle
pas produire, cette admirable composition! Ce

sera, j'ose le prédire, un nouveau titre pour vous à l'immortalité, qui d'ailleurs ne vous sera jamais contestée. Et si l'envie combattait jamais contre votre beau génie, la *Bataille d'Austerlitz* vous donnerait toujours gain de cause, s'il n'y avait pas outre cela des héros comme *Bélisaire* et *Henri IV*, pour votre défense.

N'est-il plus du tout question du tableau que mes lunettes vous ont fait voir ? Vous ont-elles troublé la vue ou les accusez-vous d'avoir rapetissé les objets? Veuillez croire, dans ce cas, que je serais désolé d'avoir privé le monde d'un chef-d'œuvre à cause de mes lunettes. Mon frère qui, comme moi, garde un souvenir profond de vos bontés me charge de vous présenter ses hommages amicaux et de vous faire part de son prochain mariage. Une jeune demoiselle de Berlin, notre parente, aussi belle que bonne, a su captiver le maestro Don Giovanni. Il le fut en vérité, mais dorénavant on ne lui permettra plus de chanter: *Doman amattina, dima decira lamia lista deve aumentar*.

Je n'ose pas vous prier de dire à Mme Gérard tout ce que mon amitié pourrait vous suggérer pour elle, mais vous serez assez bon de l'embrasser, et bien de cœur de ma part. C'est mettre un peu votre jalousie à l'épreuve, mais soit. Vous ne vous trompez pas si vous croyez que j'adore l'aimable, l'excellente Mme Gérard. Veuillez, monsieur, présenter mes respects à Mlle Godefroid

et croire à l'inviolable attachement de votre très
dévoué.

M. Beer.

Adresse : J. H. Beer, pour M. Michel Beer, à Berlin.

II

Munich, ce 4 novembre 1826.

Monsieur et ami,

La perte immense que la France, que toute
l'Europe vient de faire par la mort de l'incomparable Talma, m'a causé la douleur la plus vive.

Vous qui savez quelle passion m'agite pour
l'art dramatique, qui avez vu et partagé mon enthousiasme pour l'acteur poète qui a cessé de
vivre, vous croirez aisément que ce ne fut pas
sans verser des larmes que j'appris la funeste
nouvelle de sa mort. Talma et sa gloire n'appartiennent pas seulement à la France. Ses mâles
accents furent les dignes interprètes des fureurs
d'Oreste, des craintes de Macbeth et de la ter-
reur de Leicester; ils sont à jamais muets, mais il
appartient à l'Europe entière de le pleurer et
d'honorer la mémoire de celui qui fit connaître
le premier les beautés des théâtres étrangers au
public français. Quant à moi, vous savez que je lui

dois plus encore que les jouissances que son jeu
sublime me procura : il m'honora d'une bienveillance particulière, m'admit dans sa société et, plus
d'une fois, il me parla à cœur ouvert, et avec cette
franchise qui le rendait si aimable, sur l'art et sa
manière de l'envisager.

Ce n'est donc pas, je crois, s'arroger un droit,
mais remplir un devoir que vouloir contribuer à
faire revivre sa mémoire dans un monument qui
n'appartiendra qu'à sa nation.

Mon journal m'apprend que vous êtes membre
du comité chargé de tout ce qui concerne ce
monument. Et si vous ne l'eussiez pas été, à qui
aurais-je pu adresser la modique somme que je
vous envoie si ce n'est à vous, le meilleur ami de
Talma, et, j'ose le dire, le meilleur aussi que j'aie
à Paris ?

Veuillez donc accepter cette petite offrande,
pour le monument de Talma, d'un étranger qui fit
plus que l'admirer, qui l'aima de tout son cœur.

J'ai chargé M. Ancelot, que j'ai eu le plaisir de
voir à Vienne, de mille compliments pour votre
aimable famille et d'un petit souvenir de Vienne
pour Mme Gérard. J'espère qu'il s'est acquitté de
mes commissions. Il me l'avait juré, foi de poète !

Veuillez, mon cher monsieur Gérard, me garder un souvenir bienveillant et croire à l'inaltérable attachement de votre tout dévoué.

M. BEER.

III

20 novembre 1831.

Il m'est pénible, ma chère madame Gérard, de penser que l'opéra de mon frère dût se jouer sans que personne de votre aimable famille assiste à la première représentation qui aura lieu demain lundi, et puisque l'état de sa santé ne permet pas à M. Gérard de se servir des places à l'orchestre que je lui avais destinées, j'ai tâché de les changer contre des stalles d'amphithéâtre des premières. Ce sont des places aussi élégantes que commodes, et les dames y vont de préférence. J'ose donc vous prier d'accepter les deux stalles ci-jointes et Mlle Godefroid serait bien aimable si elle voulait bien vous accompagner. Deux dames peuvent très bien y aller seules et je vous préviens que vous aurez M. Édouard Ternaux près de vous qui certainement sera enchanté de vous offrir son bras pour la sortie. J'aurais bien voulu pouvoir joindre une troisième stalle pour M. votre beau-frère, mais il me fut tout à fait impossible d'en trouver. Ne me refusez pas et allez-y à *Robert le Diable* avec ces sentiments d'indulgence et d'amitié dont vous m'avez donné tant de preuves.

Mille amitiés de votre dévoué

M. BEER.

BARON DES ROTOURS[1]

Paris, le 23 janvier 1826.

Monsieur le baron,

Je profite de la permission que vous avez bien voulu me donner d'envoyer chercher ce matin chez vous le portrait en pied du roi.

Vous n'avez pas oublié, monsieur le baron, que ce portrait était destiné à être reproduit en tapisserie; et vous avez rattaché à cette pensée une recherche de soins dont je ne puis trop vous remercier. Le succès de nos tapisseries dépend de leurs modèles, et c'est surtout auprès de vous que j'aime à aller chercher pour elles et des modèles et des succès.

J'ai l'honneur d'être, avec la considération la plus distinguée, monsieur le baron,

Votre très humble et très obéissant serviteur.

BARON DES ROTOURS.

M. le baron Gérard, premier peintre du roi.

1. Était alors directeur des Gobelins.

COMTESSE DE L'AIGLE (BROGLIE)

Paris, ce 31 mars 1826.

Je m'empresse, monsieur, de vous annoncer que le portrait du roi est heureusement arrivé à lord Lifton qui en est dans le ravissement. Voici ce que lady Lifton me mande :

« Nous venons de recevoir le portrait si impatiemment attendu et nous en sommes enchantés (*extremely delighted*). Il est parlant ; sa ressemblance est frappante et très agréable, ce qui est un mérite rare dans les portraits de Charles X, lesquels, en général, rendent peu de justice à l'agrément de sa figure ; il est parfaitement bien peint, enfin c'est un charmant portrait, outre les autres mérites qu'il a à nos yeux et nous avons le plus grand plaisir à contempler cette fidèle représentation du roi. Lord Lifton est dans une grande admiration de ce tableau qui fait sensation à Londres. Tout le monde accourt pour le voir et il a le plus grand succès. »

Nous comptions sur ce résultat certain et nous vous offrons, monsieur, les sincères remerciements de lord Lifton, qui est très reconnaissant du soin que vous avez bien voulu mettre à rendre ce pré-

cieux présent parfaitement digne de l'auguste personnage qui le fait.

Recevez, monsieur, une nouvelle assurance de
nos sincères et inaltérables sentiments.

BROGLIE COMTESSE DE L'AIGLE.

Lady Lifton a sur-le-champ écrit au roi pour
lui exprimer sa satisfaction et sa reconnaissance,
et le prince de Polignac s'est chargé de faire parvenir sa lettre.

BRADY

Paris, 6 avril 1826.

Monsieur,

La commission chargée de recueillir les sous-criptions en faveur des enfants du général Foy et de surveiller l'érection d'un monument funèbre à sa mémoire a pensé qu'il convenait, pour mieux remplir cette dernière partie de ses devoirs, d'y appeler les artistes par un concours public [1].

Elle a rédigé à ce sujet le programme dont j'ai l'honneur de vous adresser ci-joint un exemplaire.

Vous y verrez, monsieur, que les artistes concurrents étaient invités à nommer eux-mêmes leurs juges.

Le dépouillement des bulletins a fait connaître que la majorité des suffrages vous était donnée.

La commission ne peut qu'applaudir à un choix qui s'accorde si parfaitement avec les sentiments personnels de chacun de ses membres : elle me

1. Ce monument, exécuté par David d'Angers, est un des beaux monuments du Père-Lachaise.

charge de vous en informer et de vous prier en son nom de vous rendre, en cas d'acceptation de votre part, dimanche prochain, à midi, chez M. le maréchal Jourdan, son président, rue de Bourbon, n° 52, où elle se réunira.

J'ai l'honneur d'être avec une considération distinguée, monsieur,

Votre très humble et très obéissant serviteur.

BRADY.

LA COMTESSE FOY

I

Paris, 30 avril 1826.

Depuis huit jours, monsieur, j'ai le bien vif désir d'aller chez vous pour vous témoigner tout ce que je vous dois de reconnaissance bien profonde et tout ce que j'en éprouve[1].

J'ose à peine espérer une consolation aussi douce que celle de revoir, avec l'aspect de la vie, celui qui est si cruellement perdu pour moi. Rendrez-vous justice, monsieur, aux sentiments de discrétion qui m'ont fait différer depuis huit jours à l'impatience qui me fait vous demander aujourd'hui quand je pourrai vous dire de vive voix tout ce que je sens si bien et tout ce que ces paroles ne vous diront que si mal?

Permettez-moi de me dire, monsieur, avec tous les sentiments les plus distingués, la personne la plus obligée et la plus sincèrement reconnaissante.

LA COMTESSE FOY.

---

1. Le portrait du général Foy est un des meilleurs que Gérard ait peints.

II

Paris, ce 2 septembre 1826.

Monsieur,

Permettez-moi de vous offrir ce volume de Fox, dont vous trouverez les marges couvertes de l'écriture de mon mari[1]. J'ai dû à votre talent et à votre cœur une douce satisfaction pour le reste de ma vie, et mes enfants vous devront de ne jamais oublier les traits de leur père. Aussi, monsieur, j'ai moins la pensée de m'acquitter envers vous, que l'espoir de vous avoir offert un souvenir vivant de cette chaleur d'âme et de ce talent qui ne sont plus, souvenir dans lequel il me sera doux de vous voir confondre toujours et ses enfants et sa pauvre femme.

Agréez, monsieur, avec l'expression de ma reconnaissance celle de tous les sentiments de considération distinguée de votre très humble servante.

COMTESSE FOY.

1. Voir la Notice biographique, premier volume, p. 19.

SAUVO[1]

Paris, le 18 mai 1826

Je ne sais, chère et aimable voisine, quelle place notre maître accorde dans sa pensée au portrait du général Foy.

Il sait que je n'ai reconnu le général dans aucun des portraits faits jusqu'ici, surtout dans celui de Vernet qui m'a paru complètement défectueux. En entrant, je me suis écrié : « Le voilà, c'est son attitude, sa démarche, son air de tête, son œil doux et fin et le sourire aimable qui lui était familier. » Plusieurs députés, des pairs, MM. Ternaux, Delessert étaient hier à l'Exposition ; il n'y a eu qu'une voix, de la part de tous ceux qui ont connu le modèle, pour dire que le portrait est vivant et frappant de ressemblance.

Il est ce que je l'ai vu être tous les jours, pendant cinq ans, avant le temps où il me dit se frappant l'estomac : « Mon cher, cela va mal là... » J'ai ce moment très présent. Depuis, il a rapidement changé. Gérard l'a repris au moment dont je

---

1. A été longtemps à la tête du *Moniteur universel* et a laissé d'excellents souvenirs à ceux qui l'ont connu.

parle. Il a retrouvé l'animation, la vie sous l'enveloppe de la mort avec un art qui n'appartient qu'à lui.

Faites-lui-en bien, non pas mes compliments bien sincères, mais celui de vingt personnes de connaissance avec lesquelles j'en ai longtemps causé hier.

Amitié.

SAUVO.

MÉRIMÉE PÈRE

Vendredi, 4 août 1826.

Cher ami,

Notre Prosper avait, il y a quelques mois, formé le projet d'aller, de compagnie avec deux amis, faire un voyage en Suisse. Les compagnons ont changé d'avis; plus stable dans ses projets, Prosper voulait y aller seul.

Dimanche matin, je suis allé voir M. Decazes. — Que fait votre fils? me demanda le noble pair. — Il projette un voyage en Suisse. — Quel est l'objet de ce voyage? — Il n'est autre, à ce que je crois, que d'exercer ses yeux et ses jambes. — Si ce n'est que cela, demandez-lui s'il veut venir avec moi : il verra mes forges dans le département de l'Aveyron. Arrivé aux Gilbeaux, il pourra faire des excursions à Bordeaux, à Bayonne, aux Pyrénées, etc. Je le ramènerai, s'il veut, au mois de décembre.

Prosper secoua la tête à cette proposition sans toutefois prononcer un non absolu. Il appréhendait l'obligation d'être tous les jours en grande tenue ; pour quelqu'un habitué à ses aises, cela devait effrayer.

Dans son indécision, Mme Gérard lui a proposé d'aller faire un tour à Boulogne et, deux heures après, sa place était arrêtée à la Poste.

Si cela te convient, mon cher ami, applaudis-toi de n'être pas duc et pair ; si proche de l'Angleterre, s'il te prenait fantaisie de passer le canal, tu auras, dans mon fils, un truchement à ta dévotion qui pourra te servir. Ce serait pour Prosper un rêve fort agréable d'aller faire une seconde apparition à Londres [1].

Quant à toi, je conçois que si tu pouvais y aller sans être aperçu de qui que ce soit, tu n'hésiterais pas à supporter pendant quelques jours l'odeur du charbon de terre ; mais tu crains les dîners d'apparat et la grande tenue.

Il me semble que tu pourrais garder l'incognito et huit jours à Londres suffisent pour voir les collections, les artistes et les monuments ; si tu restes à l'autre rive sans aller à l'autre bord, tu en auras du regret.

Avant de donner mon consentement (car Prosper, quoique majeur, est encore en puissance de parents), je veux savoir si son projet t'agrée. Mme Gérard m'a dit qu'elle en répondait, je me suis laissé persuader d'autant plus aisément que je

---

1. Ce voyage s'est effectué.

compte sur l'amitié que tu as témoignée depuis
longtemps à mon fils.

Quoi que tu décides, reviens-nous bien portant
et conservant à ton vieil ami l'attachement mérité
par l'affection qu'il t'a vouée pour la vie.

MÉRIMÉE.

NAGLER[1]

Berlin, ce 20 novembre 1826.

Monsieur le baron,

En vous réitérant mes sincères remerciements
de toutes les bontés que vous avez eues pour moi
pendant mon séjour à Paris, je passe à l'objet qui
me procure l'agréable occasion de me rappeler à
votre souvenir. Le roi ayant vu la gravure de votre
admirable tableau de l'*Entrée de Henri IV dans
Paris,* Sa Majesté a témoigné le désir de la posséder. S. A. R. le prince Guillaume, fils du roi,
a émis le même vœu. Désirant donc de satisfaire
le mieux et le plus promptement possible aux
souhaits exprimés par ces augustes personnes, je
prends la liberté de m'adresser à vous, monsieur,
en vous priant de me faire tenir le plus tôt possible
deux épreuves de ladite gravure avec la remarque
ou *le col blanc,* s'il se peut sur du papier de la
Chine, sinon sur du papier blanc. J'ajoute à cette
prière celle de les faire rouler et envelopper sé-
parément dans du papier en ayant soin de faire

1. Homme d'État prussien, grand amateur d'objets d'art;
a été l'organisateur des postes allemandes.

écrire sur l'une l'adresse : pour S. M. le roi de Prusse, et sur l'autre : pour S. A. R. Mgr le prince Guillaume de Prusse. M. le baron de Werther, chez qui je vous prie de faire remettre les gravures en question et qui vous en fera tenir le montant, aura la bonté de soigner le reste de l'emballage et l'envoi des gravures.

Pardonnez, je vous supplie, cette nouvelle importunité et agréez, avec les remerciements que je vous fais ici d'avance, l'assurance de la considération très distinguée avec laquelle j'ai l'honneur d'être, monsieur le baron,

Votre très humble et très obéissant serviteur.

NAGLER.

WELLINGTON

I

Mon cher monsieur Gérard,

Je vous suis bien obligé des peines que vous avez prises pour rendre le portrait que Sa Majesté m'a fait l'honneur de me promettre, digne du souverain qu'il représente et de votre réputation.

J'ai déjà reçu de l'ambassadeur de Sa Majesté un portrait excellent qui avait été envoyé par méprise chez lord Salisbury; mais comme vous me dites dans votre lettre du 24 novembre que vous aviez cherché à jeter quelque variété dans l'effet et dans la disposition du fond, et que je désire posséder le tableau que Sa Majesté vous avait commandé pour moi, j'ai envoyé votre lettre à Mgr le prince de Polignac et je vous prie de vous expliquer envers le secrétaire de l'ambassade de France à Londres sur les variétés que vous avez jetées dans le tableau destiné pour moi, afin que S. A. l'ambassadeur puisse juger si je possède ou non le tableau que Sa Majesté avait commandé pour moi.

Je vous prie d'écrire à ce sujet sans perte de temps.

J'espère que vous viendrez me voir, quand vous retournerez à Londres et je vous prie de me croire toujours votre très obéissant serviteur.

WELLINGTON.

II

A Londres, le 25 septembre 1828.

Monsieur le baron,

En fouillant mes papiers, je trouve une lettre de M. de Jacquemont qui me prie de lui donner des lettres pour les grandes Indes, qui le feraient connaître aux autorités qui s'y trouvent. Il est venu ici à un moment où j'étais beaucoup occupé au parlement, et il est parti sans m'en avertir. Je crains donc qu'il soit parti sans lettres.

Je vous prie de me faire savoir s'il se trouve toujours en Europe.

J'ai l'honneur d'être, monsieur le baron, votre très humble et très obéissant serviteur.

WELLINGTON.

CHATEAUBRIAND

I

Paris, le 28 avril 1827.

Puisque vous voulez bien le permettre, monsieur, Mme de Chateaubriand et moi nous irons lundi prochain, à deux heures, admirer vos chefs-d'œuvre et vous porter nos sincères remerciements. Les grands talents sont charitables[1]. Raphaël a peint, pour de pauvres villages, des tableaux dont le prix ne pouvait être payé que par la gloire.

J'ai l'honneur de vous offrir, monsieur, avec l'hommage de mon admiration, mes compliments les plus empressés.

CHATEAUBRIAND.

---

[1]. M. de Chateaubriand avait demandé à Gérard, pour la chapelle de l'*Infirmerie de Marie-Thérèse*, rue d'Enfer, où M. de Chateaubriand s'était retiré, un tableau de maître autel. Ce tableau, que Gérard acheva en 1828, est une de ses meilleures inspirations. C'est une *Sainte Thérèse*, à genoux, dans une attitude extatique. Le poète témoigne ici du désintéressement du peintre à cette occasion.

II

Paris, 20 avril 1828.

Je serais allé hier même, monsieur, ainsi que Mme de Chateaubriand, vous porter nos remerciements et vous renouveler l'assurance de notre vive reconnaissance, sans des affaires particulières qui nous ont retenus dans notre solitude. La *Sainte Thérèse* est plus belle que jamais dans la sienne.

La foule nous envahit, et nous allons être obligés d'annoncer des jours fixes, en attendant le jour solennel de l'inauguration. J'attends ce jour avec impatience pour avoir l'occasion de manifester au public ma haute admiration de votre dernier chef-d'œuvre. Mais, comme je vous l'ai déjà dit, je ne me repens pas trop de votre travail, puisqu'il ajoute à votre gloire. Recevez, je vous prie, monsieur, un nouveau million de remerciements et de compliments les plus empressés.

CHATEAUBRIAND.

III

Samedi, 31 mai 1828.

C'est enfin mardi prochain, 3 juin, qu'aura lieu, monsieur, l'inauguration de votre chef-d'œuvre. Ce ne sera pas le jour de le bien voir, au milieu de l'encens, des cierges, des voiles et des cérémonies, mais tous les jours sont bons pour l'admirer. Nous espérons, monsieur, que vous pourrez venir, avec Mme Gérard et Mlle Godefroid, recevoir, avec nos remerciements sincères, les éloges d'un public nombreux et choisi. Mercredi, nous rendrons compte de la cérémonie. Elle aura lieu mardi, à deux heures précises. C'est Mme Récamier qui veut bien avoir la bonté de vous porter ce billet et de plaider notre cause. Mme de Chateaubriand est malade.

Agréez, monsieur, mon admiration accoutumée et mes compliments les plus empressés.

CHATEAUBRIAND.

VICOMTESSE DE CHATEAUBRIAND

Dimanche, 1er juin 1828.

Si M. le baron Gérard ne veut pas jouir de son triomphe, il devrait, au moins, venir partager le nôtre ; croit-il que nous ne sentons pas le prix et que nous ne sommes pas fiers des hommages rendus à un chef-d'œuvre, que nous devons à sa charité, et que les saints et les profanes admirent également ? Notre bon archevêque, qui doit officier mardi, est venu hier passer une heure devant *Sainte Thérèse*, pour éviter, nous a-t-il dit, les distractions inévitables le jour de la cérémonie. Mais ce n'est pas de tout cela dont je voulais parler aujourd'hui à monsieur Gérard, mais lui dire nos regrets et en même temps le prier d'engager Mme Gérard et Mlle Godefroid, si elles veulent bien nous faire l'honneur d'assister à notre fête, à entrer par chez moi, afin que je puisse, en évitant un peu la foule, les faire placer le mieux possible. Monsieur le baron Gérard veut-il recevoir, de nouveau, l'expression d'une bien sincère reconnaissance, et tous mes compliments les plus empressés ?

LA Vsse DE CHATEAUBRIAND.

GŒTHE

Weimar, 20 avril 1827.

Monsieur le baron,

Ne pouvant ni n'osant me livrer à l'espoir
flatteur de vous rendre mes devoirs en personne
et de jouir en même temps dans votre atelier,
comme mes très honorés amis, MM. Boisserée et
Coudray, des rares trésors de l'art qui l'embel-
lissent et de la cordialité de votre accueil, je vous
rends mille grâces de m'avoir fourni l'occasion de
vous assurer que de tout temps et malgré la grande
distance qui nous sépare, je n'ai rien négligé pour
me faire une idée claire du talent supérieur qui
vous distingue si avantageusement.

L'excellente copie[1] que je dois à votre particulière bonté me procure le grand avantage de
prendre part à un chef-d'œuvre, qui depuis longtemps fixe, à si juste titre, l'admiration de tous
les vrais connaisseurs; plus je l'étudie, plus je me
pénètre des grandes beautés et du mérite de l'original.

Veuillez bien agréer, monsieur, l'expression
de la vive gratitude que m'inspire l'envoi de l'ines-

---

1. Lisez : gravure.

timable planche, à laquelle vos lignes autographes
ajoutent un nouveau prix; conservez-moi une part
dans votre gracieux souvenir; faites-moi la justice
de ne jamais douter de la véracité de mon admiration et soyez bien convaincu de la parfaite estime
et de la haute considération avec lesquelles j'ai
l'honneur d'être, monsieur le baron, votre très
humble et très obéissant serviteur.

GŒTHE.

CHORIS[1]

I

Port de Saint-Pierre de la Martinique,
ce 17 novembre 1827.

Monsieur le baron,

Je profite de la permission que vous avez bien
voulu m'accorder de vous donner de mes nouvelles
de temps en temps des pays que je vais parcourir.
Ce petit mot partira d'ici demain par un bâtiment
pour le Havre.

Vous savez probablement par les feuilles publiques que la division qui se trouve sous le com-
mandement de M. l'amiral Bergeret a appareillé
de Brest, le 6 octobre, pendant un temps superbe,
mais par une brise très faible et c'est avec grand'-
peine que nous pûmes perdre de vue les côtes de
Bretagne, le 7 au soir. La division naviguait ensemble; mais, à la nuit tombante, elle a ressenti
un coup de vent assez fort et tout à fait contraire
qui l'a forcée à se séparer. Le 9 octobre, la brume

1. Dessinateur distingué, auteur d'un *Voyage pittoresque
autour du monde* (Firmin-Didot, 1822), fut assassiné entre Vera-
Cruz et Jalapa. (Voy. lettre de M. Martin, p. 327.)

épaisse ne lui a pas permis de se rallier, tellement que la frégate la *Jeanne d'Arc,* à bord de laquelle je me trouve, était obligée de vaguer toute seule. Des vents tout à fait contraires et des calmes ou des vents très faibles ne nous faisaient avancer que bien lentement. Les vents alizés, que l'on rencontre presque ordinairement dans la latitude de 28 à 26, n'ont commencé à souffler que dans le 22e degré et là bien faibles, tellement qu'avec les plus grands efforts nous ne pûmes arriver au Fort-Royal de la Martinique que le trente-sixième jour de la navigation. La *Jeanne d'Arc* fut la première de toute la division qui mouilla. Mais, ce qui est étonnant, c'est que quelques heures après mouillèrent tous les bâtiments de la division l'un après l'autre. Ainsi, ils avaient été séparés pendant trente-quatre jours et se sont cependant trouvés au point nommé et dans la même journée.

Nous apprîmes avec plaisir que les maladies n'avaient point paru au Fort-Royal depuis deux ans. Le lendemain de mon arrivée, je fus à bord de la *Vénus,* la frégate de l'amiral. Vous dirai-je avec combien de bonté il m'a reçu? Il doit vous écrire de la station; mais, en attendant, il m'a prié de vous donner de ses nouvelles.

A bord de la frégate la *Jeanne d'Arc,* j'ai une fort jolie chambre. Tous les officiers sont fort bons et fort gracieux pour moi.

Nous nous trouvons en ce moment à Saint-Pierre; dans quelques jours nous retournerons au

Fort-Royal et de là, nous irons à la Guadeloupe, à l'île de Saint-Thomas, à l'île de Sainte-Croix, et peut-être à la Jamaïque. J'espère même que nous toucherons à Porto-Rico. Ainsi, j'aurai l'occasion de voir beaucoup de choses avant mon arrivée au Mexique.

Pendant la traversée je me suis occupé de dessin. J'ai fait onze portraits à l'aquarelle de ces messieurs qui se trouvaient à bord. J'ai déjà commencé à travailler pour mon portefeuille; quelques têtes de nègres et de négresses s'y trouvent déjà et j'espère qu'après quelques années de séjour dans ces climats, j'aurai recueilli des matériaux considérables.

Daignez, monsieur, me conserver votre bienveillance et votre protection. J'ose vous assurer que je ferai tout mon possible pour en être digne et je vous prie de croire à l'attachement de votre très respectueux et très dévoué serviteur.

Louis Choris.

II

La Havane, ce 4 février 1828.

Cher monsieur le baron,

Vous savez l'espoir que m'avait toujours donné l'amiral Bergeret de me faire porter, à bord d'un bâtiment de guerre, de la Havane à quelque port de la Nouvelle-Espagne. Cet espoir m'ayant été ravi, je me serais trouvé dans le plus pénible embarras sans l'obligeance extrême de M. Dannery, consul par intérim à la Havane, qui m'a donné des facilités pour aller à la Nouvelle-Orléans. De là je me rendrai à bord de quelque paquebot où je voudrai.

Je regrette maintenant infiniment d'avoir profité de l'occasion d'un bâtiment de guerre que M. de Chabrol lui-même m'a proposée. J'ai perdu quatre mois et je n'économise rien sur le passage, puisque je n'aurais payé pour aller de Port-de-France à Vera-Cruz que le tiers du prix qu'il me coûtera d'aller d'ici à la Nouvelle-Orléans et de là à Vera-Cruz.

Ce qu'il y a de mieux, c'est que je commence à m'acclimater dans ces pays. J'ai déjà ramassé, quoiqu'en passant, quelques objets d'histoire naturelle pour le Jardin des Plantes. D'ici, de la Havane, j'expédie à bord de la *Durance*, pour le Havre, une caisse contenant beaucoup de graines ainsi qu'un petit baril avec quelques objets mis dans de l'eau-de-vie. J'ai déjà un petit commencement pour faire une caisse que je destine au même muséum et que je remplirai sans doute pendant mon trop court séjour à la Nouvelle-Orléans.

Je n'ai pas encore écrit à M. le baron de Humboldt et cependant j'ai bien des choses à lui dire. J'attends mon arrivée à la Nouvelle-Orléans pour lui écrire longuement. Ce sera probablement par l'entremise du consul de Hambourg.

Je regrette de n'avoir pas numéroté mes précédentes lettres. Cependant j'espère que vous les recevez toutes. Dans tous les cas, je vous écrirai souvent, puisque j'ai l'honneur d'avoir votre permission, et d'ailleurs c'est un besoin pour moi de pouvoir vous dire de temps en temps combien je vous suis attaché.

LOUIS CHORIS.

III

Nouvelle-Orléans, ce 21 février 1828.

Je me trouve ici depuis deux jours. Il y en a seize que j'ai quitté la Havane à bord d'un brick américain. Dans cinq jours, nous sommes arrivés au bord du Mississipi; mais huit journées ont à peine suffi pour remonter le fleuve.

J'ai trouvé ici la pénible confirmation d'une nouvelle qui m'avait été déjà donnée : le Mexique est en complète révolution. Comme le commerce se trouve ainsi paralysé, je serai très probablement obligé de rester ici plus de temps que je ne désirais.

On expulse tous les prêtres du Mexique; j'en ai rencontré en mer à bord d'un bâtiment anglais venant de Vera-Cruz, et faisant voile pour la Havane.

Dans l'hôtel où j'habite on a donné, il y a quelques semaines, un fort beau banquet à M. Porter, l'amiral commandant les forces mexicaines ; je n'ai pas besoin de vous dire que sur les murs du salon sont inscrits les noms célèbres de la guerre de l'Indépendance et que celui de Lafayette est placé à côté de Washington.

Il m'est absolument impossible de vous dire quand je pourrai partir d'ici pour le Mexique. Je ne veux pas rester à la Nouvelle-Orléans : le climat est trop insalubre.

Je ne puis me dissimuler que j'aurai beaucoup de peines et beaucoup de tribulations dans mon entreprise. Je souffrirai beaucoup, mais je surmonterai toutes les difficultés ; je sais qu'avec de la persévérance on peut tout.

Je vous supplie, mon cher monsieur Gérard, de penser quelquefois à celui qui est de tout son cœur votre respectueux et très attaché.

CHORIS.

ALEXANDRE MARTIN[1]

Mexico, le 17 juillet 1828.

Monsieur,

Vous avez sans doute appris depuis longtemps
le déplorable événement de la mort de M. Choris :
peut-être même l'avez-vous appris avant moi. Ce
n'est du moins que par votre lettre qui m'est parvenue le 23 du mois dernier, que j'ai connu et la
perte que vous avez faite et l'intérêt que je devais
y prendre. Jusque-là, je savais qu'un Anglais et un
Russe avaient été arrêtés entre Vera-Cruz et Jalapa,
qu'ils étaient restés sur la place, l'un mort et l'autre mourant. C'est tout ce que l'on disait et l'on ne
demandait pas autre chose. Ces événements sont
si communs ici, que, loin d'exciter l'intérêt, ils
n'éveillent même pas la curiosité et l'homme distingué que vous aviez bien voulu recommander à
mes soins a partagé l'indifférence universelle. Il
a été tué, on l'a enterré et tout a fini là. Point de
vengeance du crime, pas de recherche des meur-
triers, pas un regret à la mémoire de la victime,
excepté ceux que je lui ai donnés.

1. Consul à Mexico.

Ces regrets, monsieur, sont bien sincères ; il n'était pas nécessaire que M. Choris fût votre ami pour que je sentisse vivement la perte d'un homme de son mérite, mais l'amitié que vous lui portiez me l'a rendue plus sensible, puisqu'elle m'a privé du plaisir de lui rendre les soins et de lui donner des preuves du dévouement que vos amis sont en droit d'attendre de moi. Ce droit, monsieur, vous le leur avez acquis par la bienveillance que vous m'avez toujours témoignée et j'espère que vous ne l'avez pas oublié plus que moi.

Ce n'est pas que je puisse désirer que vos amis viennent mettre ce souvenir à l'épreuve. Il me serait sans doute très agréable de voir arriver des gens qui apporteraient ici autre chose que du drap d'Elbeuf et qui viendraient y chercher autre chose que de l'argent ; mais, sans ce double motif, qu'y viendrait-on faire ? Je sais bien que la science a ses charmes, à ce que disent les savants, et qu'elle promène ses adorateurs d'un monde à l'autre, comme un coucou promène un Parisien du pont Royal au pont de Saint-Cloud ; mais quand on a la mer à Dieppe, des montagnes à Montmartre, des sauvages dans les Landes, et en Auvergne des volcans qui ont eu le bon esprit de s'éteindre, je ne sais en vérité ce que la science viendrait chercher au Mexique. Elle pourrait, il est vrai, s'y nourrir de galettes de maïs assaisonnées de poivre de Cayenne. C'est une délicatesse qui ne se trouve qu'ici, heureusement, car si on la rencontrait ail-

leurs, le Mexique perdrait son plus grand charme
et ne serait plus qu'un pays ordinaire, un pays
sauvage, sans arbres et où l'on s'ennuie considérablement. Ah! monsieur, quel beau paysage que
celui de la plaine Saint-Denis!

Je suis bien sensible à tout ce que vous me
dites d'obligeant et d'aimable ; mais ce qui ne l'est
pas du tout, c'est de supposer que je puisse vous
avoir oublié. Mes occupations sont nombreuses et
pénibles, mais c'est une raison pour que j'y échappe
le plus souvent possible et pour que je cherche un
refuge dans mes souvenirs. Il est impossible que
je ne vous y rencontre pas toujours, puisque je ne
les invoque que pour me rendre les heureux moments qui ont été mon partage, qui ont passé bien
vite et qui sont revenus bien rarement.

Veuillez, je vous prie, offrir mes très humbles
hommages à Mme Gérard et à Mlle Godefroid et
agréez l'assurance des sentiments d'attachement et
de dévouement avec lesquels j'ai l'honneur d'être,

Monsieur,

Votre très humble et très obéissant serviteur.

ALEXANDRE MARTIN.

BERTIN DE VAUX[1]

Paris, 13 août 1828.

Monsieur,

Je ferai tout ce que j'ai promis, je ferai de mon mieux ; l'intérêt de la science, la gloire de notre pays, les qualités personnelles du jeune voyageur, voilà bien des motifs ; il en est encore un autre, c'est de payer dans cette occasion mon faible tribut d'admiration au premier peintre de nos jours. C'est une goutte d'eau dans l'Océan ; là-dessus je ne m'en fais pas accroire, mais mon humilité invoque à son aide cet ancien proverbe : Les petits ruisseaux font les grandes rivières.

Un de vos plus anciens admirateurs.

BERTIN DE VAUX.

1. Un des fondateurs du *Journal des Débats*.

CICOGNARA[1]

(TRADUCTION.)

Padoue, 10 octobre 1829.

Mon très cher et distingué monsieur et ami,

Je suis resté plusieurs mois éloigné de Venise et, à peine de retour, je trouve sur la table de mon cabinet, au milieu de plusieurs rouleaux de cartes anciennes qui m'arrivent de toutes parts pour assouvir mon avidité de l'ancienne chalcographie italienne, un autre beau rouleau très précieux, d'une chose moderne, que j'ai aussitôt reconnu en m'écriant : Gérard !

La très vive impression que j'ai autrefois ressentie à la vue de ces grandes et magistrales figures ne s'est jamais effacée de mon esprit, et s'est toujours reproduite à Venise, chaque fois que j'y ai vu les belles œuvres de Paul Véronèse, en

1. Le comte Léopold Cicognara, né à Ferrare en 1767, s'est distingué par son goût éclairé pour les arts. Après avoir rempli des fonctions politiques éminentes, il fut nommé, en 1812, président de l'Académie des beaux-arts à Venise. Il mourut dans cette ville en 1834. Son principal ouvrage est : *Storia della scultura*, faisant suite à l'*Histoire de l'art* de Wurtrelm.

me confirmant dans ce que je me rappelle vous
avoir dit à Paris : que je ne connais, dans la peinture moderne, aucune œuvre qui me représente
plus parfaitement la largeur de style, la facilité de composition et l'éclat de la couleur véni-
tienne, que cette voûte peinte par le très habile
Gérard.

J'ai cherché votre nom, que j'espérais trouver
signé de votre propre main, dans un coin de la
très belle gravure; mais je n'y ai trouvé qu'un
petit papier indiquant le sujet que je connaissais
bien, et je ne puis qu'adresser à l'auteur d'une si
belle peinture mes plus sincères remerciements
d'avoir bien voulu se souvenir de moi. En avan-
çant en âge, je sens vivement le besoin de m'entourer d'objets agréables et de chers souvenirs, et
certes, votre souvenir sera toujours pour moi des
plus intéressants. La fortune ne me permet pas
d'avoir, mais elle ne m'empêche pas de *désirer* et,
dans mon cabinet, les souvenirs des plus remarquables artistes de notre siècle me tiennent compagnie.

Je ne pouvais me flatter de posséder un souvenir de votre main, mais du moins je serai heureux que cette magnifique gravure maintienne,
dans ma maison, le souvenir d'un éminent artiste,
tel que Gérard.

Le graveur a eu l'habileté, en se mettant lui-
même en évidence, de ne pas trahir le mérite de
la peinture, et il y a une grande vérité de tailles,

du moelleux et de l'harmonie dans les diverses parties, chose que je n'ai pas vue heureusement exécutée par quelque graveur de mérite reproduisant par le burin les œuvres de Gérard. L'abus de la hâte, par trop d'empâtement à force de tailles, de points et de contre-tailles, énerve souvent quelques parties en les amollissant, et par une excessive netteté et crudité de tons employés avec abus, donne à d'autres parties un caractère arrêté, âpre et dur qui ne convient pas toujours. Il en résulte une diffusion de lumière en opposition à une excessive force d'ombre qui annule les teintes intermédiaires, si bien que le peintre est sacrifié à l'amour-propre du graveur qui, parfois, trahit au lieu de traduire la peinture.

Si chacun voulait faire son métier, comme le faisait *Marc-Antoine* avec tant de sobriété, nous aurions de bien meilleures gravures. Mais, il n'y a pas à en parler, cela saute aux yeux. On s'impose à la multitude par la séduction de belles et brillantes tailles..., en foulant aux pieds le talent originaire du pinceau.

Excusez cette digression et accusez-en mon enthousiasme pour les produits de l'ancienne gravure.

M. Turpin de Crissé [1] vous aura fait remettre

---

1. Lancelot Théodore, comte Turpin de Crissé, peintre de paysage et d'architecture, membre de l'Institut, né à Paris en 1782, mort le 15 mai 1859. On peut citer de lui les *Adieux d'Atala à sa sœur* et les *Ruines de l'abbaye de Croyland.*

de ma part un médaillon du monument de Canova.

Aimez-moi, rappelez-moi au souvenir de Madame ainsi que ma femme qui lui envoie ses plus cordiales félicitations.

Nous sommes restés deux mois à Bologne où nous avons vu chaque jour la Martinetti, chaque jour nous entretenant de Gérard, de Paris et des plus belles heures de notre vie. Mais pourrai-je jamais revoir ce Paris? Gérard ne reviendra-t-il plus en Italie? Ce sont deux problèmes difficiles à résoudre.

Je me rappelle ces soirées si agréables, si amicales, si graves, passées au sein des arts, de l'amabilité et de l'amitié.

Je serais heureux de vous être bon à quelque chose. Rappelez-moi au souvenir de nos amis communs, conservez-moi votre amitié et soyez bien assuré du plus vif, du plus sincère et du plus tendre retour.

Votre affectionné et très obéissant serviteur et ami.

LEOPOLDO CICOGNARA.

BARON GÉRARD A M. DE CICOGNARA

21 novembre 1831.

Monsieur le comte,

Mme Caradori, dont je regrette vivement de n'avoir fait la connaissance qu'à la veille de son départ, veut bien se charger d'un mot pour vous. Cette aimable dame réunit tant de grâce à tant de talent, et des manières à la fois si naturelles et si distinguées, que je n'ai pas été surpris en apprenant combien vous l'appréciez, ainsi que son digne époux M. Allan. Je ne saurais trouver une occasion plus heureuse pour me rappeler à votre précieux souvenir, et j'en profite avec empressement.

Quoique Mme Caradori nous quitte au moment où notre public et elle se trouvaient parfaitement bien ensemble, loin de la plaindre, je lui porte envie : elle va revoir l'Italie, Venise et vous surtout, tandis que l'âge et les travaux rendent chaque jour la chose plus difficile pour moi !

Sel memoria m'avanza,
E pasco il gran desir sat di quest' una.

Je sais que vous êtes exposé aux insultes de la goutte; vos amis ne peuvent s'empêcher de s'en affliger, mais ce ne sont pas les arts ni les lettres qui se plaindront de vous voir retenu dans votre cabinet. Peut-on espérer bientôt la publication du fruit de vos recherches sur la chalcographie? Ce sera une vraie consolation pour les amis de l'art et de la science.

Je prends la liberté de vous adresser encore deux images faites d'après moi; l'une vous paraîtra, je le crains, un peu maigre de gravure; mais l'autre peut être considérée comme le chef-d'œuvre de la lithographie, du moins en France.

Vous verrez que j'ai été sensible aux reproches que vous avez eu la bonté de me faire.

J'ai eu l'honneur de voir Mme la comtesse de la Zize; nous avons tâché de la recevoir comme votre recommandée, mais jusqu'ici, malgré notre empressement, nous ne l'avons point encore entendue. Son voyage avait été fort pénible, ensuite ses couches sont survenues et, depuis, quelques indispositions nous ont privé du plaisir de la faire entendre chez nous. Au demeurant, elle est en connaissance avec tout ce qu'il y a de distingué dans la musique, Paër des premiers, et nous espérons que bientôt le public pourra jouir de son talent.

Je crains de manquer le départ de Mme Cara.

dori et je me hâte, monsieur le comte, de vous
assurer de nouveau de la haute considération et
de l'inviolable attachement que vous a voués votre
affectionné serviteur.

F. Gérard.

ANDRIEUX[1]

Paris, 6 décembre 1829.

Mon cher et illustre confrère,

Si je me suis rappelé à votre souvenir, c'est
que vous êtes souvent présent au mien. J'aurais
insisté pour vous voir, si je n'avais craint d'interrompre les travaux qui font la gloire de notre pays
en même temps que la vôtre. Je voulais vous remercier de m'avoir permis de lire chez vous ma
tragédie. Cette lecture m'a été utile, car je suivais
avec attention l'impression produite sur les auditeurs, et j'ai bien vu que le deuxième et le troisième acte ont laissé à désirer ; il y avait de la
langueur ; j'ai songé de suite aux moyens d'animer
ces deux actes, et je crois avoir assez bien ren-

---

1. Ainsi que Ducis, Andrieux fut pendant toute sa vie adonné
aux lettres et resta indépendant. Né à Strasbourg en 1759, il était
destiné au barreau et à la magistrature. Il fut membre du conseil
des Cinq-Cents, puis du Tribunat. Professeur de littérature au
Collège de France, il sut conserver, jusqu'à la fin de sa vie, la
faveur de ses jeunes auditeurs. En 1829, il fut élu secrétaire perpétuel de l'Académie française. Il a donné au théâtre de jolies
comédies, dont quelques-unes, l'*Étourdi,* le *Manteau,* sont restées
longtemps au répertoire. Il est mort en 1833.

contré. Ma nouvelle marche est arrêtée, mais il faut vérifier ; le froid et le mauvais temps m'en empêchent : je n'ai jamais pu faire des vers étant assis devant une table ; il faut que je marche, le mouvement du corps se communique à l'esprit. Je crois que je serai obligé d'attendre le printemps.

Adieu, mon cher confrère. Je suis fâché d'apprendre que vous avez été indisposé ; soignez votre santé, elle est précieuse aux arts, à la France et à tous ceux qui, comme moi, vous ont voué depuis bien des années un sincère et tendre attachement. Voulez-vous bien faire agréer à Mme Gérard l'hommage de mon respect ?

ANDRIEUX.

POLONCEAU [1]

Paris, 1830.

Monsieur,

Alexandre, qui n'est pas encore levé, me charge de vous dire où en sont les grandes affaires ; le journal vous fera connaître ce qu'il y a de plus important en ce moment : les propositions de la commission, consignées dans le rapport de M. Dupin. Je viens de voir deux députés, ils espèrent que ces propositions seront adoptées à une grande majorité, dans le milieu de la journée, et qu'on pourra bien y ajouter la suppression de l'hérédité de la pairie pour amendement.

On veut tâcher d'arriver à tout terminer aujourd'hui, pour que le duc d'Orléans puisse être proclamé dans la réunion de demain et prêter immédiatement son serment.

Il y a eu hier soir un rassemblement assez nombreux de jeunes gens autour de la Chambre, déterminé par le bruit qui avait été répandu que la Chambre voulait proposer le duc de Bordeaux; mais cette foule s'est dispersée sur les représen-

1. Polonceau, ingénieur distingué, a fait la route du Simplon et le pont des Saints-Pères.

tations qui lui ont été faites par La Fayette et Girod
de l'Ain, et d'après les exhortations de quelques
élèves de l'École polytechnique qui étaient présents.

Les journaux de ce jour, faisant connaître la
vérité, calmeront les esprits; il pourra bien y avoir
quelque rassemblement autour de la Chambre
des pairs, mais cela servira à la déterminer à une
prompte adhésion, et je ne crois pas que la tranquillité puisse être troublée.

Veuillez, monsieur, présenter mes compliments et mes hommages à Mme Gérard et agréez
les nouvelles assurances de mes sentiments dévoués.

PoLonceau.

BARON GÉRARD
A M. POLONCEAU

Je m'empresse, monsieur, de vous remercier de ce nouveau témoignage de votre amitié.

Si je ne me présente point au Palais-Royal, c'est que le moindre de mes confrères ne verrait dans cette démarche qu'un motif d'intérêt.

Je ne crains pas que la méchanceté m'accuse de regret ou de mécontentement. Le Prince connaît mes sentiments et mes amis savent que je vois dans Mgr le duc d'Orléans le seul et unique point de ralliement de tous les Français.

Agréez, je vous prie, monsieur, l'expression, etc., etc.

MARQUIS DE SAINTE-AULAIRE [1]

Rome, 8 novembre 1830.

Une lettre de vous est une bien bonne fortune en tout pays, monsieur, et je crois qu'on en sent encore mieux le prix en la recevant à Rome. Ce n'est assurément pas dans ce pays qu'on pourrait vous oublier. Je vous remercie de m'avoir procuré la connaissance de M. Lemoyne. J'ai trouvé en lui tout ce que vous m'annonciez et, en outre, une obligeance pour moi à laquelle je suis très sensible et dont je serais heureux de lui prouver ma reconnaissance, si j'en trouve l'occasion. Ma femme et mes filles, arrivées depuis quelques semaines, me raccommodent avec une situation qui, pendant les premiers mois de mon séjour, a été très pénible. J'en suis dédommagé par la pensée que j'ai apporté une petite pierre pour le grand édifice de la paix, dont la construction me semble aujourd'hui à peu près terminée. J'ai donc quelque espérance que je passerai mon hiver en chanoine, ainsi qu'il convient à un ambassadeur à Rome.

1. Beau-père de M. Decazes, fut un des principaux appuis de la monarchie de Juillet qui l'appela successivement aux ambassades de Rome, de Londres, et l'éleva à la pairie.

Au printemps, je me promets un voyage en France, pour régler mes affaires domestiques et aussi pour me rappeler au souvenir de mes amis, dont j'aurais si grand regret d'être oublié. Vous savez que vous êtes de ce nombre, monsieur; vous seriez bien aimable de me prouver que vous ne l'oubliez pas en me donnant quelquefois de vos nouvelles.

Veuillez, en attendant, agréer l'assurance de mes sentiments les plus distingués de considération et d'attachement.

SAINTE-AULAIRE.

BÉRANGER

I

Paris, 24 novembre 1830.

Monsieur,

Je m'empresse de vous remercier de l'agréable
surprise que m'a causée le magnifique présent
que vous voulez bien me faire. Je suis tout fier que
vous ayez bien voulu penser à moi dans la distribution des exemplaires de cette gravure. Je me
promettais, quand ma santé serait rétablie, de
voir l'original du tableau que vous avez si heureusement encadré dans les nobles et admirables
figures[1] si dignes de leur première destination et
qui, placées comme elles le sont dans cette gravure, font si tristement rêver à la gloire du vain-
queur d'Austerlitz. Cette gravure ne fait qu'aug-
menter le désir que j'ai de connaître la dernière
production d'un pinceau habitué à nous enrichir
de chefs-d'œuvre.

1. Il s'agit de la gravure du *Tombeau de Sainte-Hélène. Le
Tombeau de Sainte-Hélène*, acheté par le duc d'Orléans en 1834,
acquis par le musée en 1853 à la vente des tableaux de Mme la
duchesse d'Orléans, a été gravé par Garnier.

Recevez, monsieur, les témoignages de ma reconnaissance et celle de l'admiration que m'ont toujours inspirée votre génie et vos ouvrages.

BÉRANGER.

II

Passy, 25 février 1833.

Monsieur,

Depuis la publication de mon dernier volume de chansons, je me propose d'avoir l'honneur de vous le porter. Mais la même indisposition qui m'a fait quitter la table chez M. David[1], le jour où j'eus le plaisir de m'y trouver avec vous, vient encore de me reprendre et me confine à Passy. Je prends le parti, monsieur, de vous envoyer mes chansons, au lieu de vous les porter moi-même, regrettant de vous offrir si peu en échange de la belle gravure que je vous dois, et qui est le plus riche ornement de ma cellule.

Agréez, monsieur, l'expression de ma considération la plus distinguée.

BÉRANGER.

1. David d'Angers, le célèbre statuaire.

LE BARON GÉRARD
AU DIRECTEUR DES BEAUX-ARTS
DE LA MAISON DU ROI

Paris, décembre 1830.

Monsieur,

Je n'ai pas cru devoir signer l'état d'émarge-
ment de l'administration du Muséum, qui m'a été
présenté aujourd'hui.

Le titre de premier peintre du roi dont
Louis XVIII avait bien voulu m'honorer et le
traitement qu'il y avait attaché ne me semblent
guère en harmonie avec le nouvel ordre de choses. Je n'ai aucune idée du parti qui sera pris à
cet égard, mais j'éprouverais un véritable embarras à toucher les honoraires d'une place qui,
n'ayant nulle sorte d'attributions, est plus que toute
autre passible des réformes qui peuvent être pro-
jetées.

Je ne crains pas que cette démarche puisse
être mal interprétée. J'ose même espérer que le
roi la trouverait naturelle, puisque je suis assez
heureux pour que S. M. connaisse tous mes sentiments.

F. Gérard.

VITET[1]

Paris, 1830.

Je vous sais assez indulgent, monsieur, pour accepter même des bagatelles ; ne me refusez donc pas celle-ci, la plus légère du monde, quoique traitant de lourds monuments. Laissez-moi la déposer chez vous, uniquement comme un souvenir ou comme un gage d'admiration.

J'y joins une antiquaille rajeunie par-ci par-là. Ce sont les *Barricades,* jeux d'enfants auprès de celles de nos jours ! Réservez, je vous prie, une place pour les deux assassinats qui leur font suite[2]. Quand il plaira à mon libraire, il m'en reviendra en possession quelques exemplaires, et je me hâterai de vous en accabler. C'est bien pour le coup que je réclame pitié et indulgence.

Mille pardons, monsieur, croyez à l'assurance et agréez la vive expression de mes sentiments les plus sincères.

L. VITET.

1. Né en 1802, de l'Académie française en 1838. M. Vitet, outre ses travaux littéraires très remarquables, a publié d'excellents ouvrages sur les arts.

2. La *Mort de Henri III,* les *États de Blois.*

LADY HOLLAND[1]

Londres, 24 décembre 1830.

L'idée que je me suis formée du grand homme dans son cabinet de travail n'était nullement défavorable, mais votre pinceau heureux et historique a bien su la surpasser. Bien des remerciements, mon cher monsieur Gérard, des soins, du génie et, j'ose le dire, de l'amitié que vous y avez mise. On nous avait fait espérer que vous viendriez vous-même en Angleterre, où tant de vos beaux ouvrages vous ont devancé, et où vous trouveriez tant d'artistes, de connaisseurs et d'amis empressés de vous donner *le bien venu* (*sic*). Personne parmi eux n'en serait plus enchanté que lord Holland (qui raffole de votre tableau), et votre sincère et reconnaissante

E. HOLLAND.

1. Femme de lord Holland. La conduite de lord Holland en 1814 et 1815, et son insistance à blâmer les rigueurs de la politique anglaise envers Napoléon ont rendu son nom sympathique à la France.

Le tableau, de petite dimension, dont lady Holland parle ici, représente l'empereur debout, au milieu de son cabinet de travail aux Tuileries.

Messieurs Coutts (les banquiers de lord Holland, *Strand, London*) ont déjà l'ordre de tenir à
votre disposition les *douze mille francs*. Je vous
prie d'avoir la bonté de les avertir par une lettre
où vous voulez que cela vous soit remis.

LA PRINCESSE SAPIEHA

I

Mars 1831.

Monsieur, vous avez toujours témoigné un si
aimable intérêt pour les Polonais, que je me permets aujourd'hui de vous entretenir d'eux. Je
reçois une lettre de ma mère, Mme Zamoyska. Elle
m'engage à faire une loterie pour les pauvres Polonais qui sont à Paris sans secours, elle m'a dit
de m'adresser aux artistes distingués dont les sentiments généreux nous sont bien connus, elle me
dit que quelques ébauches, croquis, etc., etc., auraient un grand succès. Permettez-moi, monsieur,
de m'adresser à vous en cette circonstance et d'espérer que vous voudrez bien donner quelques
coups de crayon pour notre loterie qui alors acquer-
rait une valeur réelle; excusez mon importunité en
faveur de la malheureuse Pologne et veuillez
agréer l'assurance de mes sentiments distingués.

HEDWIGE, P^{sse} SAPIEHA.

II

Ce 13 mars 1831.

Je ne sais de quels termes me servir, monsieur, pour vous peindre ma reconnaissance pour le charmant tableau que vous avez daigné m'envoyer hier. J'ai chargé M. Rubio de mes remerciements, mais j'ai besoin encore de vous les répéter au nom de mes compatriotes. Agréez, monsieur, l'expression de notre reconnaissance. Vos vœux pour le sort de notre pauvre patrie ne peuvent qu'assurer les succès de nos efforts; il est bien doux pour nous de voir tout l'intérêt que vous voulez bien prendre aux malheurs de notre pays.

HEDWIGE, Psse SAPIEHA.

SERANGELI[1]

Mon bien cher et aimable ami,

Après quinze ans révolus d'absence il est doux
de se rappeler au souvenir d'une amitié qui date
de la première jeunesse, qui ne s'est jamais dé-
mentie, et qui flatte autant le cœur que l'amour-
propre. M. Marochetti[2], qui veut bien être l'interprète de mes sentiments pour vous, sera, je n'en
doute pas, bien accueilli par vous à cause de ses
qualités personnelles et de son talent, et aussi un
peu par amour pour moi parce que je me flatte
que vous aimez un peu votre vieil ami; mais votre
vieil ami ne se contente pas seulement de la bonne
réception que vous ferez à M. Marochetti, il espère
que vous voudrez bien lui donner un mot. Je serai
heureux d'apprendre par vous que vous jouissez
de la plus grande partie du bien-être que je vous

1. Peintre d'histoire italien; auteur du tableau *Napoléon
recevant les députés au Louvre* et de plusieurs autres tableaux
placés au musée de Versailles. (Voy. note de la p. 58.)

2. Sculpteur, né à Turin en 1805, de parents naturalisés
français.

souhaite. Je l'ai prié de me faire parvenir votre lettre à Turin.

Après une maladie mortelle en *1828*, et un bras cassé en *1829*, je jouis de la meilleure santé possible et, puisque ma lettre sera lue au delà des Alpes, je vous dirai que l'on mène ici la vie la plus ennuyeuse, la plus monotone; l'état des arts est aussi pitoyable que celui de la société et cependant, sous quelques rapports, on est encore mieux ici que dans la plupart des autres contrées d'Italie. Par bonheur pour moi, j'ai retrouvé dans la maison de l'Ambassadeur de France ce qui fait les délices de la vie sociale à Paris et personne, je vous assure, ne fait plus ardemment que moi des vœux pour la conservation de Louis-Philippe et de son gouvernement; pour que M. de Barante reste à Turin. N'en dites rien, je vous prie, aux messieurs de la gauche, parce qu'ils soutiendraient que l'égoïsme est doctrinaire.

Ne m'oubliez pas, je vous prie, auprès de la bonne Mme Gérard, rappelez-moi au souvenir de nos anciens amis, et croyez pour la vie,

Votre dévoué et sincère ami.

SERANGELI.

Mme la C^{sse} de Beneval me charge de vous dire mille choses aimables.

SALVERTE[1]

23 mars 1831.

Monsieur le baron,

Je viens au nom des enfants de M. Daru vous remercier du talent et du zèle que vous avez mis au portrait de leur père.

Vous aurez peut-être pensé, monsieur le baron, que nous avions bien de la peine à vous le rendre. Ces dames le copiaient et cette étude à laquelle elles se livraient assidûment a été longue. Plus elles ont travaillé et plus elles ont reconnu la vérité de votre ouvrage. Il a un mérite rare dans les portraits de mémoire, c'est de ramener par les détails ceux qui, au premier abord, auraient été moins frappés de la ressemblance.

Permettez-moi, monsieur le baron, de vous féliciter de ce succès qui nous est si précieux et de vous faire agréer l'expression de notre recon-

---

1. Salverte (Eusèbe), né à Paris en 1771, mort en 1839, fut successivement avocat au Châtelet, attaché au ministère des relations extérieures. Condamné à mort par contumace, il renonça aux fonctions publiques. Élu député de Paris en 1820, il siégea dans les rangs de l'opposition extrême.

naissance. Nous sommes extrêmement flattés que M. Daru vous ait laissé tant de souvenirs.

J'ai l'honneur d'être, avec les sentiments de respect et de la plus haute considération,

Votre très humble et très obéissant serviteur.

SALVERTE.

VIENNET[1]

Paris, 12 septembre 1831.

Monsieur et cher confrère,

Sur ce qui m'avait été dit, je croyais que votre aimable billet n'aurait d'autre but qu'une démarche en faveur de Mme Bullon et, comme on était venu me demander ma signature, je supposais que vous n'aviez plus rien à me dire. Mais le roi m'a instruit hier de ce que vous attendiez de moi, en me demandant si je m'étais présenté chez vous. J'ai su qu'il s'agissait d'un grand tableau dans lequel je devais figurer entre Sa Majesté et le général Lafayette, puisque c'est dans cette glorieuse position que j'ai assisté à la scène de l'Hôtel de Ville. Soyez assez bon pour me dire le jour et l'heure où vous aurez besoin de moi. J'arrangerai mes affaires en conséquence, et les solliciteurs me pardonneront de les sacrifier à l'immortalité que votre pinceau me destine.

1. Viennet (Jean-Pons-Guillaume), littérateur et homme politique, membre de l'Académie française, ancien membre de la Chambre des pairs et de celle des députés; né le 18 septembre 1777, mort en 1868.

Veuillez agréer l'assurance des sentiments affectueux avec lequels j'ai l'honneur d'être, monsieur,

Votre très humble et très dévoué confrère.

VIENNET.

A. DE LAMARTINE

I

A Saint-Point, par Mâcon, 12 janvier 183 2.
(Saône-et-Loire.)

Monsieur le baron,

Votre chef-d'œuvre porte ses fruits. Un graveur, M. Girard, m'écrit pour me demander de l'autoriser à le graver en l'aidant de cent souscriptions. J'y suis très disposé, c'est un cadeau que je ferai avec confiance et audace à mes amis qu'un portrait de Gérard. L'œuvre acquerra tout son prix de l'artiste. Mais dites-moi, je vous prie, si ce graveur est digne de vous et approuvé par vous. Je ne lui répondrai qu'après avoir reçu votre réponse confidentielle, et je la tiendrai secrète [1].

1. Le graveur fut, en effet, jugé digne de reproduire le portrait en question. La planche a été terminée en 1834 par M. Girard, l'auteur des belles gravures : du portrait de *Louis XVIII dans son cabinet,* d'après Gérard ; de la *Rebecca* (*Ivanhoé*), d'après Léon Cogniet et de *Richelieu* et *Mazarin* (galerie Pourtalès), d'après P. Delaroche.

Pardon de cette indiscrétion, je ne vous demande qu'une ligne.

Recevez, je vous prie, avec l'hommage d'une admiration profonde, et que je vous exprimerai mieux un jour [1], celui de mes sentiments de reconnaissance et de ma haute considération.

ALPHONSE DE LAMARTINE.

II

Paris, 1837.

Madame la baronne [2],

J'étais malade au moment où vous avez perdu ce bon et grand homme. Personne n'a autant déploré cette perte pour la gloire de la France que moi, et ma pensée s'est souvent reportée depuis sur vous avec une bien vive sympathie à vos douleurs. Je commence à peine à pouvoir monter un escalier, mais j'essayerai, le dimanche 26, et je serai bien consolé de voir qu'indépendamment de sa mémoire, il vous reste de nouveaux gages de son immortalité.

Agréez, madame la baronne, l'assurance de mes respectueux sentiments.

LAMARTINE.

1. Voy. les vers qui terminent le volume.
2. A Mme Gérard, à propos de la mort de Gérard.

A. SAINT-AIGNAN[1]

Paris, 1831.

Monsieur Gérard sait bien que je suis et serai toujours heureux de saisir une occasion de me mettre à sa disposition.

Voici ce que ma mémoire me rappelle sur les questions qu'il veut bien m'adresser :

Il était environ trois heures lorsque le roi entra à l'Hôtel de Ville. La toilette des députés, qui d'ordinaire est peu soignée, l'était ce jour-là encore moins que de coutume ; peu d'entre eux étaient en noir ; le plus grand nombre en redingote, chapeau gris, gilet blanc ou nankin.

Voilà la vérité, qui n'est pas bien pittoresque ; mais l'admirable talent de monsieur Gérard y suppléera [2].

Je le prie d'agréer l'assurance de ma vieille et constante amitié.

AUGUSTE SAINT-AIGNAN.

1. M. A. Saint-Aignan joua un rôle important dans les rangs de l'opposition libérale pendant la Restauration. — Il aimait les arts et avait étudié la peinture dans l'atelier de David.

2. Il s'agit du tableau représentant le duc d'Orléans à l'Hôtel de Ville en 1830.

DUC DE LUYNES[1]

Dampierre, 9 juillet 1833.

Monsieur,

Je suis très heureux de penser que l'hommage de mon travail sur Métaponte ait pu vous être agréable. Si je n'étais pas depuis assez longtemps à la campagne, j'aurais eu l'honneur de vous le porter moi-même. Le même motif me privera quelques jours encore de la faveur que vous voulez bien me faire; mais, avant trois semaines, j'espère, puisque vous le permettez, voir les belles peintures sur lesquelles les éloges des vrais connaisseurs s'accordent avec tant d'unanimité.

Je vous prie de croire, monsieur, à tout le plaisir que me procurera cette visite à votre atelier, et d'agréer en même temps l'expression de mes sentiments les plus distingués.

LE DUC DE LUYNES.

1. Savant archéologue et amateur éclairé, M. le duc de Luynes consacrait une partie de sa grande fortune à honorer les arts et à encourager les artistes. Il est auteur de plusieurs écrits estimés sur la numismatique. Son ouvrage sur *Métaponte* est remarquable. Il était académicien libre depuis 1830. Il a doté la Bibliothèque impériale de sa belle collection de médailles.

ORLOFF[1]

Ce dimanche. (Vers 1832.)

J'ai reçu, mon cher baron, votre aimable lettre,
mais qui, en conscience, est trop aimable. Vous
me traitez avec trop de bonté et trop d'indulgence.
Je ne vous cacherai pas que j'ai été peiné de ne
pas trouver dans tout mon manuscrit des observations ni des critiques sur un sujet tellement
important, et que personne n'aurait pu me faire
sur un art dont votre palette est l'ornement,
et dont la théorie vous est aussi connue que la
pratique.

Je n'ai pas osé m'embarquer dans des critiques sur l'histoire de cette époque; je ne puis
me supposer assez de talent, c'est pourquoi j'ai
cherché à éviter cet écueil, surtout sur des
temps aussi reculés et dont nous n'avons que des
traditions.

Je n'ose plus être encore indiscret pour vous
envoyer les cahiers suivants, surtout vous sachant
souffrant; j'ai même des excuses à vous offrir
d'avoir peut-être abusé trop longuement et de

---

1. Orloff (Alexis, comte), diplomate et général russe, né en
1787, mort en 1861.

votre patience et de votre bonté. Mais je réclame votre indulgence et complaisance.

Veuillez agréer, mon cher baron, mille amitiés et l'assurance de mes sentiments distingués.

ORLOFF.

SHIKER[1]

Berlin, ce 29 novembre 1833.

Monsieur le baron,

Si, parmi toutes les impressions laissées par
un séjour plus ou moins long à Paris, il m'en est
resté une dont le souvenir ne pourra pas s'effacer,
c'est celle des moments où vous avez daigné
m'admettre chez vous pour être témoin du progrès de vos travaux, où je pouvais jouir de votre
conversation; cette impression n'a pas manqué de
se reproduire aussitôt que j'ai eu l'occasion de
revoir, soit ici, soit dans les pays que j'ai visités
depuis mon départ de Paris, un de vos tableaux,
et l'aspect des productions de votre pinceau n'a
jamais manqué de faire renaître les idées puisées
dans les entretiens que j'ai eu l'honneur d'avoir
avec vous. Un séjour de six mois en Italie, dont
je viens de retourner, et où j'ai admiré plusieurs
de vos ouvrages, m'a fait tirer un parallèle entre
les productions *modernes* des Italiens et les vôtres
et je n'ai pas pu me cacher que les progrès faits

1. Souvent cité dans les lettres de Humboldt.

par ce peuple, entouré de débris de l'art antique
et de modèles de tout genre, peuvent être consi-
dérés comme nuls quand on les compare avec
ceux des Français.

C'est avec un double plaisir que j'ai vu ici,
bientôt après mon arrivée, l'excellent portrait de
notre ami, M. Alexandre de Humboldt, hommage
de l'amitié et preuve d'un talent qui n'a pas besoin de mes faibles éloges pour être reconnu par
tout le monde comme un des premiers. L'acquisition de la propriété d'un des premiers *journaux*
de la Prusse, qui m'offre l'occasion de répandre
mes idées sur les beaux-arts dans le public du
royaume, m'a fait considérer l'arrivée de votre
excellent portrait comme une occasion favorable
pour dire quelque chose sur les caractères de la
peinture française en général et pour offrir en
même temps un hommage *public* au grand talent
dont j'ai toujours été un des admirateurs dévoués
et sincères. C'est à l'insu de notre commun ami,
M. de Humboldt, que j'ai fait imprimer cet article,
ayant prévu que sa modestie n'aurait pas voulu
m'accorder la permission de parler en public d'un
ouvrage dont il est le sujet. Vous nous avez enri-
chi, monsieur le baron, d'un portrait dont les
traits nous rappellent tant de mérites, et qui ne
pouvait pas être tracé avec plus de fidélité que
par la main d'un *ami;* et les amateurs de l'art se
glorifieront de voir les trésors que nous possédons,
enrichis par un ouvrage, qui pourra servir de mo-

dèle à nos jeunes artistes, dont la fantaisie n'a pas encore été séduite par les erreurs de nos écoles modernes.

Je prends la liberté, monsieur le baron, d'ajouter un exemplaire de mon article à la lettre que j'ai osé vous écrire. Parmi vos nombreux amis, il y aura, assurément, quelqu'un assez connaisseur de notre langue pour pouvoir fidèlement traduire le contenu.

En vous priant de vouloir bien présenter mes respects à M\ume la baronne, j'ai l'honneur d'être, monsieur le baron,

Votre très humble serviteur.

SHIKER.
Bibliothécaire du roi.

MME SOPHIE DE MICHEL[1]

Nice maritime, 4 avril 1834.

Après tant d'années d'absence, de mille révo‑ lutions de tous les genres, de pertes d'amis, d'il‑ lusions, peut-être de bonheur, — l'aimable, le spi‑ rituel, le délicieux peintre Gérard a-t-il eu le loisir de donner un souvenir à une ancienne amie qui s'était toujours intéressée à son bien-être, à sa gloire? M. Théophile Las Cases m'avait dit oui, à son retour de Paris. Il m'avait même assuré que vous m'écririez avant votre départ pour les eaux : — la lettre se serait-elle perdue? J'aime à le croire, plutôt que de penser à votre oubli, car je ne suis plus à Livourne, mais à Nice ; j'y suis pour y passer un mois, et depuis un an me voilà *in statu quo.* La force d'inertie est grande chez moi comme chez bien des gens qui se plaisent dans leur paresse. J'ai fait un voyage à Paris de quel‑ ques jours, il y a trois ans; j'ai été chez vous trois fois; votre portier, toujours inexorable : *Monsieur est sorti, il est à l'Académie.* Je voulais voir la belle *Sainte Thérèse,* vous prier de me conduire à cet

---

1. Dame de compagnie de la reine Caroline Murat.

hospice de Mᵐᵉ de Chateaubriand, — mais le moyen de vous trouver? — Enfin un désappointement complet. Vous m'auriez cependant entendue avec intérêt parler du passé, vous donner des nouvelles de cette reine toujours belle, qui est mille fois plus aimable, et qui n'oublie aucun de ses amis.

Je l'avais laissée à Trieste, la voilà établie à Florence et ses quatre enfants mariés en Amérique et en Italie.

Et vous, que faites-vous? toujours bon, spirituel, malin, sensible, ami constant, — et toujours souffrant? — J'imagine que vous êtes ainsi, car nous ne changeons pas de nature, nous gardons nos qualités, nos défauts, et lorsqu'on dit qu'on veut se corriger, on se ment à soi-même. — Et votre chère femme? toujours gaie, aimable! Si vos yeux souffrants vous le permettent, écrivez-moi et persuadez-moi que vous ne m'avez pas oubliée, et que vous n'avez jamais douté de ma vraie amitié.

SOPHIE DE MICHEL.

P.-S. — Voyez-vous souvent mon beau-frère, M. de Mirbel? Il est venu à Nice; j'ai eu grand plaisir à l'embrasser : il est toujours votre admirateur et votre ami. Nous avons beaucoup parlé de vous. — Que pensez-vous du talent de sa femme?

DUPIN

Paris, le 22 décembre 1834.

Monsieur,

J'ai retrouvé un exemplaire de ma narration de 1830. Je voudrais bien qu'on pût m'appeler comme vous *peintre d'histoire*.

Enfin, vous verrez mon esquisse. A la page 16 se trouve le récit très court de la visite à l'Hôtel de Ville.

Veuillez recevoir, monsieur, l'assurance de ma considération la plus distinguée et de mon attachement.

DUPIN.

BALZAC

I

Je crois, monsieur, vous avoir envoyé *la Peau de chagrin;* mais, comme le système général de mon œuvre commence à se démasquer, permettez-moi de ne pas vous donner la première assise sans la seconde : vous me feriez grand plaisir si, pour allumer vos cigares, vous mettiez les précédents volumes, intitulés *Contes philosophiques*, sur votre cheminée pour les *consommer* page à page.

Faites agréer mes hommages à Mme Gérard, et dites, je vous prie, à Mlle Godefroid que j'aurai le plaisir de prendre jour avec elle pour la palingénésie de mon pauvre et bien-aimé père. Si j'avais su l'autre jour que vous ne fussiez pas occupé, j'aurais dérobé avec grand plaisir une leçon de bonne et spirituelle conversation, car, si je vous aime autant que qui que ce soit, je vous admire mieux que tous.

Votre dévoué serviteur.

DE BALZAC.

II

Paris, 8 juin 1834.

Monsieur,

Mon envoi n'a d'autre but que le sentiment amical qui l'accompagne; c'était l'exemplaire que je
m'étais réservé, mais je ne pouvais mieux placer
le denier de l'auteur.

Je joins aux quatre volumes parus des *Études
de mœurs* ma première croûte, qui vient de paraître
aujourd'hui restaurée, mais, quoi que je fasse, j'ai
peur que l'écolier ne s'y montre toujours trop. Ce
sera un honneur que d'être souffert dans votre
bibliothèque.

Agréez, monsieur, mes sentiments les plus
affectueusement distingués.

DE BALZAC.

III

Paris, 1834.

Monsieur,

Vous devenez trop le bienfaiteur de mon musée; je voudrais ôter à mon envoi la teinte de
reconnaissance pour que mon hommage à votre
talent fût plus entier : mais ce sont de ces doubles
plaisirs qu'on a la chance de ne rencontrer qu'avec

vous. Je suis devenu prisonnier, j'ai trop d'ouvrage
à faire ; il a fallu renoncer même à vos chers
mercredis.

Mille gracieux compliments.

DE BALZAC.

IV

Monsieur,

J'ai vu hier un artiste dont le nom n'est pas encore célèbre en France, quoiqu'il ait beaucoup de
talent : c'est M. Gros-Claude [1], de Genève. Il désire, avec cette ferveur qu'inspire votre talent,
vous faire voir ses tableaux qu'il expose au musée.
J'ai osé faire les honneurs de votre bienveillance,
et il doit venir vous les apporter entre midi et une
heure aujourd'hui, car le terme de rigueur expire
demain pour l'admission ; il n'y a rien autre chose
à vous demander que votre avis et celui de
Mlle Godefroid ; il est grand ami de Schnetz et
professe pour vous cette admiration que nous avons
tous. Je comptais vous le présenter mercredi, s'il
n'avait pas la chance plus aimable de recevoir de
vous-même ce droit de bourgeoisie que vous ren-

---

1. M. Gros-Claude s'est fait connaître à quelques-uns de nos
salons, vers le commencement du règne du roi Louis-Philippe,
par des compositions familières. Ses *Buveurs* ont été gravés et ont
eu un succès populaire.

dez si précieux par cette grâce et cet esprit que, pour mon compte, j'envie chaque fois que j'ai le plaisir de passer une soirée près de vous.

Veuillez agréer l'hommage de ma sincère admiration.

H. DE BALZAC.

BARONNE MATHIEU DE FAVIER

27 décembre 1834.

Il a passé de bien mauvais jours sur moi, monsieur le baron, depuis que je n'ai eu l'honneur de vous voir, et mon mari vous était si sincèrement attaché, que vous aurez sûrement partagé les regrets de sa famille et de ses amis de le voir enlevé au milieu de nous d'une manière si prompte et si accablante. Hélas! monsieur le baron, je regarde souvent avec attendrissement le portrait que vous avez fait de moi! Vous avez peint une femme heureuse, une mère glorieuse de ses beaux enfants; depuis ces jours de bonheur, l'amertume a traversé ma vie, et mon bonheur s'est effeuillé, comme la fleur des champs, et il ne me reste plus que de tristes souvenirs. Ma santé est affaiblie, et je lutte avec la maladie et la mort depuis dix ans. Pourtant, monsieur le baron, dois-je dire à votre amitié pour moi que je reprends espérance en la guérison et en la vie? Depuis deux mois que je me suis mise à Colmar, entre les mains d'un docteur homéopathe, je sens un changement incontestable et des crises que la faculté de Paris, Strasbourg, Toulouse, le séjour de Nice, n'ont pu empêcher,

sont victorieusement combattues par mon docteur
homéopathe. C'est en me trouvant à Colmar, que
je n'ai pu me défendre du désir de vous voir faire
connaissance avec les produits du Haut-Rhin, et
j'espère que vous aurez reçu ou recevrez sous peu
de jours une truite que vous ne trouveriez pas
dans les eaux de la Seine. Je me suis permis ainsi
l'année dernière de vous adresser des produits de
mes chasses d'Alsace.

J'ai cru, il y a un an, monsieur le baron, faire
cesser l'abus intolérable que je fais de vos bontés
pour moi, et j'étais assurée que le 1er janvier 1834,
je livrerais, par mes hommes d'affaires, la collection
complète des tableaux de mon mari au musée
de Berlin; je croyais la vente assurée par les
accords que j'avais faits avec le directeur du musée,
par les lettres du ministre des beaux-arts en Prusse :
rien n'a été tenu, et, dans ce moment encore,
j'ignore ce qu'ils comptent faire. J'en suis peinée
pour moi, mais désolée en songeant au long, pesant,
et interminable fardeau dont je vous accable. Je
ne puis songer à vous, monsieur le baron, sans me
sentir confuse et bien reconnaissante; mais tout
a des bornes dans la vie, même votre patience, et
comme je ne vois quand je vendrai, je vous supplie de me dire que je dois faire enlever ces tableaux, si je vous dérange. Mon fils le baron Félix
de Favier est à Paris et demeure chez moi. Un
mot de votre part lui fera chercher un local où il
pourra placer les tableaux déposés chez vous, car

quelque service que vous me rendiez en les conservant chez vous, je serais désolée d'abuser de tant de bonté si longue et si inaltérable. Quelque décision que vous preniez, monsieur, ma reconnaissance ne peut en changer ni ne vous être plus dévouée.

Veuillez agréer, monsieur le baron, l'expression des sentiments distingués de ma haute considération.

BARONNE MATHIEU DE FAVIER.

DE PIXÉRÉCOURT[1]

Monsieur,

Vous savez, sans que je vous le dise, que j'ai l'honneur d'être l'un des plus déterminés bibliophiles de la capitale (autant vous dire que je suis un fou); mais n'importe. De cette folie, je ne m'en veux point guérir, car elle consiste surtout à embellir mes livres de tous les objets d'art qui s'y rattachent. A ce titre, je possède et je tiens en très haute estime tout ce qui a été gravé d'après vos dessins. Par malheur, la goutte, qui s'est acharnée depuis longtemps à mon individu, ne me permet pas de courir aussi fort que d'autres amateurs et il m'arrive quelquefois de soupirer longtemps. Par exemple, j'ai beau me donner du mouvement et mettre du monde en campagne, il

1. Pixérécourt était non seulement auteur dramatique, mais aussi bibliophile passionné. Tout en occupant la scène des boulevards depuis l'année 1797 jusqu'en 1835, il forma une bibliothèque très riche de pièces dramatiques. Son recueil du théâtre révolutionnaire était devenu célèbre. Il était directeur de la Gaîté lorsque ce théâtre fut incendié. Ce sinistre diminua sa fortune, au point de l'obliger à vendre en 1839 ses livres et sa collection d'autographes. Pixérécourt est mort en 1844.

m'a été impossible de trouver les eaux-fortes sur
papier de Chine des deux belles vignettes gravées
d'après vos dessins pour la *Henriade* de Didot.
Pourtant je désire avec toute la vivacité de la jeunesse enrichir un exemplaire de ces deux curio-
sités.

Permettez-moi donc, monsieur, de m'adresser
à vous. Prenez pitié de mes souffrances bibliophi-
liques, et soyez assez bon pour m'indiquer les
moyens d'avoir ces deux eaux-fortes. Je vous en
serai très reconnaissant. Naguère j'étais directeur
de l'Opéra-Comique, et je pouvais me rappeler à
votre souvenir et vous intéresser à ma prière
en vous offrant ma loge; maintenant je ne suis
plus en contact qu'avec le théâtre de la Gaîté, je
serais bien heureux qu'il vous plût d'assister en
famille à l'une de ses représentations. Si vous étiez
assez obligeant pour me faire connaître le jour qui
vous conviendrait, je mettrais la meilleure loge à
votre disposition pour voir l'*Oiseau bleu*, ou tout
autre spectacle.

Veuillez, monsieur, agréer mes humbles excuses et croire aux sentiments que je professe
pour votre admirable talent.

DE PIXÉRÉCOURT.

MADAME FERAY[1]

I

Essonnes, ce 13 janvier 1835.

Me voilà, mon cher monsieur, prête à vous présenter une singulière requête, mais je suis assurée pourtant que vous la trouverez toute naturelle et y ferez ce que vous pourrez. Or voici de quoi il s'agit : M. de Salvandy s'est déjà présenté quatre ou cinq fois à l'Académie; vous savez quels étaient ses titres, je ne vous les ferai donc pas valoir. Il a été repoussé une ou deux fois sous Charles X par les ultras, d'autres fois par les libéraux, et enfin cette fois sa nomination devait, disait-on, aller toute seule, quand d'un côté M. de Chateaubriand et Mme Récamier poussent à toute force M. Ballanche, et que, d'un autre côté, les journaux nous apprennent que M. Arnault lègue par son testament sa place à son fils. L'Académie ne s'est pas crue obligée, à ce qu'il paraît, à exécuter ce legs puisque c'est M. Scribe qui s'est

1. Mère de M. Ernest Feray, directeur des grands établissements industriels d'Essonnes, membre de l'Assemblée nationale de 1877 où il fut l'un des chefs du centre gauche. Belle-mère de M. de Salvandy.

assis dans le fauteuil de M. Arnault, et qu'il s'agit
à présent de celui de M. Parseval; mais enfin c'est
à présent qu'on publie la lettre de M. Arnault.

Pendant longtemps on a dit à M. de Salvandy
que M. Lemercier, l'auteur d'*Agamemnon,* lui était
fort opposé. Cette fois on lui a dit qu'il était dans
d'autres dispositions. Il lui aura fait une visite qui
ne lui aura rien appris. Mais vous étiez lié, ce me
semble, avec Lemercier et, si vous le voyez encore, je suis sûre que vous pourrez savoir par lui
ce qu'il compte faire et peut-être même y influer.
Bref, je confie cette négociation à votre vieille
amitié et je suis sûre qu'elle est en bonnes mains.

J'irai à Paris dans une dizaine de jours pour
y passer quelque temps, et je me fais bien fête du
plaisir de vous revoir. Je compte faire faire quelques nouvelles petites études à Mˡˡᵉ de Belmont et
un de mes parents m'a chargé aussi de faire faire
à Mˡˡᵉ Godefroid un portrait auquel il tient beaucoup.

Veuillez recevoir, cher monsieur, et partager
avec ces dames, l'assurance de mon sincère attachement.

J.-O. FERAY.

II

Jeudi matin.

En dépit de votre féroce Lacédémonien, mon
cher monsieur, nous sommes de l'Académie à la

majorité de 20 voix contre 8. Je m'empresse de
vous en faire part, parce que je suis assurée de
l'intérêt que vous y prendrez. C'est ma fille,
Mme de Salvandy, qui griffonne à ma place, car
je suis aveugle d'une inflammation sur l'œil gauche
dont je souffre mort et passion. Vous me plain-
drez, vous qui savez ce que c'est.

Recevez nos communs remerciements pour
les aimables, quoique inutiles efforts que vous
avez bien voulu faire près de M. Lemercier.

Pour ma mère.

J. DE SALVANDY.

VALENCIENNES[1]

J'ai lu ce matin différents articles sur la peste, afin de pouvoir répondre à la question que vous m'avez faite hier au soir. Dans cette maladie, comme dans toutes les épidémies qui déciment avec rapidité une population, on n'a pas le temps d'avoir un assez grand nombre d'observations, pour déterminer un préservatif contre l'invasion individuelle de cette maladie. La force d'âme, qui élève l'homme qui en est doué au-dessus de ses compagnons d'infortunes, est probablement le moyen le plus efficace, témoin Desgenettes[2], qui se fit à l'aine deux piqûres avec une lancette trempée dans le virus des bubons d'un grenadier mourant. Il n'eut que deux petits rouges à l'endroit de la piqûre. Il avait la tête montée (comme on dit) pour relever le courage de l'armée. Et puis, je dirais, si on ne craignait de passer pour vou-

1. Valenciennes (Achille), naturaliste français, membre de l'Institut, chevalier de la Légion d'honneur, né à Paris, le 9 août 1794, mort le 14 avril 1865.
2. René-Nicolas Dufriche, baron Desgenettes, médecin en chef des armées impériales, célèbre par sa science, son dévouement et son humanité. On fait ici allusion aux soins qu'il donna aux pestiférés de Jaffa.

loir rabaisser un si noble courage moral, *il fut heureux*. Desgenettes dit que les cadavres ne communiquent pas la peste. Cela est le plus ordinaire, car s'il y a quelques faits contraires à ce principe, c'est cependant l'opinion de Massaria, le médecin de la peste de Vicence en 1570, et celle de Septal, le médecin de la grande peste de Milan. Ces deux derniers disent que l'on doit éviter, autant que possible, de respirer l'air des malades que l'on approche. On trouve ce moyen indiqué également par Pâris et par Fodéré.

Je crois donc que vous pouvez d'après cela ajuster, sans inconvénient, la figure comme vous me le disiez hier au soir. Ce linge sur la bouche serait une sorte de précaution populaire; vous êtes sûr qu'aucun médecin ne pourra vous contredire.

Voilà peut-être trop de paroles, mais vous me pardonnerez, car vous verrez que j'ai du moins voulu vous être agréable.

Recevez l'assurance de mon respect, de ma sincère amitié.

A. VALENCIENNES.

VATOUT[1]

Palais-Royal, le 29 mars 1835.

Monsieur le baron,

Je suis tout honteux en vous écrivant si tard, mais je voulais aller vous voir et vous dire de vive voix que je m'associais de tout cœur à l'intérêt que vous portez à Mlle Sarrazin de Belmont[2]. J'ai fait tout ce qu'il m'était possible de faire : la reine a été bonne comme à son ordinaire, et je ne dois pas vous cacher que votre nom, qui a toujours été une puissance, a été pour beaucoup dans sa décision. Je suis heureux de trouver cette occasion nouvelle de vous exprimer des sentiments qui ne changeront jamais.

VATOUT.

1. M. Vatout était à cette époque conservateur des bibliothèques particulières du roi, aux Tuileries, au Palais-Royal et à Neuilly.

2. Mlle Sarrazin de Belmont, paysagiste distinguée, a longtemps habité Rome.

MASSIMO D'AZEGLIO[1]

Paris, mars 1836.

Les bienveillantes attentions dont j'ai été comblé chez vous, monsieur le baron, et l'obligeance
extrême de vos manières à mon égard (je dois
dire au nôtre) me donnent lieu d'espérer qu'en
retournant en Italie, je n'emporterai pas avec moi
la douloureuse idée d'être tôt ou tard entièrement
oublié de vous et de votre famille. Il m'a même

---

1. Un des hommes les plus remarquables de l'Italie contem-
poraine. Il suivit d'abord la carrière des armes; puis il alla à
Rome étudier les maîtres et le paysage, et acquit un talent distingué dans ce dernier genre. Il épousa la fille de Manzoni et
s'occupa dès lors exclusivement de littérature. Son *Ettore Fiera-
mosca* (1833) eut un grand succès littéraire et politique. Il entra
franchement, quoique avec modération, dans le mouvement libéral italien, et publia, à propos des événements de la haute Italie
sous Grégoire XVI, un écrit intitulé *les Derniers événements de
la Romagne*, qui eut un grand retentissement.

Après 1848, et quand l'Italie tout entière se souleva contre
l'occupation étrangère, M. d'Azeglio combattit aux premiers
rangs à Vicence où il fut grièvement blessé. Cependant il avait
prédit la malheureuse issue de la lutte et n'avait cessé de prêcher
la modération et la patience jusqu'à la bataille de Novare. A l'avènement de Victor-Emmanuel, le jeune roi nomma M. d'Azeglio
président du conseil (1849). En 1852, il fut remplacé dans ces
fonctions par M. de Cavour. Il est mort en 1865.

semblé voir que votre accueil n'était pas seulement poli et obligeant, mais qu'il était amical. — Si je ne me suis pas trompé, si vous voulez bien me permettre dorénavant de me mettre au nombre de vos voisins comme je suis depuis longtemps au nombre des admirateurs de votre talent, vous voudrez bien agréer la petite esquisse que je vous envoie, et que je vous prie d'accepter, quoique avec le regret de savoir qu'elle ne mérite pas de vous être présentée. En la regardant quelquefois, souvenez-vous de la haute estime et de la vive reconnaissance que vous inspirez à votre dévoué,

MASSIMO D'AZEGLIO.

GÉRARD AU MARQUIS D'AZEGLIO

Paris, 1836.

Le paysage que vous me faites l'honneur de m'offrir, monsieur le marquis, est peint avec autant de goût que de talent. Je me hâte de constater ce fait, car c'est vous garantir que la politesse n'entre pour rien dans ma vive reconnaissance.

Je regrette de ne pouvoir mieux vous exprimer ce que j'éprouve en ce moment qu'en vous priant d'agréer l'esquisse [1] qui occupait le lieu où je suis si flatté de placer votre ouvrage. — Elle n'était pas destinée à sortir de ma chambre. — Sa dimension vous la rendra peut-être plus incommode qu'agréable, et je vous en demande pardon, mais je cède avec empressement au besoin de vous convaincre de toute ma gratitude. Hélas ! mon âge ne me permettra point de jouir longtemps de votre précieuse bienveillance; croyez que cette idée me la rend encore plus

1. Cette esquisse représente un astrologue regardant les nuages.

chère. Puissiez-vous me la conserver avec autant d'intérêt que j'y attache de prix !

Agréez, monsieur le marquis, l'assurance de ma haute estime et de mon intime dévoue-ment.

F. GÉRARD.

––––––––

MARQUIS MASSIMO D'AZEGLIO

(TRADUCTION)

Turin, 24 mai 1836.

Très honorable monsieur le baron,

M. le professeur Biscarra, qui se rend à Paris, désire avoir l'honneur de connaître le premier des peintres modernes, reconnu comme tel par la France et l'Italie.

La dernière fois que j'ai eu l'honneur de vous voir, vous veniez d'achever la grande composition d'*Henri IV,* vous commenciez la *Corinne* et travailliez aux portraits de lord Beresford et de Pozzo di Borgo. Ce temps est déjà loin de nous, mais votre gloire est plus que jamais dans tout son éclat, et vos lauriers sont plus verts que jamais.

Je suis heureux de trouver une occasion de plus de vous témoigner mon estime.

M. le professeur Biscarra est le premier peintre de S. M. notre roi[1] et directeur de notre

---

1. Charles-Albert, qui a abdiqué en 1849, après la bataille de Novare, en faveur de Victor-Emmanuel II, son fils.

Académie. Il vous parlera de tout ce qui se fait
sous les auspices d'un tel souverain en faveur des
arts et des espérances qu'en conçoivent ceux qui
les cultivent.

S. M. m'a fait l'honneur de me charger de la
formation et de la direction de la *Galerie royale,*
que je publie avec illustrations et gravures exécutées par les meilleurs graveurs d'Italie. J'espère
réussir dans cette œuvre utile à l'art et honorable
pour notre commune patrie.

Il me sera fort agréable d'avoir de vos nouvelles et de celles de madame, à qui je vous prie
d'offrir mes hommages dévoués.

Agréez, monsieur le baron, les sincères pro-
testations de ma très haute estime et de mon entier dévouement.

Mis M. D'AZEGLIO.

Directeur général des *Galeries royales* de S. M.

CUVILLIER-FLEURY[1]

Madame[2],

Le duc d'Aumale aurait été en effet bien heureux de visiter un des derniers travaux[3] du grand peintre, dont on ne sent jamais si vivement la perte que lorsqu'on se rapproche de ses œuvres, et S. A. R. me charge de vous remercier, madame la baronne, pour l'empressement tout aimable que vous voulez bien lui montrer. Mais le jeune prince est obligé d'ajourner jusqu'à la semaine prochaine le plaisir d'en profiter. Il est, pendant quelques jours, tellement accablé[4] de ses

---

1. Secrétaire du roi Louis de Hollande pendant son séjour à Rome, 1820 et 1821. Directeur de Sainte-Barbe, 1823, successivement précepteur et secrétaire des commandements de S. A. R. Mgr le duc d'Aumale. A collaboré ensuite à la rédaction du *Journal des Débats* où il n'a cessé de défendre la cause des princes d'Orléans et de la liberté. M. Cuvillier-Fleury a été élu, en 1866, membre de l'Académie française en remplacement de M. Dupin.

2. A Mme Gérard.

3. Les quatre pendentifs du Panthéon.

4. Le duc d'Aumale faisait sa troisième au collège Henri IV.

travaux de fin d'année classique, et les compositions se succèdent si rapprochées les unes des autres, qu'il lui serait impossible de trouver le temps qu'il veut consacrer à une si intéressante visite. J'aurai donc l'honneur de prévenir Mlle Godefroid quand S. A. R. sera en mesure d'accepter votre obligeante proposition. Agréez, je vous prie, madame la baronne, l'hommage de ma haute considération.

CUVILLIER-FLEURY.

A. DE LAMARTINE

Vers adressés à M. Gérard par M. de Lamartine,
qui lui envoyait Jocelyn.

29 février 1836.

Sous les traits de Psyché toi qui peignis une âme,
Pour créer comme toi, j'ai fait de vains efforts.
Jette à mes deux amants un éclair de ta flamme,
Et mes âmes auront un corps.

ALPHONSE DE LAMARTINE.

LISTE DES ŒUVRES

DU BARON

FRANÇOIS GÉRARD

TABLEAUX

Joseph reconnu par ses frères (1789).
   Deuxième grand prix. — Au musée d'Angers.

Daniel et la chaste Suzanne (1790).
   Tableau de concours. — Ne put concourir,

Le Triomphe de Tarquin (1790).
   Peint pour sa mère, comme devant de cheminée.

Bélisaire (1795).
   A Munich.

L'Amour et Psyché (1796).
   Musée du Louvre.

Flore caressée par Zéphir (1802).
   Appartient à son neveu.

Six Amours (1804).

> Représentant les enfants de Mme Tallien.

Les Trois Ages (1806).

> Collection de S. A. R. Mgr le duc d'Aumale au palais de Chantilly.

Ossian (1809).

> A Stockholm.

La Bataille d'Austerlitz et toute la décoration de la salle du Conseil d'État aux Tuileries (1810).

> Musée de Versailles.

Le Jugement de Pâris (1812).

> Détruit par l'auteur.

Homère (1814).

> Détruit par l'auteur.

L'Entrée de Henri IV (1817).

> Musée de Versailles.

Corinne au cap Misène (1819).

> Musée de Lyon.

Louis XVIII dans son cabinet aux Tuileries (1823).

> A été au château de Saint-Ouen.

Ourika (1823).

> Pour la duchesse de Duras.

Daphnis et Chloé (1823).

> Musée du Louvre.

Louis XIV et le duc d'Anjou (1824).
Le duc d'Anjou déclaré roi d'Espagne.

Musée de Versailles.

Hylas et la Nymphe (1826).

Peint comme pendant au tableau de *Daphnis et Chloé.* — Appartient à son neveu.

Le Tombeau de Sainte-Hélène (1826).

Collection du Louvre. — *Le tombeau de Sainte-Hélène* est entouré des quatre figures : *la Victoire, la Poésie, l'Histoire* et *la Renommée.* Ces quatre grandes figures originales sont aujourd'hui dans le grand salon de l'École française moderne ; elles entouraient, sous l'Empire, *la Bataille d'Austerlitz.*

Sainte Thérèse (1827).

A l'infirmerie Marie-Thérèse, à Paris.

Thétis portant les armes divines à son fils (1827).

Collection Pozzo di Borgo.

L'Espérance (1829).

Au marquis de Lansdowne.

Le Sacre de Charles X (1829).

Musée de Versailles.

L'Empereur aux Tuileries (1831).

Appartient à lady Holland.

Les quatre figures allégoriques dans la salle du Sacre à Versailles :

La Constance,
La Clémence,
Le Courage,
Le Génie.

Le Duc d'Orléans (Louis-Philippe) à l'Hôtel de Ville (1834).

> Musée de Versailles.

La Peste de Marseille (1835).

> A l'intendance de la Santé, à Marseille.

La Patrie en danger (1835).

> Collection du Louvre.

Les quatre Pendentifs du Panthéon (1832 à 1836) :

> *La Mort,*
> *La Patrie,*
> *La Justice,*
> *La Gloire.*

Le Christ (1836).

> Musée d'Orléans.

Achille. Mort de Patrocle (1836).

> Musée de Caen.

FRAGMENTS DE TABLEAUX

ÉBAUCHES ET ESQUISSES PEINTES

Scène de la Peste (1784).

Esquisse très avancée, peinte par Gérard, à l'âge de quatorze ans.

Jésus et les petits enfants (vers 1787).

Ce tableau est exposé dans l'église Saint-Jacques-du-Haut-Pas avec cette inscription : « Premier tableau de François Gérard ».

Allégorie représentant la France en 1793.

Esquisse appartenant à M. le comte Beugnot.

Le Cheval blanc de Montmorency (1794).

Double enseigne peinte et offerte par Gérard à l'aubergiste Leduc.

Marius rentrant dans Rome (1795).

Esquisse arrêtée. — La même composition dessinée est exposée dans la galerie des dessins du Louvre; elle avait été faite à l'atelier de David pour un concours dans lequel Gérard remporta le prix.
Collection Firmin-Didot.

Femme agenouillée les cheveux épars, près du lit de mort de Patrocle (1810).

Fragment d'un premier tableau d'*Achille, la Mort de Patrocle*, que Gérard détruisit, sauf cette figure reproduite avec quelques changements dans le second tableau qui est actuellement au musée de Caen.

Pendentifs du Panthéon.

Esquisses de 1822.

Novella d'Andréa professant le droit cachée derrière un rideau pour éviter de distraire l'auditoire par sa beauté (1826).

Saladin faisant l'aumône (1828).

La tête de Saladin est la seule partie du tableau qui soit très avancée.

Hébé (1829).

Ébauche très avancée. Grandeur naturelle.

Funérailles de Philopœmen (1829).

Était destiné au grand escalier du Palais-Royal.

Dévouement de Curtius (1829).

Destiné au grand escalier du Palais-Royal.

Clélie (1829).

Destinée au grand escalier du Palais-Royal.

Lucrèce (1835).

Brutus, ayant fait apporter le corps de Lucrèce sur la place publique, excite à la révolte le peuple de Rome.

Esquisse très largement peinte, une des dernières compositions de Gérard.

Saül épouvanté par l'ombre de Samuel.

Psyché et l'Amour.

La Conquête d'Égypte.

> Composition exécutée par Thibault et Granger.
> Ce tableau a été dans l'ancienne propriété du baron Gérard, à Auteuil.

Les Quatre Saisons.

> Peintures de petite dimension qui ornent le grand salon du château de Saint-Ouen.

Chevaux effrayés par les vagues.

Pêcheurs de Boulogne.

Études de mer.

> Peintes de souvenir, après plusieurs séjours de Gérard à Boulogne, Dieppe et le Havre.

Tête d'étude de vieillard.

> Expression de douleur.

Projet de plafond pour le grand escalier du palais de Versailles.

> Ce tableau devait servir d'introduction aux galeries historiques créées par le roi Louis-Philippe.

La Crainte.

> Devait faire pendant à l'*Espérance.*

COMPOSITIONS DESSINÉES

La Charité.

Composition de la première jeunesse de Gérard.

La Mort de César.

Dessin à l'encre de Chine rehaussée de blanc.

Scène du 10 août dans l'Assemblée législative.

Grand dessin à la sépia rehaussée de blanc, valut à Gérard le prix du concours décrété par la Convention.

Acheté par le Louvre, en 1837, à la vente après la mort de Gérard.

Psyché (1795).

Dessin à la sépia rehaussée de blanc, pour l'édition grand in-4° du *Poème* de La Fontaine, publiée par Firmin-Didot l'aîné, en 1797.

Énéide : l. II, VI, VIII, X, XII.

Églogues : l. V, VI.

Géorgiques : l. II, IV.

Dessins à la sépia rehaussée de blanc, pour l'édition grand in-folio de *Virgile* de Firmin-Didot (1794 à 1800).

Alexandre, acte III.

Bajazet, actes II, III, IV.

Iphigénie, acte V.

Dessins à la sépia rehaussée de blanc, pour l'édition grand in-folio de *Racine*, publiée par Firmin-Didot.

Adonis.

> Édition Firmin-Didot.

Chloé, livre II.

> Dessin à la sépia rehaussée de blanc.

Le Concordat (26 messidor an IX).

> Dessin datant probablement de 1803.

Énée.

> Cette composition doit dater de 1810, époque à laquelle Gérard, qui voulait peindre un sujet de l'*Iliade*, commença le tableau d'*Achille*.

Louis Camoëns.

> Ce dessin était destiné à être gravé en tête de l'édition des *Œuvres de Camoëns*, publiée par le comte de Souza.

Galatée.

> Composition datant de l'époque où Girodet exposa son tableau de *Pygmalion et Galatée*.

L'Entrée de Henri IV.

> Frontispice de l'édition in-4° de la *Henriade*, publiée par les frères Didot, en 1817.

Projet de plafond pour la bibliothèque du Conservatoire de musique.

> Esquisse peinte à l'aquarelle sur le dessin de l'architecte. Deux grandes compositions et quatre figures (1813).
>
> Les deux tableaux devaient représenter : l'un, *la Marche triomphale d'Apollon vainqueur du serpent Python;* l'autre, *le Chœur des Muses chantant devant l'Olympe la gloire de Jupiter.*
>
> Les quatre figures devaient caractériser le genre pastoral, le genre religieux, le genre tragique et le genre comique. Les événements ne permirent pas l'exécution de ces compositions.

PORTRAITS EN PIED

Isabey et sa Fille (1795).

La Révellière-Lépeaux (1795).

La famille Auguste (1798).

Madame Morel de Vindé et sa Fille (1798).

Le général Moreau (1800).

Joachim Murat, général (1800).

Caroline Bonaparte (Madame Murat) (1801).

Madame Bonaparte (Joséphine) (1801).

Madame Lætitia Bonaparte (1803).

La comtesse Svarzinska (1804).

Madame Tallien (1804).

Le comte et la comtesse de Frise (1804).

Madame Récamier (1805).

Napoléon Ier, empereur des Français (1805).

Joachim Murat, maréchal de France (1805).

La comtesse Zamoiska et ses Enfants (1806).

La princesse Grassalkowich (1806).

Louis-Napoléon Bonaparte, roi de Hollande (1806).

Hortense de Beauharnais, reine de Hollande, et son Fils (1806).

L'Impératrice Joséphine (1807).

La Reine d'Espagne (Madame Joseph Bonaparte, née Clary) et ses Filles (1807).

Hortense de Beauharnais et son Fils (1807).

Le prince DE TALLEYRAND
(1808).

La princesse DE TALLEYRAND
(1808).

STÉPHANIE DE BEAUHARNAIS,
princesse de Bade (1808).

La princesse DE PONTE CORVO
(Madame Bernadotte, née
Clary) (1808).

Le comte REGNAULT DE SAINT-
JEAN-D'ANGELY (1808).

M. FERDINAND D'IMÉCOURT
(1808).

CAROLINE BONAPARTE (Ma-
dame Murat, reine de
Naples), à Neuilly (1808).

FRÉDÉRIC-AUGUSTE, roi de
Saxe (1809).

Le général AUGUSTE DE COL-
BERT (1809).

CAROLINE BONAPARTE (Ma-
dame Murat, reine de Na-
ples), au palais de l'Ély-
sée (1810).

La REINE HORTENSE (1810).

ALEXANDRE Ier, empereur de
Russie (1810).

Madame VISCONTI (1810).

Le maréchal LANNES, duc de
Montebello (1810).

Le prince BORGHÈSE (1810).

CAROLINE BONAPARTE, reine
de Naples, et ses ENFANTS
(1810).

JOSEPH BONAPARTE, roi d'Espagne (1810).

Le prince EUGÈNE DE BEAU-
HARNAIS, vice-roi d'Italie
(1811).

La princesse AMÉLIE DE BA-
VIÈRE, vice-reine d'Italie
(1811).

BERNADOTTE, roi de Suède
(1811).

JOACHIM MURAT, roi de Na-
ples (portrait équestre)
(1811).

ÉLISA BONAPARTE (Madame
Bacciochi), grande-du-
chesse de Toscane, et sa
FILLE (1811).

JÉRÔME BONAPARTE, roi de
Westphalie (1811).

JOACHIM MURAT, roi de Naples
(1812).

La comtesse WALEWSKA
(1812).

La duchesse DE BASSANO
(1812).

La princesse DE LA TOUR ET

Taxis (née princesse de Mecklembourg-Strélitz) (1812).

La duchesse DE BASSANO (1812).

L'impératrice MARIE-LOUISE (1812).

La REINE DE SUÈDE (Madame Bernadotte, née Clary) (1813).

CATHERINE, princesse royale de Wurtemberg, reine de Westphalie (1813).

L'IMPÉRATRICE MARIE-LOUISE et le ROI DE ROME (1813).

CATHERINE, reine de Westphalie (1813).

ALEXANDRE Ier, empereur de Russie (1814).

Le prince CHARLES DE SCHWARTZENBERG (1814).

Le duc DE WELLINGTON (1814).

LOUIS XVIII (costume royal) (1814).

ALEXANDRE Ier, empereur de Russie (1814).

FRÉDÉRIC-GUILLAUME III, roi de Prusse (1815).

Le prince GUILLAUME DE PRUSSE (1851).

La duchesse DE SAGAN (1815).

Le comte D'ARTOIS (costume de l'ordre du Saint-Esprit) (1815).

LOUIS-PHILIPPE D'ORLÉANS, duc d'Orléans (1817).

La maréchale LANNES et ses ENFANTS (1818).

La comtesse DE JERSEY (1818).

MARIE-AMÉLIE, duchesse d'Orléans et son fils FERDINAND, duc de Chartres, (1819).

La comtesse DE JERSEY (1819).

Le duc DE BERRY (1820).

Le duc DE BERRY (costume de chasse) (1820).

La princesse ADÉLAÏDE D'ORLÉANS (1821).

La duchesse DE BERRY et ses ENFANTS (1822).

Lord EGERTON (1823).

La comtesse ALEXANDRE DE LA BORDE (1823).

Le général comte POZZO DI BORGO (1823).

Le maréchal DE LAURISTON (1823).

Le comte D'ARTOIS, colonel des carabiniers (1824).

CHARLES X (costume royal) (1825).

La comtesse DU CAYLA et ses ENFANTS (1826).

Le général FOY (1826).

LOUIS-PHILIPPE Ier, roi des Français (1833).

Le général HOCHE (1836).

La collection des esquisses de ces quatre-vingt-trois portraits est au musée de Versailles.

PORTRAITS A MI-CORPS

Mademoiselle BRONGNIART (baronne Pichon) (1795).

ALEXANDRE DE HUMBOLDT (1795).

Madame BARBIER-WALBONNE (1796).

Madame REGNAULT DE SAINT-JEAN-D'ANGELY (1798).

Madame FULCHIRON (1799).

Madame RÉCAMIER (1801).

La marquise DE CATELLAN (1803).

Madame FOUCHER (1808).

J. THIBAULT (1809).

Le ROI DE ROME (1813).

Le duc DECAZES (1816).

La baronne DE STAEL (1817).

La duchesse DECAZES (1819).

Le duc DE BROGLIE (1826).

Madame LOUIS TERNAUX (1826).

Mademoiselle LOUISE VERNET (Madame Delaroche) (1828).

Madame EMPIS (1829).

DE LAMARTINE (1831).

La duchesse POZZO DI BORGO (1832).

Le baron ALEXANDRE DE HUMBOLDT (1833).

PORTRAITS EN BUSTE

HENRI GÉRARD (frère de F. Gérard) (1790).

CONSTANT GÉRARD (parent de F. Gérard) (1790).

GROS (1790).

PIERRE BAZIN (1792).

ALEXANDRE ET HENRI GÉRARD (frères de François Gérard) (1792).

Madame GÉRARD (née Mattei, mère de François Gérard) (1792).

Madame DE LA GRANGE (1794).

Madame LECERF (née Gérard) (1794).

J. D'ARCET (1801).

POISSON (1801).

DUPLESSIS DE GRÉNÉDANT (1801).

SUARD (1802).

Madame BONAPARTE (Joséphine) (1802).

BONAPARTE, premier consul (1803).

J. LEBRETON (1803).

CANOVA (1803).

Le docteur ANTOINE DUBOIS (1804).

Mademoiselle GEORGES (1804).

DUCIS (1805).

Le général HORACE SÉBASTIANI (1806).

Le général O'CONNOR (1808).

FOURCROY (1808).

Le général comte DE LASALLE (1808).

REDOUTÉ (1809).

CORVISART (1810).

Mademoiselle MARS (1810).

Comtesse MARTINETTI (1812).

Madame CROWE (1812).

Le maréchal NEY (1812).

La maréchale NEY (1812).

TALMA (1813).

Le chevalier STUART, ambassadeur d'Angleterre (1814).

Mademoiselle MARS (costume moscovite) (1814).

Mademoiselle BARBIER WALBONNE (1816).

PAER (1817).

Le docteur SOUBERBIELLE (1819).

La duchesse DE BROGLIE (1820).

Le comte DE TOUSTAIN (1821).

La duchesse DE DINO (1822).

La duchesse DE REGGIO (1823).

La comtesse DU CAYLA (1824).

Le maréchal SOULT (1824).

La princesse BAGRATION (1825).

Le comte DE SOUZA (1826).

Madame PASTA (1827).

Madame ALEXANDRE GÉRARD (1831).

La baronne ALEXANDRE DE TALLEYRAND (1831).

PORTRAITS NON PUBLIÉS

DANS L'ŒUVRE

Madame D'AIGUILLON (1796).

Madame PIERRE BAZIN (1796).

Mademoiselle COLOMB (1796).

VELLONI (1796).

CHENARD (1797).

M. CULLORIER (1798).

M. LASSUS (1798).

M. TELLIER (1798).

J. BLAUN, ministre plénipotentiaire des Provinces-Unies (1799).

Madame ROLLAND (1799).

Madame VILLIERS (1799).

La princesse GALITZIN (1801).

EUGÈNE DE BEAUHARNAIS (1802).

Mademoiselle HORTENSE DE BEAUHARNAIS (1803).

LADY JEFFORD (1804).

Le comte MARKOFF (1804).

Le comte MENICHIECK (1804).

Madame LECLERC (1805).

LADY ELGIN (1806).

Le prince DE SCHWARTZENBERG (1807).

La princesse DE SCHWARTZENBERG (1807).

La comtesse D'ESTERHAZY et sa FILLE (1808).

M. DE LAGARDE (1808).

Le prince DE MECKLEMBOURG-SCHWERIN (1808).

Le prince DE METTERNICH (1808).

Le prince DE PRUSSE (1808).

La duchesse DE CRILLON.

Le prince BORGHÈSE (1809).

Madame FERAY (1809).

Le prince Gagarin (1809).

Le comte Kotzchewbey (1809).

Le général La Grange (1809).

La comtesse Kotzchewbey (1809).

Le prince Kourakin (1809).

M. Moret (1809).

Le comte de Pac (1809).

La vicomtesse Sosthène de La Rochefoucauld (1809).

Madame Simons (1809).

M. de Bawr (1810).

Bernadotte, prince royal de Suède (1810).

Madame de Choiseul (1810).

Madame Mathieu de Favier (1810).

M. de Greffulhe (1811).

Madame de Janson (1811).

François Delessert (1811).

La duchesse de Mortemart (1811).

La comtesse de Schœnborn avec son Fils (1811).

Le général comte de Latour-Maubourg (1812).

La princesse de Léon (1812).

Le comte Molé (1812).

Le prince Murat (1812).

M. de Noailles, duc de Mouchy (1813).

Marie-Louise (1813).

M. Pérégaux (1813).

M. Pourtalès de Neufchatel (1814).

Le duc de Rovigo (1814).

Madame Jeanne de Pourtalès (1814).

Le prince Auguste de Prusse (1814).

Le général comte Woronzow (1814).

Le prince Guillaume de Prusse (1815).

M. L. de Narbonne (1815).

Madame Lubinska (1815).

Le prince d'Orange (1815).

M. Seymour (1815).

Le comte Just de Noailles (1816).

Mademoiselle Claire Gérard (1817).

Madame de Marmont, duchesse de Raguse (1817).

M. Laimann (1818).

M. de Lépine (1818).

La princesse de Rohan (1818).

Clarke (1819).

Madame Fritz de Pourtalès (1819).

Le comte Arthur Potowski (1819).

Le général O'Connor (1820).

M. Oberkampf après sa mort (1821).

La duchesse de Maillé (1822).

Madame Duhamel (1823).

Madame de Gontaut (1824).

Le cardinal Fesch (1824).

La comtesse de Gourieff (1824).

Charles X (1824).

La duchesse de Vicence (1824).

Le feld-maréchal Beresford (1825).

Le duc de Plaisance, après sa mort (1825).

Le prince de Léon (1825).

La comtesse de Sainte-Aulaire (1825).

M. Everett (1825).

La comtesse des Roys (1826).

Madame Pasta (1826).

Le prince de Talmont, après sa mort (1826).

Canning (1828).

Mademoiselle de Plaisance (1828).

La baronne James de Rothschild (1828).

M. Philippe de Ségur (1828).

Mademoiselle Cuvier, après sa mort (1829).

M. Labouchère (1829).

Le duc de Vicence (1829).

La baronne James de Rothschild (1829).

La baronne de Feuchères (1829).

La baronne de Feuchères (1830).

Madame de La Rochejaquelein (1830).

M. Auguste de Stael (1830).

Le comte Daru, après sa mort (1831).

Casimir Delavigne (ébauche) (1832).

Madame Seymour et sa Fille (1832).

Le colonel Karadoc (1834).

La baronne Daurier (1835).

La duchesse de Rauzan (1836).

Nous n'ajoutons pas à cette longue liste des œuvres peintes par le baron Gérard celle des portraits dessinés et des dessins dont quelques-uns sont exposés au musée du Louvre; plusieurs des compositions dessinées pour les éditions de Firmin Didot ont été reproduites dans l'œuvre et figurent sur cette liste.

LISTE

DES GRAVURES AU BURIN

ET

DES PRINCIPALES LITHOGRAPHIES

D'APRÈS

LES OUVRAGES

DU

BARON FRANÇOIS GÉRARD

TABLEAUX

La collection des quarante dessins pour les éditions de *Virgile*, de *Racine* et de *La Fontaine*, gravés par Godefroy, Massard, etc.

Bélisaire, gravé par Desnoyers.

L'Amour et Psyché, gravé par Godefroy.

L'Amour et Psyché, gravé par Pradier; lithographié par Aubry Lecomte.

Flore caressée par Zéphir, gravé par Pradier.

Six Amours, gravé par Potrelle.

Les Trois Ages, gravé par MORGHEN.

Ossian, gravé par GODEFROY.

La Bataille d'Austerlitz, gravé par GODEFROY.

La Bataille d'Austerlitz, gravé par DIEN.

Homère, gravé par MASSARD.

L'Entrée d'Henri IV, gravé par TOSCHI.

  Il existe plusieurs autres gravures moins importanttantes, et les principales têtes ont été gravées comme têtes d'étude par F. GIRARD.

Corinne au cap Misène, lithographié par AUBRY LECOMTE.

  La répétition avec changement, gravée par PRÉVOST.

Louis XVIII dans son cabinet aux Tuileries, gravé par F. GIRARD.

Ourika, gravé par ALFRED JOHANNOT.

Daphnis et Chloé, gravé par RICHOMME.

Louis XIV et le duc d'Anjou, gravé par ALFRED JOHANNOT.

Le Tombeau de Sainte-Hélène, gravé par GARNIER.

Sainte Thérèse, gravé par LEROUX.

Thétis portant les armes divines à son fils, gravé par RICHOMME.

L'Espérance, lithographié par CH. BAZIN.

La Peste de Marseille, lithographié par AUBRY LECOMTE.

PORTRAITS EN PIED

La princesse DE TALLEYRAND, gravé par DICKINSON.
Le prince DE TALLEYRAND,   —   DESNOYERS.
L'EMPEREUR NAPOLÉON,   —   DESNOYERS.
JOSEPH BONAPARTE,   —   PRADIER.
Le ROI DE SAXE,   —   DICKINSON.
Le ROI DE SUÈDE, BERNA-
DOTTE,   —   FORSSELL.
Le ROI DE SUÈDE, BERNA-
DOTTE,   —   DICKINSON.
Le général AUG. DE COLBERT,   —   JAZET.
Le duc DE WELLINGTON,   —   FORSTER.
LOUIS XVIII, costume royal,   —   MASSARD.
LOUIS-PHILIPPE Ier, roi des   HENRIQUEL-DU-
Français,   —   PONT.

PORTRAITS A MI-CORPS

Madame BARBIER WALBONNE, gravé par GODEFROY.
Le ROI DE ROME,   —   DESNOYERS.
Madame DE STAEL,   —   LAUGIER.
Le duc DECAZES,   —   TOSCHI.
DE LAMARTINE,   —   GIRARD.

PORTRAITS EN BUSTE

TABLE DES MATIÈRES

DU DEUXIÈME VOLUME

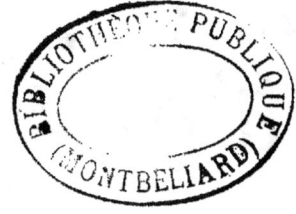

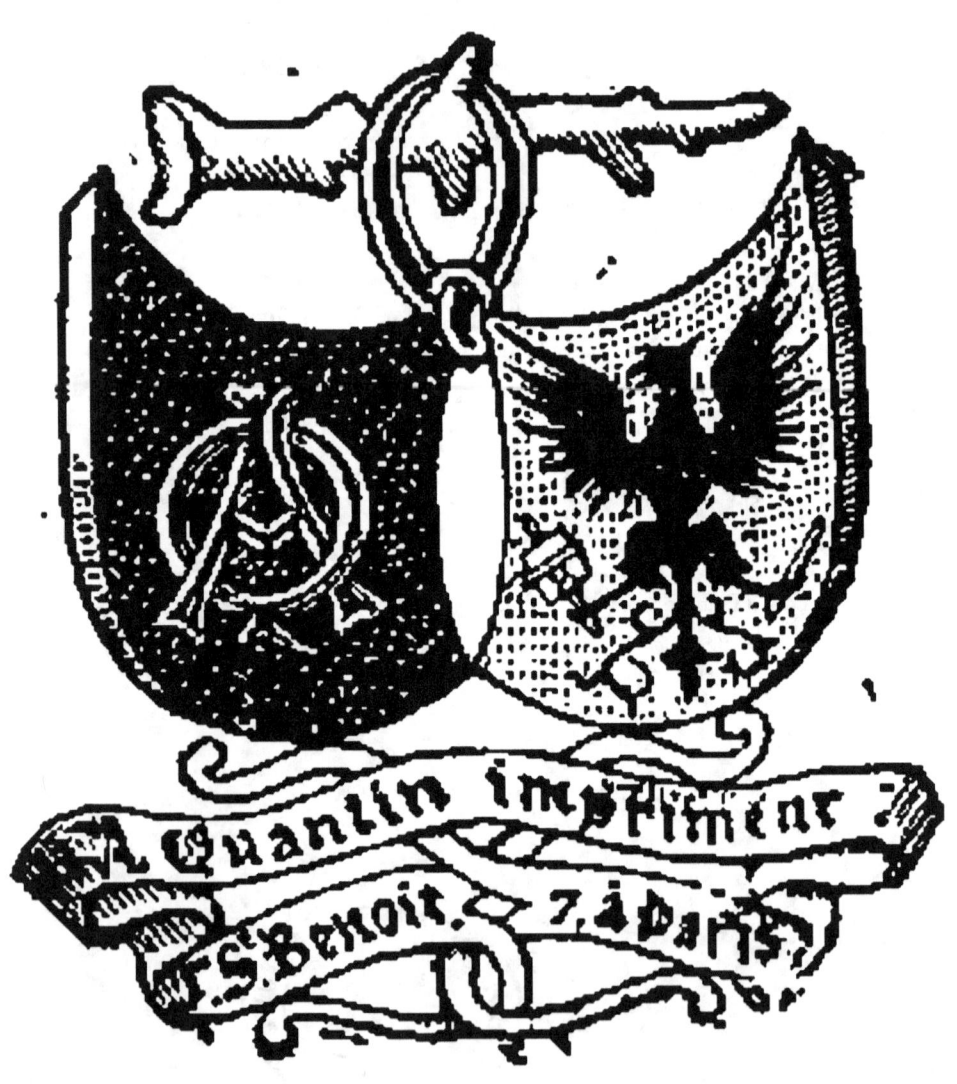

A. Quantin imprimeur
S. Benoit — 7 à Paris

www.ingramcontent.com/pod-product-compliance
Lightning Source LLC
Chambersburg PA
CBHW051351220526
45469CB00001B/202

* 9 7 8 2 0 1 2 5 8 1 6 2 3 *